她们的声音

从近代中国女性的历史记忆谈起

游鉴明 ◎ 著

四川人民出版社

图书在版编目（CIP）数据

她们的声音：从近代中国女性的历史记忆谈起 / 游鉴明著. -- 成都：四川人民出版社，2020.6（2025.8重印）
ISBN 978-7-220-11561-5

Ⅰ.①她… Ⅱ.①游… Ⅲ.①妇女—历史—研究—中国—近代 Ⅳ.①D442.9

中国版本图书馆CIP数据核字（2019）第253273号

TAMEN DE SHENGYIN
CONG JINDAI ZHONGGUO NÜXING DE LISHI JIYI TANQI
她们的声音：从近代中国女性的历史记忆谈起
游鉴明 著

责任编辑	蒋科兰　王　莹
封面设计	邵晓锋
版式设计	戴雨虹
责任校对	申婷婷
责任印制	周　奇
出版发行	四川人民出版社（成都三色路238号）
网　　址	http://www.scpph.com
E-mail	scrmcbs@sina.com
新浪微博	@四川人民出版社
微信公众号	四川人民出版社
发行部业务电话	（028）86361653　86361656
防盗版举报电话	（028）86361653
照　　排	四川胜翔数码印务设计有限公司
印　　刷	成都蜀通印务有限责任公司
成品尺寸	155mm×230mm
印　　张	16.25
字　　数	220千
版　　次	2020年6月第1版
印　　次	2025年8月第2次印刷
书　　号	ISBN 978-7-220-11561-5-01
定　　价	58.00元

■版权所有·侵权必究
本书若出现印装质量问题，请与我社发行部联系调换
电话：（028）86361656

目次

张　序 / 001
导　言 / 004

从事女性口述历史研究的几个问题 / 001
口述历史面面观：以女性口述历史为例 / 010
镜花水月毕竟总成空？
女性口述历史的虚与实 / 026
口述历史与台湾妇女史研究 / 039
日据时期台湾女性的伪满洲国经验 / 067

改写人生之外：

从三位女性口述战争经验说起 / 084

你中有我、我中有你？

口述史料中的性别形象 / 106

口述历史与性别：从建构到运用 / 151

从区域、阶级比较女性的口述历史 / 200

征引书目 / 232

图像来源 / 244

后　记 / 246

【张 序】

这本书在台湾第一次出版已是17年前,一版再版,广受好评。今四川人民出版社出版简体字版,对大陆地区的读者来说,应是一大福音。需要特别说明的,这本书虽然是第四次出版,但它不是一本旧书,因为每一次重新出版,都有修订、都有新的篇章加入,并重新编排,使重新出版的书有崭新的面貌和视野。

作者游鉴明女士是"中研院"近代史研究所(以下简称"近史所")的同仁,其学术志业是从研究女性史开始的,数十年如一日,成果丰硕。由于女性史的研究史料不足,利用口述历史的方法搜集史料有其必要。游女士进入近史所后,适近史所有口述历史计划,对游女士的研究工作有极大的帮助。近史所于1959年自美国引进口述历史方法,利用口述历史搜集近代史料,迄今已60年,出版的口述历史访问记录有104种120册,其中访问女性者的有11册。早年所内大部分同仁都参加口述历史访问工作,新进同仁做记录,资深同仁带访,使很多同仁都有做口述历史的经验。不过,那时近史所同仁的研究专题都集中在清末民初,做口述历史搜集来的史料自己并用不到。后来新进同仁研究的专题在时限上都向下延伸,不仅延伸到北伐、抗战时期,有些也延伸到1949年以后。此外,研究的对象也不限于政治高层,有些也对社会大众的历史做研究,包括女性史。由于关于社会大

众的史料不足,需要借口述历史搜集资料,使口述历史成为研究工作的一部分,近史所的口述历史工作得以持续发展。

在这样一个工作环境下,游鉴明女士与罗久蓉女士主访完成了《烽火岁月下的中国妇女访问纪录》,与沈怀玉女士主访完成了《曾祥和女士访问纪录》,自己单独主访完成《走过两个时代的台湾职业妇女访问纪录》和《春蚕到死丝方尽:邵梦兰女士访问纪录》等书。游女士自己为专题研究所做的访问尚多,无法列举。在访问的过程中,游女士对如何访问女性以及如何利用访问来的史料研究女性史,也不断进行研究,并发表专论。诸多论文,有些是方法的层次,有些是理论的层次,分类编辑,成为专书。这本专书,初版时题名《倾听她们的声音:女性口述历史的方法与口述史料的运用》,二版、三版以及这本简体字版均题名《她们的声音:从近代中国女性的历史记忆谈起》。从所用的两个书名可以了解,这本书的内容主要包括三部分:一为口述历史的方法,二为口述史料的运用,三为女性历史记忆的性质。

近史所60年来的口述历史工作,搜集了大量的史料,培养了一些口述历史方面的人才。不仅陆续出版口述历史访问记录百余种,且带动风气,使台湾史政单位和县市文史单位都从事口述历史工作,地方志的编修、近代社会史的研究,都借用口述历史搜集史料。女性史是社会史的一部分,搜集史料不易。古代所留下的女性史料,不是屈指可数的几位巾帼英雄,就是不计其数的红颜祸水,她们是小说家或官廷剧作家的热门题材,很少被作为正史来处理。即在当今,女性已成为国家的领导、各行各业的精英,其在媒体上所占的篇幅仍不大;女性在媒体上所占的篇幅,仍然以与风花雪月有关者为多。在这种情形下,无论是研究女性史,还是保存女性史料,为女性做口述历史,绝对有其必要。

虽然如此,史学界的人力、物力有限,不可能漫无目的地为所有的女性做口述历史,最好能借助于口述历史从事女性史研究。早年的女性史研究偏重于女性解放，即女性如何与男性争平等。到女性完全解放、完全与男性平等以后，发觉女性仍然与男性不一样，于是女性史的研究偏向于女性特征，即女性之所以为女性；若将女性视为与男性完全一样，女性史便没有独立研究的必要。因此而产生性别史的概念。性别史的视角较广，它是将女性放在男性之中，强调女性特征、强调女性特征对其行为的影响，以及他人观感对其行为的影响；所谓他人，自然包括男性。当然也有不重女性特征的女性，此类女性日后也许愈来愈多，可不必列入女性史来研究。

从实际情况看来，不同时代的女性扮演不同的角色，不同地域的女性扮演不同的角色，不同民族、不同宗教的女性都扮演不同的角色。历史家的责任，只是如实地把他们在不同时代、不同地域、不同民族、不同宗教中的社会角色写出来，不必站在当今批评古代、站在此一地域批评彼一地域、站在此一民族或此一宗教的立场批评其他民族或其他宗教。为了能找出女性特征，除了因为不同的性别而产生的不同性向以外，还要看在所处时代、地域、民族、宗教中，他人对女性的期许，包括男性对女性的期许。不必对男性对女性的期许有所批评，男性的期许必然影响女性的行为。即使是女权运动者，也应注意到女性特质；女性特质不因女性与男性共同进学校、进职场而消失。在这种情形下，家庭主妇、学校女教师、医院女护士、工厂女工等，都可作为一个群体来研究。

性别史的研究，正在女性解放史研究的基础上向各个方向和角度展开，由于资料不足，需要借助口述历史来辅助研究。游鉴明女士在研究女性史之余，将这本屡经更新的旧著重新出版，使读者了解如何做女性口述历史、如何利用口述历史资料研究性别史，使更多人可因此找到入门之方，相信对日后的两性史研究，能产生推进作用。

张玉法
2019年11月于台北

【导　言】

2002年，我出版了第一本口述历史专书《倾听她们的声音：女性口述历史的方法与口述史料的运用》（以下简称《倾》书），之所以出版这本书，诚如我在该书的《自序》所提，因为经常受邀做女性口述历史的演讲，发现有兴趣从事女性口述历史研究的人不断增加，为了帮助更多的人去倾听女性的声音，我决定出版一本关于女性口述历史研究的操作手册。在《倾》书中，我采用"女性口述历史的方法与省思"和"女性口述史料的运用"两个单元展布，除了告诉读者如何从事女性口述历史研究外，也让读者知道女性口述史料是研究女性历史的素材之一，试图引导他们将口述历史运用在妇女史研究上。

《倾》书问世后，成为不少学校或研习营的教材。2009年5月，因该书受到读者欢迎，出版社决定再版，让女性的声音能被更多人更长久地倾听。再版除架构不变外，增添两篇新构思的论文，并更名为《她们的声音：从近代中国女性的历史记忆谈起》（以下简称为《她》书），也就是以女性口述的历史记忆为起点，扩大到如何去倾听两性的声音，从中寻找性别史研究的议题。严格来说，有关如何从事口述访问的专书或论文，俯拾可得，把口述史料运用到学术研究的专论，却不多见，于是我把这本新书，从技术介绍提升到理论探讨。2014年11月，《她》书发行增订版，我加添一篇论文，不但把男性的访问记录列入比较研究，也探究访问记录中的照片与文件，让本书从女性研究进为两性研究，从文字分析扩大至图像解读。

在简体字版的《她》书中，我增加一篇论文，且对全书做了部分修正，尽量减少重复论述，让整部书更加紧凑；也不再分成两个单元，而是有层次地逐篇呈现。

近年来，历史史料不再限于官方档案，日记、书信、自传、文学作品、期刊报纸、宣传单、回忆录、口述历史、校刊、族谱、契约、图像或电影等资料，都是撰写历史的素材，这些史料让处在边缘的普罗大众，有机会现身在历史学者的笔下，女性历史的书写也越来越丰富，我们看到的不只是精英女性。在这众多的史料中，口述历史是最特别的一种，透过访问不仅可以了解受访女性的生命史，更可借此观察女性在当代的角色与地位，并补充文字史料的不足。但口述历史如何产生？从事口述访问需要具备何种条件？要怎么让访问稿成为有意义的史料？

本书开场的《从事女性口述历史研究的几个问题》《口述历史面面观：以女性口述历史为例》《镜花水月毕竟总成空？女性口述历史的虚与实》三篇论文，就是在回答上述问题。前两篇分别采用深入浅出的方式叙述，并做实例分析，引领读者认识女性口述访问的意义、访问方法、访问纲要与整稿技术；也特别提醒读者，口述历史的另一样重要功能就是抢救历史。通过访问保留即将消逝的资料，这对历史的重建是很重要的，除了整稿时要做考证的工作，应该把自己放在"史官"的位置，具备章学诚所谓的"四长"，也就是史才、史识、史学、史德，以这样的条件去从事访问与整理访稿，访问记录才不是停留在说故事的层次，也才经得起考验。第三篇是对女性口述历史作反思，根据访问记录的实例，指出女性口述历史中的虚实现象，一方面与受访人的遗忘、夸张或回避有关；另一方面则是受访人对隐私问题的有意保密，还有不愿伤害第三者或不愿陷入无谓的困扰。此外，年长女性的事迹多半无从考证，这段历史有可能永远扑朔迷离。为尊重受访人,主访人不宜"打破砂锅问到底",但主访人还是可经由与受访人的互动去掌握真实,并引领受访人透过自主意识说出真相。

接下来,本书讨论如何运用女性口述历史材料,进行女性史研究。口述历史的特色是受访女性有机会陈述过去的生活经验,口述内容的多元、活泼有助于学者处理不同的妇女问题。再加上,受访对象的不受限制,让学者能由上而下或由下而上地观察各阶层妇女的历史,从而进行深层的分析。《口述历史与台湾妇女史研究》一文,以我的博士论文《日据时期台湾的职业妇女》与曾秋美的专书《台湾媳妇仔的生活世界》为例,析论我们如何以女性口述历史材料为基础去撰写台湾妇女史,我们又如何找到档案文献看不到的史料,包括妇女在公私领域内的活动、妇女的日常生活及其思想意志的表达等;同时,也提出两者扣合的重要性及其局限。我特别指出口述史料让处在历史边缘的女性有机会被写入历史,但我们却不能无视她们生活背后的政治、社会或经济等因素的变迁,否则妇女历史不仅未走入历史中心,反被孤立在历史之外。

《日据时期台湾女性的伪满洲国经验》一文,是基于史学界对伪满洲国的研究缺乏台湾女性的身影,我试图从日据时期曾旅居伪满洲国的台湾女性的口访资料中,勾勒出她们在伪满洲国的生活图像。通过分析10位女性的访问记录,从异乡风情、建立人际关系、台湾人在伪满洲国的待遇三个视角,勾勒出台湾女性在伪满洲国活动的大致轮廓。由于这群女性主要关心的是日常生活,因此在她们的记忆深处,凡是不同于台湾的风土、民情最能引起回忆,但因为口访资料的有限,从事这段历史的研究需要参照较多的口述记录以及当时的历史文献,才能呈现历史原貌。

战争时期的生活与承平时期截然不同,《改写人生之外:从三位女性口述战争经验说起》一文,是以"悲欢离合:婚姻与家庭"和"颠沛流离的逃难经验"两个主题,分析3位曾历经抗日战争的女性口述历史资料,看她们从豆蔻年华的少女或少不经事的女童,转变为已婚、生子的成年女性，战争经验在这3位女性的生命中鲜活难忘。有关战争时期的女性研究指出，战争改变了女性生命史，带给她们新的契机，也拓展了她们的生活空间、增广了她们的见闻，这3位女性的口述印证了学者的研究；但针对"女性在战争中获得主体位置"的观点，我却从她们的口述看到，走过这段历程的她们，比其他人更加宿命，因此我对战争让女性建构主体位置的观点，有所保留。无论如何，女性口述的战争经验，提供我们许多改写历史或书写女性史的重要素材，也带给战争史研究的新方向。

本书的后三篇以比较史视角，探究如何通过口述史料从事不同性别、跨地区、跨阶级的比较研究。以往研究很少以口述历史研究材料为基础，观察男女两性在同一议题上的异同，《你中有我、我中有你？口述史料中的性别形象》《口述历史与性别：从建构到运用》两篇文章，以"中研院"近代史研究所出版的"口述历史丛书"为研究素材。前文首先说明这批口述史料的来源、特色和局限，其次，从亲情、爱情两个层面，观看男女受访人如何与自己的长辈、配偶和子女建立关系，并探究男女受访人如何塑造异性的形象。值得一提的是，从这批史料中可以清楚地看到，传统框架、时代价值观念、社会期待、受访人与被塑造者的实际相处，乃至主访人在访问过程中的诱导，多少影响或调整了受访人的性别意识；但也呈现出不同世代或不同性别的多元形象或交错关系，为性别史研究开发新议题。

《口述历史与性别：从建构到运用》一文，观察了具有性别意识的口述史料是如何建构的，建构者的性别是否关键，并就文字与非文字两种口述史料的性别意涵，分析其对女性与性别史研究能起何种作用，应该如何去运用具有性别意涵的史料，且与女性主义的理论对话。本文最大尝试是通过受访人提供的老照片与文件，与口访记录交相检证，并解读背后的性别意义，口述文字有可能不够真切，而照片补足了这方面的缺憾。

选择一位女性的生命史，容易流于孤证，但如果是一群来自不同

区域、阶级女性的口访资料，则会使女性历史更加丰富而立体。《从区域、阶级比较女性的口述历史》一文，就是采用多种来源的女性口述史料进行分析，并分成女性长辈、女性童年、女性教育、女性就业、女性婚姻与战争经历等主题，对不同区域、年龄和阶级的妇女生命史进行比较，寻找20世纪华人女性的多元历史记忆，借此分析其中的相同与差异。

总之，作为一位女性与性别史研究者，在史料零碎分散的状况下，我必须"上穷碧落下黄泉"地寻找各种史料，口述史料是其中一种。和其他史料不同的是，口述史料是由主访人和受访人共同完成的。为了研究，我长期参与女性口述史料的制作，访问的经验让我深知其中三昧，所以本书的前三篇，我聚焦口述历史方法论的分析，而后面六篇则不时提醒读者访问方法对史料的利弊与影响。然而，本书最大的目的是通过口述史料的收集、整理，带动女性与性别史研究，全书有六个篇目着眼口述史料的运用：一方面说明口述史料怎么补充、纠谬女性史；另一方面透过女性的口述史料重构历史，把女性史导入大历史中。除此之外，本书也关心男性口述历史研究，经由与女性口述历史研究的相互比较、渗透，翻转过去认知两性权力关系，且挑战部分女性史理论。本书也重视受访人照片与口述资料的对照，以及不同区域、阶级女性的比较研究，必须一提的是，利用口述历史做比较研究，让女性与性别史研究更增厚度。需要特别强调的是口述历史只呈现部分面向，当我们引用它们时，还是需要旁征博引，不能让口述史料成为孤证。

从事女性口述历史研究的几个问题*

一、女性口述历史的重要性

女性史研究的最大问题是不容易搜集史料，因为在过去的历史书写中，女性总是被边缘化，我们只能在官方档案中，看到少数女性的身影，而这群女性又多属精英女性，不能代表广大的女性群体。因此，从事女性史研究必须在浩瀚的史料中，一点一滴地拣选女性史料，才能为女性勾勒清楚的历史图像。受新兴史学的影响，历史史料不再限于官方档案，书信、传记文类、期刊报纸或小说，都成为重要的史料。这些史料让处在边缘的普罗大众，有机会现身在历史家的笔

---

* 发表于《近代中国》第135期，2000年2月，第117—121页。本文根据此稿再作修正，并增加《倾听她们的声音：从邵梦兰女士的访问纪录说起》（收入当代上海研究所编：《口述历史的理论与实务——来自海峡两岸的探讨》，上海：上海人民出版社，2007年，第171—176页）一文中的部分资料。

下，因此，对女性历史的书写越来越丰富。在这众多的史料中，口述历史是最特别的一种，透过访问不仅可以了解受访女性的生命史，更可借此观察女性在当代的角色与地位，并补充官方史料的不足。近年来，女性史研究渐受重视，而经由不同学科共创的女性口述历史更受到瞩目。

个人多年来浸淫于近代中国妇女史的研究，且因研究需要，曾对女性时人进行口述访问工作，并将重要的访问结集成书出版。[①]尽管我已经从事将近25年的女性口述访问，仍然觉得口述访问的经验是随着不同的访问渐次累积，应该是"边做边学"。[②]基于女性口述历史的重要性，同时，为鼓励更多人投身这项工作，我将个人的部分访问经验以及这些年来在口述历史演讲会中大家所共同关切的问题做一个整理。

二、访问女性应采用何种方式？

从技术上来说，女性口述历史和男性口述历史并无不同，都在为人类书写历史；但在访问内容上却有分殊，访问女性如同访问不同的专业人物一样，必须掌握专业人物各自的特性，因此主访人应针对受访人的特性进行访问，不能采用如出一辙的访问方式。据此，有三个问题值得思考：

首先，主访人的态度是否应具性别意识？或以女性主义的观点从

[①] 游鉴明访问，吴美慧等记录：《走过两个时代的台湾职业妇女访问纪录》，台北："中研院"近代史研究所，1994年；罗久蓉、游鉴明等访问，丘慧君等记录：《烽火岁月下的中国妇女访问纪录》，台北："中研院"近代史研究所，2004年；游鉴明访问，黄铭明等记录：《春蚕到死丝方尽：邵梦兰女士访问纪录》，台北："中研院"近代史研究所，2005年。

[②] 唐诺·里齐（Donald A. Ritchie）奉劝甫从事口述历史的人，与其按照特定理论操控实际作业，不如采用"边做边学"的较实际的方式。参见[美]唐诺·里齐（Donald A. Ritchie）：《大家来做口述历史》（*Doing Oral History*），王芝芝译，台北：远流出版社，1997年，第49页。

事访问?过去的主访人较少思考性别问题,随着女性主义的日益盛行,这个问题变得相当重要。我个人并不反对主访人具有女性主义的观点;不过,我通常较喜欢用"站在女性立场"的说法。事实上,无论是"女性主义的观点"或"站在女性立场"都是访问女性应有的认知,也唯有具备性别意识才能确切掌握女性受访人的情境。以访问女性工作者的待遇为例,除了解受访人的薪资与升迁情形之外,应进一步关心与女性工作权益有关的法规,例如服务机构是否订有单身或禁孕条款等,这就是有性别意识的访问方式。重要的是,借此始能凸显女性受访人的特性。

以我访问的女教育家邵梦兰为例,她的一生都奉献在教育事业上,病逝前,还在东吴大学兼课。她曾告诉我:"我将教到倒下为止。"对教育的这份挚爱,很自然地成为她述说自己生命史的重点,也因此,她的历史和男性没有两样。再加上,五四时期不断倡导把"女人当作人"的说法,在邵女士身上发挥得淋漓尽致,不但她的父亲、公公不把她当成女人,她在事业上受到毁谤、中伤时,她本人更不曾以女人这个标识,去博取同情,反而以公正不阿、不屈不挠的态度迎战。①

图1 邵梦兰女士于士林中学校长任内,在校庆时演奏古筝

---

① 游鉴明访问,黄铭明等记录:《春蚕到死丝方尽:邵梦兰女士访问纪录》,第203—219页。

然而，这并不表示邵女士缺乏女性特质，当我跳脱她的事功，从女性立场切入，结果我看到她另外的一面。例如，生下头胎之后，邵女士在家当母亲或回上海升学之间，陷入天人交战，因舍不得离开孩子，每次为孩子喂完奶，她便哭泣，最后是头也不回地走，怕的是"不马上走的话，又走不了了"。①这种乍似无情、却是有情的表现，是女性面对家庭与学业／事业抉择时的不得已。此外，邵女士的母爱张力，在她与学生的互动中，始终展露无遗。因此，如果在访问女性时，忽略了女性特质或者没有站在女性的立场，我们很可能失去访问女性的意义。

其次，访问女性应偏重哪些内容？由于家庭生活占据女性生活的大半，因此站在女性立场从事访问，不免会出现一些与个人事功或国家、社会无关紧要的叙述，特别是受访者本身若仅是一般家庭主妇，访问的内容容易趋于褊狭。然而自另一角度来看，这类口述材料却是家庭史研究的最佳素材；同时，借由这类口述可以记录到生育文化、养生之道、家政技艺、理财或消费观念等，又能为经济史、文化史或医疗史提供丰富素材。此外，我个人的经验是，即使受访者是具有专业长才的女性，访问的方式也不应局限在专业技术或活动上，她们的婚姻或居家生活也可一并关心，我访问罗东地区早期的女名医陈石满女士时，便发现陈女士的医疗工作

图2　1933年，陈石满女士成为罗东地区第一位女医师

---

① 游鉴明访问，黄铭明等记录：《春蚕到死丝方尽：邵梦兰女士访问纪录》，第102页。

固然十分忙碌，治家之道并不亚于一般妇女，例如在挑选奶妈或采买蔬菜方面，她自有定见。①因此，如果不站在女性的角度进行访问，是无法窥得女性历史的全貌的。

最后，访问女性是否应凸显父权宰制的观念？无可否认的，为女性设身处地的访问方式，可以让女性受访人畅所欲言，不过，刻意以父权宰制、两性不平等一类的话题来引导受访人是不妥当的。一方面，并不是所有的女性受访人都具有女性意识，也不是所有的女性受访人都曾有父权压迫的经验；另一方面，这类话题易误导受访人的回忆，致使部分受访人失去自觉，导致出现"以今论古"的情形，这样的答案尽管符合主访人的期待，却不是受访人当时的实际感受。②例如，日据时期台籍男女教师薪资的不平等是一项众人皆知的事实，但根据我的访问，有些受访的女性教师并不认为这样的待遇不公平，因为她们指出当时女性教师多半不是出自正统的师范学校，薪资有别是

---

① 详见游鉴明访问，黄铭明记录：《陈石满女士访问纪录》，《走过两个时代的台湾职业妇女访问纪录》，第249—251页。
② 有关这个说法，曾引起傅大为教授的怀疑，指出台湾一些口述历史学家对女性主义"产生疑惧、进行批评"（详见傅大为：《谁会是谁的工具？口述史、女性主义与阿妈的故事》，《当代》第202期，2004年6月，第15—18页），我也做了回应（游鉴明：《请听我的声音——回应傅大为教授〈谁会是谁的工具？口述史、女性主义与阿妈的故事〉》，《当代》第205期，2004年9月，第142页），诚如我在本文前一页表明：我个人不反对主访人具有女性主义的观点；不过，我通常较喜欢用"站在女性立场"的说法。事实上，无论是采用"女性主义观点"或"站在女性立场"都是访问女性应有的认知，也唯有具备性别意识才能确切掌握女性受访人的情境；此外，傅教授也对《倾听她们的声音：女性口述历史的方法与口述史料的运用》（台北：五南出版社，2009年初版，2014年第2版）的"张序"有一些误解，其实张院士的序文基本上是根据拙书而阐发，并站在历史的客观性发声，不是特意针对女性主义，更不是傅教授认为的"对女性主义口述史近乎污名化"。而傅教授的大文中也明白地说道："其实，用或隐或显的意识形态来强烈引导或误导受访人，本来就是任何口述史访谈都该避免的事，不独女性主义为然。"

理所当然。① 又如,一般认为,中国传统社会普遍存在着"重男轻女"的观念,但邵梦兰的口述却给了我们不一样的答案,她的父亲非常重视女权,不仅创办东陵女子小学,还反对女儿缠足,并为邵家女子争取宗祧继承权。② 还有,当邵女士的祖母担心,邵梦兰会因大脚而嫁不出去时,她的父亲却说:"嫁不出去,就娶一个进来!"③ 换句话说,主访人应让受访人回到她的时代,叙述当时的情境,如此一来,始不乖离历史。

从受访女性是否受父权宰制这点又可发现,有的主访人为突显这种概念,着眼悲情或受难女性的访问,易使读者误将女性史视为女性牺牲史。事实上,悲情女性也有她们不悲情或足以傲人的一面。例如我访问日据时期的台湾女工时,发现有的女工虽然来自贫困家庭,但因工作表现良好,她的家人或家族先后通过她的援引进入同一工厂,这不但改善了家庭生活,也使她深受家族敬重。④ 更重要的是,受访人本身并不因曾为家

图3　邵梦兰女士的父母

---

① 游鉴明:《日据时期台湾的职业妇女》,博士学位论文,台湾师范大学历史研究所,1995年5月,第57—58页。
② 游鉴明访问,黄铭明等记录:《春蚕到死丝方尽:邵梦兰女士访问纪录》,第9—11页。
③ 游鉴明访问,黄铭明等记录:《春蚕到死丝方尽:邵梦兰女士访问纪录》,第9页。
④ 游鉴明:《日据时期台湾的职业妇女》,第243—244页。

庭牺牲而自苦。因此，我认为主访人千万不要以个人的价值判断强加附会。

三、访问女性应否设限？

（一）主访人是否应有性别限制？

我个人认为只要主访人具有女性观点，能从女性立场进行访问，无论男女均可参与女性口述历史的工作。实际上，男性主访人有时会有不同于女性的关怀面，而这样的访问可丰富女性口述历史的内容。此外，我个人发现由男性访问女性，可由同情、关心女性进而发展成两性的相互了解，甚至化解两性冲突。不过，从事女性口述历史的男性不多，而且多半缺少女性观点，因此值得鼓励。①

（二）受访的对象是否有年龄限制？

我个人主张访问70岁以上的妇女，因为她们所历经的历史较长，能从中看到历史的变迁。至于受访人是否有阶层限制，由于我的访问是配合我的硕、博士论文，因此访问的对象多半来自中上阶层，例如《走过两个时代的台湾职业妇女访问纪录》一书中的7位受访人，除曾任台大医院护理长的尹喜妹出身较寒微之外，大致来自优渥的家庭。

---

① 多年前，近史所邀请美国知名的中国女性史学者演讲，这位学者提及女性口述访问，与会的一位女性主义学者举手强调："从事女性口述访问必须是女性。"会后便有男学生问我："为什么访问女性只能是女性？"他还问："不懂女性主义或不是女性主义的人是不是也不能访问女性？"这样的疑惑，在我的口述演讲中也经常有听众提出。为了鼓励大家一起为鲜少发声的女性记录她们的历史，希望没有女性主义背景的大众也勇于访问女性。游鉴明：《请听我的声音——回应傅大为教授〈谁会是谁的工具？口述史、女性主义与阿妈的故事〉》，《当代》第205期，2004年9月，第142页。

为开拓对各阶层女性的了解,并丰富女性历史,我赞成对不同阶层乃至不同族群的女性进行访问,在台湾对原住民妇女、客家妇女或外省籍妇女的访问固然已开始推动,但值得扩大。

(三)受访人的认知应否被设限?

女性受访人的认知固然易受生活空间所限制,但主访人切勿将受访人局限于生活的一角,应试图将受访人置于历史的流变中。例如,激发受访人对不同时代的生活作比较,举凡物价、服装、发饰乃至重大社会事件,都可成为访谈素材,让受访人从不同的时光隧道追忆,这不仅有助于受访人认知的扩大,更可丰富访谈内容。

(四)受访对象应否以个人或团体为主?

我认为两种均可采用。个人访问是着重个人的深度访问;团体访问则以一个事件或一个问题为主轴,对不同的受访人进行访问,透过此类访问,可勾勒出较完整的历史原貌。

(五)访问地点应否限制?

女性受访人往往较乏自主性,访问时易依赖周边亲友或征询对方的建议,特别是有丈夫在场的受访人,常无法畅所欲言。为使受访人不要受太多束缚,或有所顾忌,建议应给受访人单独受访的空间。

四、小结:化琐语为史料

最后的问题,也是相当重要的问题,口述访问是文学与历史的结合,也是经由主访人的整稿,将受访人的口述变成既具可读性、又可为后人引用的史料。但因女性的口述访问易流于琐碎，因此如何将访稿变成史料，而非口耳相传的故事，是整稿时需加以留意的。这就如同史学写作一样，应在整稿时做考证的工作。

首先，凡是受访人提及的人、时、地、物、事，主访人宜加以考证。有的访问记录为增进可读性，往往不记注事件发生的年代；但我认为较重要的时间应记录，并请受访人提供确切时间，例如受访人受教育的时间、毕业时间、就业时间、结婚时间或退休时间。由于这些时间的背后有可能牵涉时代的大事件，也会直接、间接影响到受访人的生活，如抗日战争、"二二八"事件等。此外，即使是家庭生活也会随时空不同而异动，主访人应整理出清楚的脉络，慎防时空错置、张冠李戴。

其次，如果无法从受访人口中或其他资料中获得实证，可补访与受访人相关的亲友，并加以检证，如此一来，女性口述资料能有一定的历史价值。我个人访问邱鸳鸯女士时，因邱女士年事较高，部分记忆模糊，因此便对她的女儿进行补访，从中获得了意想不到的收获。

换句话说，主访人应该把自己放在"史官"的位置，当作一个建构史料的"史官"，与书写历史的史官一样，需要有章学诚所谓的"四长"，也就是史才、史识、史学、史德，以这样的条件去从事访问，访问记录才不是停留在说故事的层次，也才经得起考验。[①]

总之，女性口述历史已开始受到重视，可发展的空间相当大，但为避免访问内容泛政治化或流于单调，我个人建议可以选择一项主题，兼容不同阶层、不同族群的女性进行访问，既可以激起不同读者的兴趣，也可为女性留下历史。

---

① 游鉴明：《倾听她们的声音：从邵梦兰女士的访问纪录说起》，第176页。

口述历史面面观：以女性口述历史为例[*]

很高兴有机会和大家谈谈我从事口述历史研究的一些经验，并以我从事的女性口述历史作为例子，分成两个部分进行今天的演讲：

一、口述历史的意义、方法与重要性

（一）口述历史的特性和陷阱

一般认为口述历史、新闻报道或回忆录都是历史史料，在性质上并无不同。事实上，三者并不完全相同，从事口访的人必须将口访记录交给受访人过目，甚至可以对不清楚的叙述提出疑问，向受访人求证或自行查证，使口述访稿具有一定的史料价值。但新闻报道或回忆

---

[*] 1998年2月7日，我以"历史口述访问面面观"为题，于宜兰研究第三期研习营演讲，该稿后来发表于《宜兰文献》第36期，1998年11月，第61—71页。本文系根据这份演讲稿改写而成。

录经报道或陈述后多半不再查证,因此和口述历史不能混为一谈。①

进行口述历史访谈工作要注意的地方很多,较重要的是,若受访人通过访谈说出许多不为人知的内幕消息并批评或伤害到他人的话,主访人应审慎处理。我认为最好能和受访人不断讨论,让受访人了解口述历史诉诸文字后的重要性,若受访人觉得没有关系,或是受访人认为与之利害有关的人已经去世,不会影响后人,也许可以考虑出版。就我个人访问的经验,在访问林蔡素女女士时,她谈到在嘉义选举时李万居先生的车子堵住她的宣传车,造成她那次落选;我们曾有要不要记录的疑虑,后来决定保留。②这是因为林女士认为李万居先生已经过世,而他的后代没有人从事政治事业,她个人愿意留下记录,因此我们如实记录。另外还有一位台大医院的退休护士尹喜妹女士在接受访问时,曾谈到1945年台大医院内本省籍与外省籍护士间的纠葛,但当我们将访问稿让她过目时,她觉得不妥;为尊重她的决定,我们不做完整的记录,只在访谈录音带中留有可能会引起争议的话题。③

事实上,如果受访人坚持保留一些可能会引起是非的谈话,这对主访人是一种挑战。以国外的口述访问为例,若涉及政治性或敏感性内容时,通常会搁置多年才公布;而台湾的许多口述访问大多在访问完不久便出版,主要是受访人年事已高,他们多半希望访问稿能在生前出版,主访人在情非得已的情况下,唯有配合受访人尽早出版,导致访问稿出版后衍生问题。我个人认为遇到这类情形必须与受访人反

---

① 张玉法指出:"口述新闻所述者为新发生或新发现的事物,口述历史所述者为过去的事物,通常没有新闻价值。"以上参见张玉法:《新闻与口述历史》,"中研院"近代史研究所口述史组编:《口述历史进阶研习营学员手册》,台北:"中研院"近代史研究所,2000年(内部资料),第139页。
② 参见游鉴明访问,吴美慧记录:《林蔡素女女士访问纪录》,《走过两个时代的台湾职业妇女访问纪录》,第155页。
③ 这部分记录参见游鉴明访问,黄铭明记录:《尹喜妹女士访问纪录》,《走过两个时代的台湾职业妇女访问纪录》,第53—59页。

复沟通，让困扰降到最低。

（二）口述访问的方法

虽然口述访问有陷阱，但为重建历史，口述访问仍是值得进行的工作，通常可分成下列四个步骤：

1. 受访人的选择与约谈

选择受访人是很重要的工作，要如何找到值得访谈的受访对象呢？首先通过校友会、同乡会或工作团体等组织，是一项可行的办法。依我个人经验，访问日据时期女学生及女老师时，我便是经由台北第三高等女学校校友会的协助，因为这些老校友经常见面，由她们转介受访对象让我事半功倍。其次是受访人的年龄问题，有人曾问，可以访问四五十岁的人吗？我认为受访人年龄最好在70岁以上，口述历史不是新闻报道，年纪大的受访人曾经历过较长的历史，并看到历史的流变，她们的口述历史较具历史感。再次，要注意受访人的健康状况，不要以为年纪大的受访人每天都待在家里等你来访问，其实有的老人家活动很多，因此访谈前一定要和她们约好时间。如果能在访谈前先告诉受访人当天想要访谈的内容，让受访人有准备的时间，这样的访问效果将会较理想。

2. 资料的准备

首先掌握受访人的生活背景资料，例如这次学员中有不少是学建筑的，如果你们打算对上一代建筑师或工匠进行访谈，可以凭借本身的专业知识，搜集那个时代与建筑有关的文献资料。此外，受访人的老照片、毕业纪念册或工作经历所留下的资料、物品也尽可能搜集，因为这些都有助于受访人回忆。好比我访问罗东女名医陈石满女士的习医与行医经验时，由于她保留的照片不多，加之记忆有限，有些部分便无法深入了解。

但访问女教师陈爱珠女士时,她保留的老照片非常多;看着自己读书期间和教书时的旧照,她马上回想起许多往事。因此,联络受访人时,可以事先请他找一些老照片,作为访谈时的辅助资料。另外,如有需要,访谈时最好备有地图,根据地图你可以知道受访人曾经活动的空间。

3. 访谈的方式

访谈有一对一的访谈,也有集体式的访问。我进行女护士的口述访问时,曾通过尹喜妹女士的介绍,对台大医院的老护士和产婆做集体访问。因为她们都有共同的求学和就业经验,访问时可以相互提示,而且可借口访对不同级别的护士进行比较。这种集体访问的方式有相当不错的效果。至于对个人进行专访,必须让受访人有畅谈的空间,尽量不要有第三者的干扰,这样访问才容易进入状态。我访问一位女药剂师,原本她一直很有自信地侃侃而谈,但一谈到"二二八"事件的时候,她先生立刻中断她的谈话。另一位同仁也遇过相同情形,他的受访人是一位军人,但当受访人谈了较多内幕消息时,他太太却在旁边打岔:"你不是说这个不能讲的吗?为什么你现在都告诉他了呢?"结果那位受访人很尴尬。为防止这类干扰,我常戏称访问时应清场。访问时受访人所采用的语言也值得注意,主访人和受访人之间必须达到没有沟通的障碍,若受访人的多半经历来自日据时期,主访人最好能懂日语和闽南语,若一时听不懂,可以先将日文拼音记下,事后再查证。另外,有人认为访问时应该让受访人自由自在地谈,不做任何限制,但我个人认为这种方式很容易偏离主题,达不到预定的成效,例如你预计以两个小时访问受访人的童年生活,最后你可能会因为达不到原先预定的目标而大失所望,所以我觉得如何适时打断或引导访谈是很重要的。

再者,访谈时最好能站在受访人的立场来发问,就像"以汉还汉，以唐还唐"这句话，要研究汉朝应回归汉朝，研究唐朝就回归唐朝，也就是要设身处地地进行访问。必须切记的是，访谈时不能采用口供的方式，这对受访人是种压力。以"二二八"事件为例，在"二二八"事件中，受访人如果是一位受害者，现在又用套口供的方式来问他，无疑会对受访者造成双重伤害。

除了不以逼供方式访谈之外，也勿替受访人做政治宣传，成为批评或伤害别人的工具。换句话说，主访者要有自己的主体性。此外，不要用现代的名词去谈过去的历史，例如"单亲家庭""外遇"或"女性主义"等，这类名词是现代才有的，对七八十岁的老人家并不适切。至于"赶时髦"或"凑热闹"的口述访问也大可不必。例如，前几年"二二八"事件是口述访问的热点，无论当局或民间都从事这方面的访问，导致到处充斥同质性的访问记录。我认为应该扩大访问范围，例如平埔族、原住民、客家人、家庭主妇、市场小贩等各阶层的人都可以进行访问。访问时，不要只做点的叙述，要扩及面，这样才不会让受访人被孤立在一个时代里。

4. 访问记录的整理

口述访谈最困难的是整理访谈记录，因为受访人不会按照你所预设的方向一一陈述，可能会出现跳跃式的叙述，因此整理访谈记录的人很重要，也很辛苦。整稿时有一个值得注意的问题是，要不要让原音重现。最近我读到一本硕士论文，作者是用闽南语书写的访问内容，但我建议这位同学如果有意出版这本论文，应将它变成每个人都能看得懂的文字，而不是用闽南语书写，因为这份记录是要给大家看的，如果大部分的人都看不懂就无法使这本书广泛流通。当然作者也可将原音以注脚或括号的方式附录。

整理记录还有一项重要工作就是查证资料，例如受访人提到某人、某地、某年或某机构时，一定要查到正确资料。以日据时期的学制为例，1941年以前，台湾人能读的初等学校是"公学校"，日人读的是"小学校",这以后为"国民学校"。但有些人忽视它的重要性,不经查证,随意记录,这种颠倒真相的记载会使历史失真。所以访谈时,一定要将受访人所处时代的制度或人、事、物弄清楚,多费心神查证。至于可不可以用倒序的方式,我个人认为应该无妨,但人、时、物、地、事一定要掌握,这就是口述历史和一般口耳相传的街谈巷议或小说最大的不同。为尊重受访人,访稿整理之后,一定要让受访人过目,而且受访人有修稿的权利;不过,一份很好的访问记录,受访人不会大幅度修改,他通常会尊重主访人。近史所的口述历史出版前,必须通过两位审查委员的审查,以求全责备。你们的口述历史若有意出版,可以找老师或熟悉这段历史的专家阅读,以免除无谓的困扰。更重要的是,如果无法确定受访人口述内容的真伪时,可以多方打听或通过与其相关的人物进行补访。万一访问结束,发现受访内容不具价值,或与事实差距甚多,主访人可以保留录音但不出版。

(三)口述历史的重要性

口述历史能够补充既有文献的不足,其中女性历史因相关文献不多,故女性口述历史的价值更高,主访人的责任也更艰巨。此外,口述历史可以治疗老人病,每次访问,我总是深受感动,随着老人家回到过去的时光隧道。曾有学生问我,他访问他阿嬷时,姑姑和他都觉得阿嬷讲的内容有问题,不是平常他们所曾听过的,而且认为阿嬷吹牛。我告诉他,这可能是平常家里人都不听阿嬷讲话,一旦有人愿意听她讲古,她所说的便是你们不曾听过的,如果觉得阿嬷所说的内容有夸大或错误,可以问问她同辈的亲友,或查一些文献资料来佐证。口述历史的另一样重要功能就是抢救历史,通过访问保留即将消逝的资料,对历史的重建是很重要的。同时也可以纠正错误的历史,因为并非所有史书与口述历史都正确无误,比方日据时期有份报纸曾报道新竹公学校校友自台北第三高等女学校毕业后返母校任教的光荣事迹，但经我访问本人，才知道她的母校不是新竹女子公学校，早年她是在台北长大和就学，由于父亲调职到新竹，她才到新竹女子公学校教书，很明显这份报纸的记载是错误的。如果我们没有访问这位老人家，我们就被这份报纸给误导，甚至提供给读者错误的历史。①

二、实例介绍

我向来强调应将受访者放在历史脉动里，从访问中了解当时的历史，更关心两性的互动关系，以下我将通过两篇访问记录，来观看主访人如何借访问呈现这些问题。以台大外文系教授朱立民先生的访问记录为例子，来检视访问稿中的性别问题。我发现多数人访问男性时，不重视男性的家庭生活。事实上，有很多男性喜欢小孩子，也常常帮太太料理家务，但主访人多半不问这类问题，就好像男性受访人只有事业没有家庭生活。不过，从朱立民先生的访问记录可以看出，主访人突显朱教授不是一个只有事业的男性。首先，朱教授提到家中上大学的女儿只有一个，并特别指出父亲有重男轻女的倾向，例如六姐是母亲所生的最小女儿，当有世交希望父亲送孩子给他时，父亲竟然表示，儿子不能送，要的话把女儿抱去。②但朱教授也发现，父亲对他的母亲倒十分开通。据朱教授指出，母亲嫁给父亲时是文盲又缠小脚，父亲却要母亲放开小脚，并教她识字；母亲本人也非常聪明，不久之后就学会看报，甚至能听懂俄文，还曾陪父亲去看俄国人的歌剧。因此他眼里的母亲是一个思想开放的女性。③

---

① 参见游鉴明：《日据时期台湾的职业妇女》，第90页，注183。
② 单德兴等访问，林世青记录：《朱立民先生访问纪录》，台北："中研院"近代史研究所，1996年4月，第7页。
③ 单德兴等访问，林世青记录：《朱立民先生访问纪录》，第9页。

图4 1928年,朱立民先生与家人合影于哈尔滨(中排:朱立民先生的父亲、母亲钱陆梅;前排右一:朱立民先生)

其次,朱立民教授也相当关心两性的婚姻态度,例如他描述有好几个女学生暗恋他大哥的事,甚至有女学生托人来提亲的事。如果没有朱教授的叙述,我们无法想象那个时代的女性有十分主动的一面。①此外,他提到姐姐们喜欢读浪漫小说,她们甚至和现代女孩子一样,在家里贴了许多明星照片;不过,当他二哥向爸爸要求娶一名舞女时,不但他父母反对,连这些浪漫的姐姐们都反对,她们表示故事是故事,不能把故事搬到自己的生活里来。②最有趣的是,朱教授全家曾居住在哈尔滨,他还谈到外省籍和东北人结婚所引起的诸种问题,例如当时东北男性会殴妻,当地女性多半喜欢嫁给南方男性。③

再者,一般人对俄国历史不太了解,也不知道俄国人和中国人的相处情形,经过朱立民教授对其东北居住经验的口述,我们了解了这

---

① 单德兴等访问,林世青记录:《朱立民先生访问纪录》,第5页。
② 单德兴等访问,林世青记录:《朱立民先生访问纪录》,第10页。
③ 单德兴等访问,林世青记录:《朱立民先生访问纪录》,第5页。

段历史。①更特殊的是,他关注日常居家生活。例如他叙述了个人的饮食经验,在这段访谈中,他提到他的妻子虽然是广东人,但家里不只吃广东菜,而是混杂各式各样的菜色;到晚年因家里人员少,妻子年岁也高,为让她省点气力,他们多半在附近餐馆用便餐。②尽管这段叙述略为琐碎,但从中可以看出家庭生活随时光而转变的情形,所以也不要忽略这样的陈述。我个人觉得朱立民教授的这本访问记录相当有趣,突破一般的访问,让我们看到男性受访人事功之外的生活,以及男性对周遭事物或不同性别的关切。

接着以邱鸳鸯女士的访问记录为例,谈访问时的一些技术性的问题。

首先,为了解当时的性别差异,在访问中,我引导受访人回忆相关情境,因此出现"领养来的弟弟,也没读书……因此,家中只有我受过教育";"我就读的班级是男女合班……男生坐一列,女生坐一列,男女同学一起上课,也一起游戏","在中、低年级时,男女生的课程大致相同,直到五六年级时,女孩子多了裁缝课"等这些关心性别差异的话语。③

图5 邱鸳鸯女士就读中学时休闲照

其次,为对照过去和当代的用辞:我们在整理访稿时,做了一些补充工作。访问邱女士时,她声称是台北第三高等女学校毕业的,但我从毕业纪念册上发现她毕业那年

---

① 单德兴等访问,林世青记录:《朱立民先生访问纪录》,第11—19页。
② 单德兴等访问,林世青记录:《朱立民先生访问纪录》,第15—16页。
③ 游鉴明访问,张茂霖记录:《邱鸳鸯女士访问纪录》,《走过两个时代的台湾职业妇女访问纪录》,第74—75页。

还未改制成台北第三高等女学校,所以我仍用女子高等普通学校的名称。她女儿赖惠卿代邱女士看稿时,曾为此提出质疑,我指出邱女士毕业时还是女子高等普通学校,应忠实记录,因此我在女子高等普通学校之后,加上括号,并证明它就是台北的第三高等女学校。① 另外,她住的学校宿舍,当时称为"学寮",我保留原音,但将"学校宿舍"以括号注出。②

再者,通过访问补充文献的不足。例如自女校讲习科毕业具备教师资格的人,是否需要教学实习?由于在文献资料中找不到清楚的资料,经邱女士的叙述,不但证实有教学实习,也清楚了解了实习过程。③ 此外,邱女士的坦白言辞,透露一些真相,例如从访谈中了解到她是靠人情关系调校;还有日据时期她因口才好、敢发言,才有机会加入保甲妇女团。④ 日据时期台湾仍流行媒妁之言的婚姻,女性知识分子如何因应这样的婚姻形态?从邱女士的叙述,看到她个人的反应:当媒人为她做媒后,男方便到她任教的学校偷窥她,她听到这个消息,立刻躲起来不让他看,因为她认为自己不是出售的物品;不过,她对这位男士同样充满好奇,于是也从旁打听。由此可看出,邱女士并不是以被动的态度接受安排式的婚姻。⑤

访问邱女士时,她的年纪已经很大,身体及记忆力都不太好,后来我决定访问她女儿赖惠卿来补充不清楚的部分。她女儿很真实地叙述她的母亲,让我们读到邱女士的另一面,例如,她说"我母亲是个相当开明的女性,一向主张男女平等","在她的影响下,我们每个姐妹都很男性化,这种男性化的个性,便是既不服输,又自以为了不

---

① 游鉴明访问,张茂霖记录:《邱鸳鸯女士访问纪录》,第75—76页。
② 游鉴明访问,张茂霖记录:《邱鸳鸯女士访问纪录》,第76页。
③ 游鉴明访问,张茂霖记录:《邱鸳鸯女士访问纪录》,第77页。
④ 游鉴明访问,张茂霖记录:《邱鸳鸯女士访问纪录》,第86—87页。
⑤ 游鉴明访问,张茂霖记录:《邱鸳鸯女士访问纪录》,第80—81页。

图6　1944年6月,邱鸳鸯女士与嘉义保甲妇女团救护班团员合影

图7　自行车是邱女士买菜、访友和探访民情的主要交通工具,1965年邱鸳鸯女士摄于自宅门口

起,而且也不喜欢做家事"。①赖惠卿又说,她母亲个性十分活泼乐观,小时候母亲不用上班却经常外出,理由是出去透透气,每次骑着脚踏车上市场买菜,常常请人将菜送回家,自己则骑着脚踏车到朋友家聊天,这种广结朋友的外向个性,对她日后参选很有帮助。②

另外,赖惠卿对父母之间的关系做了另一种诠释,正可与邱鸳鸯的说法互作比较。例如,邱鸳鸯称"我们相处了60年,不曾吵过嘴",但赖惠卿却指出,母亲没有替父亲生儿子,使向来孝顺的父亲一直承受着"不孝有三,无后为大"的心理压力,"虽然他坚持不娶妾来传宗接代,但心理上难免会闷闷不乐,而且也会摆出大男人主义的姿态,因此,他们偶尔会口角,但不是很严重"。赖还举例,有次他们为了议会的事起了争辩,主要是她爸爸认为妈妈太爱讲话了。对父母的口角,她直率地说,她觉得母亲的多话是造成他们争吵的原因之一,但她承认父亲还颇能接受母亲外向的个性,例如母亲参选他没有反对,甚至还引以为傲。③赖惠卿又说,她母亲对吃特别感兴趣,偶尔会带她们外出吃东西,甚至带她们到嘉义公会堂附近的酒家吃饭,她特别说明,这是一家名为酒家但其营业性质像现在咖啡屋的食堂。有趣的是,有一次母亲陪着祖母和她们去看电影,看完后也带着祖母到那里吃饭,让祖母大开眼界,当时女性上酒家是件很不可思议的事,由于母亲的男性化,让她们尝受到同年龄的人所尝受不到的经验。④

总之,从这两篇访问记录,看到访问的技术以及如何将琐碎的话题呈现历史意义。

---

① 游鉴明访问,张茂霖记录:《邱鸳鸯女士访问纪录》,第91页。
② 游鉴明访问,张茂霖记录:《邱鸳鸯女士访问纪录》,第92页。
③ 游鉴明访问,张茂霖记录:《邱鸳鸯女士访问纪录》,第93—94页。
④ 游鉴明访问,张茂霖记录:《邱鸳鸯女士访问纪录》,第97页。

提问与回应：

提问1：这次我要做的口述历史是以空间为范围，以土地庙埕和居民的互动为主题，请问若我想以专题做访谈，要注意哪些事情？

答：我建议你可以访谈不同年龄层的人，访问70岁跟20岁的人一定不一样，因为不同历史记忆的人，对空间感受也不同，而空间的转变对居民的影响导致的变化也不同。

提问2（杨铃慧问）：我访谈经验还蛮多的，通常是短期式的田野调查，遇到的困难比较少。我遇到最大的困难是我写硕士论文时调查的那个部落，因为那个部落排外性比较强，这和访谈不一样，访谈只要与报道人建立关系就够了。由于我是做户外田野调查研究的，因此必须住在当地，要与部落每个人建立关系，他们能不能接受我，对我来说是挺大的挑战。刚开始那个部落没有人愿意接纳我，尤其前两个礼拜很悲惨，我每天就是从这家搬到那家，行李从来不敢卸下，因为我不知道哪家愿意收容我，所以行李永远都是打包的，后来情况才有好转，终于有一户人家愿意收留我，我在那部落差不多住了3个月。

答：你没有先找一个比较熟悉的人帮你穿针引线吗？

杨铃慧回复：如果有这样的人选当然最好，但那个部落还没有人做过调查，所以我无法找到适当的人帮我穿针引线。

提问3：访谈记录的整理方式有很多种，受访者最好用第一人称还是第二人称？

答：我想用第一人称"我"比较好，口述就是他自己讲出来的，这样比较容易进入受访人的时间及空间。

提问4：刚刚游老师提到最困难的就是访问记录整理，请问老师您整理记录通常会经过哪些步骤？是直接整理出来，还是先整理成一问一答最后才以文章方式呈现出来？

答：我的访谈记录大多由助理整理。邱鸳鸯女儿的访问记录是我亲自整理。我不是用一问一答的方式呈现，我根据她回答时所讲的内容直接写出来。访谈时要记得带笔记本,把重要的部分记下来,一面听录音带整理,一面对照笔记本,这样效率会比较高。还有一种情况是同一件事情,受访人可能这次讲的和下次讲的不太一样,你在整稿时可以先保留,找时间再向受访人确认。

提问5:如果受访人讲错了,但事后我们可以查证到正确资料,例如受访人说他是摆厘公学校毕业的,但是事实上正确名称应该是员山第二公学校,是不是可以直接改正过来,还是就用受访人原来所讲的?

答:我觉得还是应替受访人补正,因为最后的访问稿还是要请受访人过目。例如他忘记自己念的公学校名称或是毕业时间,若你可以找到纪念册来验证,我想应没有问题。

再问:万一没有机会给受访人看呢?如果他已经去世了。

答:我想可以用附注的方式来处理,但在口述里附注太多又很怪,不过为了完成一份好的口述历史记录,应该如此才对。

提问6:我们访谈的对象都是一些小人物,可能他们的经历无法去呈现一个时代的脉动,所以在整理记录稿的时候,我常常在衡量要不要再补一些资料,把我想要讲的主题呈现出来,还是纯粹只就受访人口述的部分整理出来?

答:还是不要任意添加资料比较好,我访问妇女时也常碰到这种情况,像邱鸳鸯女士跟林蔡素女女士,她们担任过多年的省议员,若访问到脱离她们自己或问政外的事情,她们一定不太知道,像其他男议员在做什么,她们也不太清楚。虽然你明明知道有许多事情她们没谈到,但我还是建议不补充,保持原来的访谈内容,因为这是受访人的个人经验。

提问7:假设主访人是受访者的亲人,例如女儿访问父亲或祖父,女儿的态度应该要如何?整稿时会不会有美化受访人的情形呢?

答:通常我们希望受访者和主访人都是诚实的,如果今天你的访谈对象是你父亲或母亲,我建议你可以不要立刻发表出来,若内容有一些不足为外人道的事情,我想你一定会有所隐瞒。等过几年你年纪

大了,很多事情已不受影响时再拿出来发表。由儿女进行的口述访问还是很少。我上课时,参加的学员几乎都先由访问自己的爸妈开始,我发现在访问过程中,学员因发现父母亲许多从不为人知的一面,而拉近亲子之间的距离,令我挺感动的。

提问8:如果有些妇女在受访时谈得泪流满面,我该不该将她的情绪反应也做记录呢?

答:访问过程中最好不要让受访人再度受到伤害,最好不要碰触到她最深层的伤口。我访问的受访人大部分是职业妇女,碰到这种情形比较少。有一次我访问一位90岁的老太太,她谈起婚后她先生外遇不断,她不但没有涕泗纵横还很高兴,你可以感受到她已经从受伤中复原了。若有这种事情发生,还是访问归访问、情绪归情绪,但不要落于情感的控诉。

提问9:如果访问的是小孩子,我们在整稿时使用的文字,可能会和孩子讲出来的语言不太一样,我们应该依照他的口语写出来还是依自己的方式?

答:既然是小孩子的访问,弄得太像大人讲话的方式会很奇怪,但也不能太口语化,我想你们应该可以知道如何拿捏,就像写童话故事给小孩看,类似那样的文字应该比较恰当。

提问10:老师您刚才说在访问时若遇到干扰,您都会清场,请问您是如何处理这种状况?我曾做过一个原住民妇女的女性生命史的访问,她是与异民族结婚,当访问到她的恋爱经验时,她不想让她先生知道,所以我们都躲在小地方小声谈。刚开始她先生对我很友善,之后她先生感觉很奇怪,不晓得我们偷偷摸摸在讲什么事,所以他对我的态度愈来愈差,请问遇到这种情形要如何处理?

反问:这些恋爱经验是她生命史的绝大部分吗?

回:受访人觉得这部分很重要,因为她的恋爱经验很丰富,但又不想让她先生知道。

答:不是婚外情就没有关系。

再问：主要是她认为她先生会介意这些事情。

反问：可是将来记录出来后，她先生还是会看到。

回：所以后来记录就没有出版了。

答：你这个例子非常特别，一般人对私领域的事情都不太愿意谈，大部分的受访人比较喜欢谈公领域的事。访谈时不太可能做到完全清场，最好在访问前先和受访人讲好要单独访问他，因为要录音的关系，若旁边有人怕会影响访问，用这种方式和受访人沟通可能会好一点。

镜花水月毕竟总成空？
女性口述历史的虚与实*

一、虚构的迷思

自传、回忆录或口述历史是作者或受访人的自我诠释，也就是"现在的自我"对"过去的自我"的一种诠释。①前二者多半是由当事人透过文学笔法自我表述，这种书写方式绝大多数不经考证，而是凭借作者的记忆或想象撰写而成，因此被视为是虚构的产物。②至于口述历史虽然也是出于当事人的个别记忆或集体回忆，但一个负责任的主

---

* 本文系修正稿。原稿载于"中研院"近代史研究所口述史组编：《口述历史进阶研习营学员手册》，第32—38页。
① 查尔斯·里克罗夫特（Charles Rycroft）认为撰写自传："是现在的'我'和过去的'我'之间的辩证过程。"李有成将查尔斯·里克罗夫特的意思加以归纳，认为：撰写自传的过程其实就是现在的"我"和过去的"我"之间互动的过程。参见李有成：《论自传》，《当代》第55期，1990年11月，第28页。
② 陈玉玲：《寻找历史中缺席的女人：女性自传的主体性研究》，嘉义：南华管理学院，1998年，第9页。

访人会对模糊不清的述说做进一步的考证，或向受访人的相关亲友进行补访，以补充或修正缺漏或错误的记忆，尽量使访问稿变成史料，而非虚拟历史。

尽管如此，口述历史仍无法将受访人完全还原到当时的历史时空，主要是主访人能够考证的部分有限，因为接受口述访问的女性，通常是历史边缘的人物，她们所陈述的内容大多不存于既有的文献中。此外，补访的人物不但难以觅求，陈述的内容有时又很难相信，基于上述情形，真相的浮现还是得仰赖口述这段历史的当事人。口述访问通常有两种方式：一种是预设问题，提供受访人追忆的方向，不至于漫无边际地述说；另一种是让受访人自由陈说，发挥主体意识。事实上，这两种方式利弊互见，交错运用较能掌握访问的情境与受访人的情绪反应。由于受访人多半年迈，思路易陷于片段或模糊，预设问题或适度提示有助于他们回忆，同时，也不妨碍他们的主体建构；但不可否认的，为满足主访人的问题意识，有的受访人会虚构事件，导致真伪莫辨，因此让受访人发挥回忆空间是有必要的。

当然无论何种访问方式都无法跳脱虚构的口述历史，但难道口述历史没有真实的一面？我们是否因此放弃口述历史的工作？或者让口述历史永远无法进入历史文献的殿堂，仅是虚构的故事？这对处于边缘的历史人物而言似乎是无奈的，而对说出真话的受访人则是不公平的，特别是向来在历史文献中缺席的女性，她们可能又得在文献中销声匿迹。有鉴于此，本文拟就我已出版的《走过两个时代的台湾职业妇女访问纪录》、《烽火岁月下的中国妇女访问纪录》（与罗久蓉合访）、《春蚕到死丝方尽：邵梦兰女士访问纪录》这三本访问纪录，寻找女性口述历史中的虚实现象，讨论二者产生的背景，并试图在虚构与真实间建构女性历史。另外，由于结婚与婚后的家庭生活在多数女性的生命中占重要的位置，因此本文分成结婚前后两个单元从事分析。

二、虚实的呈现——结婚以前

在未结婚之前的生活历程中,童年藏在回忆历程的最深处,但在不少女性的记忆中却是鲜明难忘。由于童年世界与成人世界迥然不同,是隔离在成人世界之外的,对部分女性而言,那片世界恍如乌托邦(Utopia),让她们愿意快乐地追忆。① 在我的访问中可以看到受访人愉悦而真实的述说,例如裴王志宏曾在抗日战争爆发后,亲睹日军进北京城的情形,她不但详尽地叙述日军进城的一幕,更表露当时看热闹的天真心情:

> 母亲因为小孩子多,管教并不严格,所以日军进城时,我就拉着弟弟、妹妹,并且背着一个还不会走路的小弟弟去看日本兵进城。当时有日本兵拿干粮——一种方方的饼干——给我们吃,我们虽然听不懂日文,还是把饼干拿回家。但我母亲阻止我们吃,她说:"吃了把你们都药死!"就赶紧给狗吃,不过狗吃了也没事。……印象中日本人很怪,男的都不穿衣服,天气热就围一条帘子,女的则不穿裤子,随便围着裙子就蹲在一边,我们小孩子跑去看他们,他们就骂。②

这样的述说或许会让读者生疑,但却写实地道出战争期间小孩子与成人的两样心情。而童年时的游戏或节庆情景更是女性难忘的一幕。③

从童年进入青少女时期,女性因读书开始结识家庭以外的朋友,

---

① 陈玉玲:《寻找历史中缺席的女人:女性自传的主体性研究》,第33—39页。
② 游鉴明访问,朱怡婷记录:《裴王志宏女士访问纪录》,《烽火岁月下的中国妇女访问纪录》,第189页。
③ 游鉴明访问,张茂霖记录:《邱鸳鸯女士访问纪录》,《走过两个时代的台湾职业妇女访问纪录》,第74—75页;游鉴明访问,黄铭明等记录:《春蚕到死丝方尽:邵梦兰女士访问纪录》,第26—35页。

活动的空间较以往宽广,因此她们最记得的是与同学的互动,张王铭心曾如实述出同学情谊:

> 几个要好的同学也都和我一样抱独身主义,这和我们的学历较高应该没有什么关系,可能是对平常所见的妇女生活方式有相同的感受,大家互相影响,才都不想结婚。我们几个感情很好,放假常常相约去玩,大家轮流管钱并负责买车票。其中一个同学因为好玩,还送我一个银戒指,年轻时淘气,出去玩时用手摸着墙壁走,把戒指磨缺了一块,不过我还是戴到结婚时才丢掉,这和同性恋或独身主义无关。①

此外,这时的女性正处在花样的年华,容易获得男性青睐,受访人通常会毫无掩饰地述说当时被追求的经验和反应,邵梦兰坦述道:

图8　梳着双辫的张王铭心女士,时年18岁

> 我记得我有一个在第一师范念书的同乡,学业成绩很好,也是我家的世交,我在杭州女中时,他曾经写信给我。第一次写来时我连看都不敢看,而是拿到班上去,对大家说:"这里有一封信,你们大家来看。"信好像写得蛮长的,我现在已经不记得内容了。他后来又写了好几封信,我根本连看都不看,

---

① 游鉴明访问,黄铭明记录:《张王铭心女士访问纪录》,《烽火岁月下的中国妇女访问纪录》,第79页。

图9 1936年，邵梦兰女士于复旦大学的毕业照

图10 1976年，赖渊平、邱鸳鸯伉俪于美国庆祝50周年结婚纪念

就直接丢到字纸篓里。①

而邱鸳鸯也喜滋滋地说出她的趣事：

> 由于我们是经媒人说媒，在订婚之前，彼此并未见过面……我在事前知道他要来看我，便故意躲在屋里，所以他始终没看到我。我认为我并不是要出售的物品，当然不轻易让他看。但当时有人告诉他说，我在台北读书时，曾患眼疾而住院，很可能我已经装了假眼球，也就是变成"猫眼"。他便打电话到医院查证，知道我的确曾因眼睛痛而前往治疗，至于说我变成"猫眼"，那是不正确的，他才放心。②

对女性而言，童年或青少年时期是她们初历人生的阶段，她们所接触的人事单纯而充满情趣，和成年以后的世界相比，会有较多的眷恋，我们从受访人叙说的表情可以看到欢乐情景的再现。无论这段时期的自我是调皮抑或叛逆，现在的自我是以相当得意而满足的方式诠释，这其中固不免有夸张、遗忘或误谬的

---

① 游鉴明访问，黄铭明等记录：《春蚕到死丝方尽：邵梦兰女士访问纪录》，第59页。

② 游鉴明访问，张茂霖记录：《邱鸳鸯女士访问纪录》，第80—81页。

陈述,我们仍可掌握到受访人真实生活的样貌。

三、虚实的呈现——结婚以后

结婚以后,女性的生活变得复杂,她们的口述也就显现虚虚实实,其中婚姻与家庭是多数女性的生活主体,但因际遇的不同,出现不同的表述。婚姻美满的受访人当然能畅所欲言,但婚姻不幸的受访人则出现欲语还休的矛盾情绪。例如裴王志宏因政府开放赴大陆探亲后,始知自己的家庭是个"伪组织",①虽然受访时她的丈夫已去世,但受骗的心情始终存在,因此在述及和她丈夫相识的过程时,她说道:

由于他跟"国军"一起住在东北大学,离我们家很近;为了等我出来,他经常在我家前面的公园坐好几个小时。我一出去碰到他,他就过来找我讲话。由于他有乡音,我听不大懂他的意思,他就说:"我慢慢讲,你就懂了。"他对我很有耐心,不过现在想想很滑头。②

图11 1946年裴王志宏女士与裴永恒先生同游北海公园

---

① "伪组织"是指抗战时期非正常婚姻关系下的家庭组织,引自吕芳上:《另一种"伪组织":抗战初期婚姻与家庭问题初探》,《近代中国妇女史研究》第3期,1995年8月,第97—121页。

② 游鉴明访问,朱怡婷记录:《裴王志宏女士访问纪录》,第199—200页。

无疑的,这样的叙述是真情的流露,但受访人也将她的怨尤如实表达,否则不可能说出"不过现在想想很滑头"这句话。换言之,此处所呈现的不是过去自我的看法。另外,需要说明的是,由于访问前我已知道这段故事,访问时,尽量不碰触受访人的伤痛,由她自由发挥,因此,受访人与她丈夫的一些互动关系在这份访问稿中完全无法呈现。

再者,采用模糊话语叙述夫妻情感是访问中的另一种现象,林蔡娩即以"我和我先生的感情并不是很浓厚,但也不是不好,就是很平实"一语带过。① 而邱鸳鸯道出婚前,"他(丈夫)不仅对我很好,也不曾显出大男人主义的姿态",② 即使婚后丈夫会发脾气,她也未有怨言;③ 但在补访她女儿赖惠卿时,却发现女儿眼中的父亲是"会显出大男人主义的姿态"。④ 当然由于生长年代的不同,邱鸳鸯和赖惠卿对"大男人主义"的认定应有分殊,所以邱的看法是丈夫的坏脾气并不是表现大男人的姿态。另外,邵梦兰是记性相当清楚的女性,对各种事情均能娓娓道述,唯一不愿叙述的是丈夫去世的原委,访问中,她哽咽地要求不提这段,只说道"自古恩爱夫妻不到头",因此在她的历史中,丈夫的影子只停留在结婚之初。但重要的是,她是来自礼教严谨的家庭,对如何与丈夫完成周公之礼,却能毫不掩饰:

那时候也是一点都不讲性教育的,王瑞莲……送给我一本书,书名《健康新教育》……书里讲男女性器官、性教育等,我和我先生婚前婚后都看了,但是老实说,这种书是没有用的,我觉得这种事是听其自然。……婚礼中客人走了之后,新房里只有我们两人,呆呆的,

---

① 游鉴明访问,蔡说丽记录:《林蔡娩女士访问纪录》,《走过两个时代的台湾职业妇女访问纪录》,第202页。
② 游鉴明访问,张茂霖记录:《邱鸳鸯女士访问纪录》,第81页。
③ 游鉴明访问,张茂霖记录:《邱鸳鸯女士访问纪录》,第82—83页。
④ 游鉴明访问,张茂霖记录:《邱鸳鸯女士访问纪录》,第93页。

不知所措。之前我先生的母亲只是告诉他:"要文气一点。"我的母亲则是说:"自己要晓得。"结果俩人什么都不晓得。我们在杭州度了一个月的蜜月,虽然不知所措,还是很甜蜜,到附近西湖玩,家人也在一起。我们差不多一个月才自然而然地完成了周公之礼,当时并没有新婚之夜要"落红"的要求,我先生把落红的手帕,郑重其事地保留下来,我倒认为这并不值得什么特别地赞美,因为本来就应该如此。①

事实上,这是极私密的事,受访人的坦述基本上是因她是教育家,她愿意借个人例子说明性教育的重要,因此她在口述中说出:

现在我认为性教育确实是需要的,如果事先没有性教育,自己看什么《健康新教育》一类的书,根本还是不懂,莫名其妙,所以紧张也无从紧张起。但是性教育绝不是从小学、初中或高中开始,倒是结婚的前夕或前一星期,由父母来告诉他们性行为如何做,这是妥当的。但是父母或许对孩子一时讲不出来,最好还是由早结婚的朋友或年长的亲戚来告诉他们应该怎么做。②

由这些话显示出前述私密的真实性。

至于叙述结婚之后的婆媳或亲子关系时,除部分人避而不谈之外,在多数受访人口中,她们会道出与公婆或子女相处融洽,对子女的教育或婚姻相当关切的话语。但其中不免有不切合实情者,例如邱鸳鸯指称长女的晚婚是因台湾光复初期,社会紊乱,当时来台的大陆人对女性不很礼貌,因此与丈夫坚持女儿晚婚。③而邱的长女却坦称晚

---

① 游鉴明访问,黄铭明等记录:《春蚕到死丝方尽:邵梦兰女士访问纪录》,第96—97页。
② 游鉴明访问,黄铭明等记录:《春蚕到死丝方尽:邵梦兰女士访问纪录》,第96页。
③ 游鉴明访问,张茂霖记录:《邱鸳鸯女士访问纪录》,第85页。

婚是没有合适的对象，因为不少年轻男性在"二二八"事件中被捕、被杀。①另外，受访人所描述的子女多半婚姻圆满、事业有成，尽管这类叙述或有虚构之疑，但为尊重受访人子女的隐私权，我们对其真伪不加考证。

婚后，因为时代的动荡或变迁，有的女性必须面对从未有过的生活剧变，这段过程让她们刻骨铭心。其中以曾历经烽火岁月的受访人感受尤深。裴王志宏因是只身携带幼女随军眷来台，在未有丈夫陪同以及信息不清楚的情形下，她受尽折磨，也学得坚强不屈，从她的叙述中可以看到，为在拥挤的船上取得栖身之地，她表现得相当强硬，不惜与人吵嘴以争取生存空间：

那个时候我觉得"国军"很差劲，分得那么清楚。就和他吵，他就骂我，要把我给丢出去，我忍不住哭了起来。……其实说起来，毕竟在人家的地盘上，应该凑合凑合将就一点，能活命就好，可是我脾气就是硬。吵到后来，我就说："你丢就丢，丢他妈海里好了！"后来他倒是走了。②

虽然这段对白不很文雅，但我们刻意保留下来，因为它传神地呈现受访人当时的自我，也道出一个年轻受难妇女的真情，诚如她为此事的解释："我一直记得他好多年，心里一直不服气，他当众骂我骂成那样，在逃难的时候还要这样子对我们。"③

不过，也有受访人的战争经验不同于前，例如张王铭心说道：

回想起来，或许因为我家比较有钱，我又一向不管政党和派系的

---

① 游鉴明访问，张茂霖记录：《邱鸳鸯女士访问纪录》，第98页。
② 游鉴明访问，朱怡婷记录：《裴王志宏女士访问纪录》，第204页。
③ 游鉴明访问，朱怡婷记录：《裴王志宏女士访问纪录》，第204页。

问题,抗战后期虽然也逃难,还是逃得挺舒服,只要一有不好的风声,我们马上就包船离开,所以除了离开衡阳时比较惨之外,我完全不晓得打仗的情形,不仅没吃到一点苦,也没看过半个日本兵,甚至连汪精卫政权都没听过。……总而言之,我家的生活形态并未因抗战而有任何变化。尤其在衡阳的时候,也请了一位当地的大师傅来家里做饭,虽然经济状况不比从前,可是我们照样吃喝玩乐,嫂嫂们也照常打麻将。①

这种说法易令人怀疑,认为是受访人的虚构,但从受访人的家庭背景可以确定,这是她真实的战争经验。

其实,相对于职业女性,以家庭为主的女性,她们的生活较为单纯。从访问发现,工作妇女多半会因工作而陷于复杂的人事纠葛,因此在述说这些事件时,常有各种经历。尹喜妹提及光复初期台大医院护理部的人事纠纷时,详尽地说出护理部主任陈翠玉以及她个人受诬陷的经验,例如她生动地描述:

宿舍忽然来了七八个警察和校警,指名要找我,问我是不是有一个保险箱。因为事隔多年,我想了好一会儿,才记起这件事,并告诉他们保险箱放在讲堂里,已经很久不用了。他们叫我开,我早把号码给忘了,一直开到中午十二点,怎么样都打不开。他们就把箱子封起来,下午请锁匠来开。锁匠也开了好久,在等待的过程中,我突然开始害怕:会不会是她们害陈翠玉女士害不成,要改来害我?!如果真有人要害我的话,箱子里可能已经放进什么东西了也不一定!那时总共有十几个人在场,如果里面真有什么东西,我可是百口莫辩。结果

---

① 游鉴明访问,黄铭明记录:《张王铭心女士访问纪录》,第79页。

打开以后，里面什么都没有，只有空气。①

不过，尽管尹在事件中是受害者，这些同事也早已离开台大医院，但她对这段文字的处理相当谨慎，她要求正式的访问稿中不记录这些同事的背景，因此受诬告的真相仅揭露了一部分。

但有的受访人说到这类问题则无所忌讳，率真地揭露事件过程与陷害者的名字，林蔡素女回忆初选省议员而落败的原因时，不悦地表示：

图12　升任台大医院护士主任的尹喜妹女士（中坐者）。

1953年，县议员任满到期，我又参选台湾省议会临时第二届省议员。但这次参选，我并没有当选，主要是受到李万居先生的影响。因为李万居缺乏风度，记得他第一次当选省议员是我从中协助，可是1953年我俩一道参选时，他却将了我一军，害我落选。……记得投票前一晚约7点钟，我的宣传车正准备由妈祖庙门口驶往北港镇上宣传时，所有宣传车竟被李万居的三辆宣传车挡住，以致动弹不得。……我就在李万居这种没度量的做法下，流失不少票源，以2000张票败给廖秀娥。②

---

① 游鉴明访问，黄铭明记录：《尹喜妹女士访问纪录》，《走过两个时代的台湾职业妇女访问纪录》，第55页。

② 游鉴明访问，吴美慧记录：《林蔡素女女士访问纪录》，《走过两个时代的台湾职业妇女访问纪录》，第154—155页。

至于邵梦兰因办学认真又不受人情之托，一度遭到同侪与长官的嫉妒与诬害之事，虽然获平反，并还她清白，但在她的人生历程中曾构成不小的冲击，因此她丝丝入扣地叙述这段恩怨是非。①值得注意的是，这两位受访人之所以能直言不讳地坦述，实与和她们有冲突的人均已弃世，同时这些事确实发生有关，无须以虚构方式忆述。

成年后的女性因婚姻、家庭生活或工作境遇进入复杂的成人世界，甚至得面对纠缠不清的人事纷扰。尽管受访人是站在现在追忆过去自我的遭遇，但复杂的情景依稀存在，现在与过去的自我因而时陷矛盾中，于是有回避、故意遗忘跳脱的受访人，也有坦述、刻意渲染表现的受访人，无论有意或无意的追溯方式，使我们取得的历史总是虚中现实、实中现虚。

四、超越虚构

从上述的实证可以看出，女性口述历史出现虚构或叙述不清楚的现象，除一般所了解的是与受访人的遗忘、夸张或回避有关之外，另则是来自受访人对隐私问题的有意保密以及不愿伤害第三者或不愿陷入无谓困扰所致。其中因年老女性的事迹多半无从考证，这段历史有可能永远扑朔迷离；而为尊重受访人，实不宜"打破砂锅问到底"。

尽管女性口述历史的真实性令人质疑，但与庶民史一样，她们提供丰富的生活史或文化史的资料，而这些资料多半来自受访人个人生活中的经验与观察，虽然也可能得不到佐证，但因不涉及人事纠葛，其可信度较高。更重要的是，与自传、回忆录不同的是，口述历史中的人物，是在主访人的眼中笔下诠释过去的自我，换言之，主访人能清楚地看到受访人的表情或情绪反应，甚至可以从中看出受访人是否

---

① 游鉴明访问，黄铭明等记录：《春蚕到死丝方尽：邵梦兰女士访问纪录》，第203—216页。

在虚构历史。此外，受访人是经主访人筛选，主访人对受访人的历史多半有所知悉，当受访人游离在虚实历史的建构时，主访人可以适度引导，让受访人透过自主意识说出真相。

  总之，不可否认的是，任何口述历史都会出现虚构现象，但口述历史并不是全无价值，有时主访人可以借考证以及与受访人的互动去掌握真实，降低口述历史的虚构之虞。女性历史向来偏处于人类历史的边缘，即以口述历史的方式为女性建构历史，并增补文献的不足。女性口述历史的从事者在处理虚实问题时尤其不能轻忽怠慢。至于我的举证仅是我个人的部分观察，如何化虚为实唯有凭借个人经验，或可谓"运用之妙，存乎一心"。

口述历史与台湾妇女史研究[*]

从人们口中叙述出的往事很容易被遗忘，但一旦书写成文字，这段叙事便可成为故事或小说的内容，也能纳入历史材料中。对研究人类活动的学者而言，他们更有兴趣将这些似无生命的口述资料提升到分析、诠释的层面，并撰写成研究报告或专著。最早有这项体认的是历史学家，中国的司马迁在撰写《史记》时便采"网罗天下放失旧闻"的方式，而希腊希罗多德（Herodotus）的《波希战史》（*The Persian Wars*）也搜集口述故事叙事。然而，尽管《史记》或《波希战史》都成了历史经典，这种将口述史料运用在历史著作的撰写方式，却并未在后来的史著中形成范式，正统史家关怀的是帝王、贵族的历史，他们所采用的史料是官方档案或文献，注意到口述历史的仅是少数史家。[①]

---

[*] 本文为修订版，原载于"两岸资讯社会的史学与应用学术讨论会"筹备委员会编：《两岸资讯社会的史学与应用学术讨论会论文集》，台北：铭传大学通识教育中心，2001年7月，第233—258页。
[①] 例如顾炎武、章学诚或伏尔泰（Voltaire）等人。

直到19世纪，口述历史（Oral history）才在西方找到发展的位置，只是不在历史学内，而是在同样关怀人类活动的人类学和社会学中，由于这两个学门的学者主要透过田野访问、问卷调查的口访方式从事研究与撰写著述，口述历史对他们的重要性不言而喻。不过，随着历史研究范围的扩大以及结合其他学门经验的导向，口述历史也开始在西方史学界拥有空间。从19世纪中期关注国家与政治事件的史观受到怀疑、20世纪史学界对传统的政治事件史的一再反扑，再到年鉴学派的形成、后现代主义（postmodernism）与后殖民主义（postcolonialism）的兴起，一种由下而上、关心寻常百姓或不同地区历史的书写方式逐渐成形，这种由大写历史转向小历史（little history）、微观史（microstoria history）的研究趋势，让口述历史有大好的发展机会。

1948年，美国哥伦比亚大学教授艾伦·芮文斯（Allan Nevins）提出"口述历史"这一名词，让口述历史正式进入学术殿堂，而且他不但将口述历史视为历史编纂的一种现代技术，还展开口述访问的计划；不过，在他领导下的口述访问，主要是以政治人物为受访对象。至20世纪70年代，美国的口述访问对象才扩展至其他人物和妇女。[①]相对于西方国家，中国的口述历史访问工作是在1959年"中研院"近代史研究所筹备主任郭廷以（嗣任首任所长）率领下展开，直到现在近史所的口述历史访问计划仍持续不辍，历年来的访问记录也陆续以专书形式出版，成果相当丰硕。[②]在近史所的口述历史访问计划中，明确指出的是"为现代史保留忠实而深入的记录，以备历史学者之研

---

① 保罗·汤普逊（Paul Thompson）：《过去的声音》（The Voice of the Past: Oral History），覃方明等译，沈阳：辽宁教育出版社，2000年，第73页。
② 游鉴明：《"中央研究院"近代史研究所的近代中国妇女史研究》，《近代中国妇女史研究》第4期，1996年8月，第311—317页。

究",同时受访对象不限于政治人物。①由于受访对象的广泛,也没有性别的畛域,1992年6月,近史所出版了第一部女性口述历史的专书《贾馥茗先生访问纪录》,迄今出版6本女性访问记录。②由是可见,女性口述历史在台湾史学界所建立的基础。

较重要的是,口述历史的地位既然确立,史家运用口述历史撰述史著的情形又如何呢?无可否认的,西洋史学界首开先例,在劳工史、家庭史、妇女史的著作中可以看到口述历史的影子;同时,西洋史家不仅将口述历史运用在西洋历史中,还同样运用在对其他国家历史的研究中,由西方学者撰写的中国近代妇女史中便有不少采用口述历史。至于中国学者运用口述历史写史的论者虽然不及西方,但近年来有日渐加增的趋势;而这样的研究方法主要集中在台湾妇女史,但可以理解的是,这与台湾地区女性口述历史近年来的蓬勃发展有关。

由于口述历史与妇女史研究有密切关系,叶汉明曾针对我与"中研院"近代史研究所口述历史组助理合作完成的《走过两个时代的台湾职业妇女访问纪录》(以下简称《走》书)一书进行分析,叶文首先强调口述历史能浮现妇女的主体性,并指出口述史的撰述不仅挑战主流历史,也有助于性别平等观的建立、社会公义的争取以及女界强化自身力量的要求。③作者认为《走》书是展示妇女与历史时代关系的重要素材,也指出这类台湾本土妇女口述素材,有助于发掘妇女的主体性;她同时表明,能善用这些素材的口述史作者可能是访问者本

---

① 受访人物包括"当代军事、政治、外交、文教、经济、社会等各方面的主要人物",《弁言》,游鉴明访问、吴美慧等记录:《走过两个时代的台湾职业妇女访问纪录》。
② 截至2018年年底,"中研院"近史所出版了10本女性访问记录。
③ 叶汉明:《口述史料与妇女研究:从〈走过两个时代的台湾妇女访问纪录〉说起》,《主体的追寻——中国妇女史研究析论》,香港:香港教育图书公司,1999年,第328页。

人。①由于叶文并未将《走》书与台湾妇女史论著间的关系做进一步着墨，因此叶文所留下的空白似等待我去填补。《走》书确实是配合我的博士论文《日据时期台湾的职业妇女》（以下简称《日》文）而展开访问记录，因此本文将根据《日》文从事讨论，但由于以这种方式撰写台湾妇女史的，尚有曾秋美的《台湾媳妇仔的生活世界》（以下简称《台》书，此书改写自作者的硕士论文《南崁媳妇仔习俗之研究》），尽管我无法为曾秋美代言，但为明确地说明口述历史与台湾妇女史研究的关系，本文仍试图将《日》文及《台》书一并分析，说明这两本论著运用口述历史的目的及其历史意义，并对台湾妇女史研究带来何种影响进行分析。在进行这段分析之前，本文拟先对妇女史如何走入历史以及口述历史与妇女史的关系略做说明。最后将讨论女性口述历史运用在妇女历史上可能产生的问题与制限。

一、挑战"大写历史（History）"？

17世纪科学革命让西方国家对征服自然充满信心，也激发启蒙运动的思想家在解释人类进化历史时，寻求普遍的通则，认为人类社会将遵循一定的规律发展进步，并指出凭借理性，人类能叙述历史进程、预测人类的前景。易言之，通过这种历史解释，所有历史都形成一种"百川归海"的局面。②这种思考历史的模式至19世纪更被兰克学派（Rankean School）发扬光大，有人称之为"大写历史"或"历史主义"（Historicism）。③在"大写历史"的影响下，这段时期的历史著作，几乎是以政治事件、社会革命或伟人事迹为主。同时史家不但

---

① 叶汉明：《口述史料与妇女研究：从〈走过两个时代的台湾妇女访问纪录〉说起》，《主体的追寻——中国妇女史研究析论》，第336—337页。
② 王晴佳、古伟瀛：《后现代与历史学：中西比较》，台北：巨流图书公司，2000年，第72—74页。
③ 王晴佳、古伟瀛：《后现代与历史学：中西比较》，第74页。

强调采用客观、原始史料撰史,而且还以西方概念书写世界历史,无视西方以外其他地区的历史特性,因此自19世纪中叶便有学者试图跳脱这种褊狭的书史方式,不愿再为政治事件服务。①进入20世纪之后,史家对"大写历史"的批判与挑战更是如缕不绝,特别是第一次世界大战爆发后,战争的破坏性造成人们对科学革命充满迷惘,而以西方为世界中心的概念也开始动摇,斯宾格勒(Oswald Spenglor)和汤恩比(Arnold Toynbee)的巨著中即分别呈现他们对西欧中心论的质疑。

除此之外,美国的"新史学"(New History)与法国的"年鉴学派"(The Annales School)则相继倡导跨学科研究与历史观念的革新。严格言之,这两派学者并不否定科学研究,而是更进一步地采用社会科学的方法以解释史料,扩大历史研究。②不过,年鉴学派的创始人费弗尔(Lucien Febvre)、布洛赫(Marc Bloch)以及其后的承继者,并不追求"大写历史",主张与社会科学结盟,并借用各种研究历史的方法,深化对人及历史的理解,不复以一种论说来解释所有的历史现象。③由于年鉴学派让历史学家以宏观的视角去研究历史,不设限于政治史或战争史的研究框架中,因此在与社会科学的结合下,年鉴学派开拓了社会史的研究空间。至1980年代,社会史的研究课题不但包括人口和家庭血缘关系、城市史、阶级和社会团体、心智、集体意识或文化的历史研究、社会变迁、社会运动、社会反抗现象,还包括犯罪史、性史、休闲史、教育史、少数民族史、健康社会史、死亡史及妇女史等。④

---

① 在米什莱(Michelet)与布克哈特(Burckhardt)各自出版的论著中,便可以看到他们走出大写历史的企图。张广智、陈新:《年鉴学派》,台北:扬智文化,1999年,第9—10页。
② 王晴佳、古伟瀛:《后现代与历史学:中西比较》,第135—140页。
③ 王晴佳、古伟瀛:《后现代与历史学:中西比较》,第141页。
④ 叶汉明:《女性主义史学与中国妇女社会史:当代西方研究的批判及妇女史学的展望》,《主体的追寻——中国妇女史研究析论》,第28页。

不过，自1980年代以后，历史研究更加多元、分散，追求社会科学化的史学风气逐渐消减，以往受社会科学的影响，史家注重社会的结构性变化，而这时个别人物的行为或日常细小的生活细节也吸引部分史家的重视，于是产生从小处着手的小历史、微观史和日常史（Alltagsgeschichte）的研究。①此外，从事文化研究的史家近年来也有极大的突破，除从精英文化走向对大众文化的关怀之外，他们试图处理文化中的权力问题；同时，将年鉴学派的心态史做淋漓尽致的发挥，研究人类的人生观、思想、感情、价值意识、精神生活以及人在创造文化时不断被塑造的过程或主体和客体间交相渗透的现象。易言之，凡是民众对宗教巫术、神话、爱情、性行为、死亡等的态度或潜意识都是文化史家研究的领域。②无疑的，社会史或文化史的崭新撰写方式，让下层社会、人类思维或细小文化的研究获得垂顾，这与"大写历史"时代实不可同日而语。

这种放弃"科学化"的史观或书写方式，固然与史家对"大写历史"的怀疑与挑战有关，但后现代主义与后殖民主义的影响，也不容忽视。严格言之，这两种主义是一种文化思潮，但对学术发展带来不小的冲击。后现代主义是以复杂、多样、无结构来对抗现代主义的理性、规律、一致化概念，同时注重被现代主义排斥在外的"他者"（the other）的地位；而后殖民主义则以文化多元论反驳西方中心论，试图改变边缘与中心的关系，不让"他者"永远处在次要地位。③这两种主义很明显是在否定"大写历史"，对史观的革新或史家撰述的方式自然有潜在的影响。尽管后现代主义的挑战历史知识、不承认有真实历史的存在以及认为历史叙述可以是多种也可以相互不同甚至矛盾的论调，让多数史家难以接受，但是后现代主义还是帮助

---

① 王晴佳、古伟瀛：《后现代与历史学：中西比较》，第175—185页。
② 叶汉明：《主体的追寻：社会史、文化史、妇女史与性别研究（代前言）》，《主体的追寻——中国妇女史研究析论》，第3—4页。
③ 王晴佳、古伟瀛：《后现代与历史学：中西比较》，第9—17、91—98页。

史家注意到理性思维之外的问题。①无论如何，20世纪以来历史研究有很大程度的改变，而且除历史观念、撰写方式的深化之外，史家对史料的选择不再仅限原手史料，从事下层社会、妇女、少数民族或微观史、日常史研究的学者，不可避免地需要采用二手史料或是非文字的象征事物。②

无可否认的，颠覆"大写历史"、采用多元、关注边缘或下层的研究，促使妇女史研究受到注意。在"大写历史"时代或更早的时期，中西史家只关心政治人物的历史，而这些人物绝大多数是男性，能被写入历史的女性不是与男政治家有关的女性便是少数的女政治家、女革命家或是典范妇女、名妓，以及在文字艺术、医疗科技等领域有特殊成就的女性，因此当妇女史研究兴起之后，学者强烈挑战"大写历史"时代以男性为中心的书写方式。在批判传统史学之外，妇女史史家试图建构妇女史的专门领域或范式。妇女史研究不但受20世纪以来历史研究新趋势的启发，也深受女权运动或女性主义思潮的激荡，因此妇女史研究呈现复杂的一面。

西方的妇女史研究兴起于1960年代后期，基本上是受1960年代第二波美国妇女运动的刺激，同时，这个时代西方学术界受各种激进运动及思潮的影响，无不求新求变，于是带动妇女史的研究。但其实早

---

① 王晴佳、古伟瀛：《后现代与历史学：中西比较》，第123—124、211—226页。此外，对后现代主义的批评，也出现在著名的人类学家玛吉·沃尔芙（Margery Wolf）的书中，她肯定后现代主义促使人类学家在写作过程和结果上多做反省，不要以作者的权威偏颇事实，或对"他文化"做错误的描述，但她质疑后现代主义者并未就田野问题提出更好的解决办法，只是提出民族志不同的写作方式而已。出自卢蕙馨对 Margery Wolf: *A Thrice Told Tale: Feminism Post—modernism and Ethnographic Responsibility* 的书评，参见《近代中国妇女史研究》第1期，1993年6月，第299页。

② 例如纪念碑、节庆、歌谣、家具或嘉年华会等都属非文字而具象征意义的东西，其中所透露的语言或姿态符号的意义深受史家注意，王晴佳、古伟瀛：《后现代与历史学：中西比较》，第240页；叶汉明：《主体的追寻：社会史、文化史、妇女史与性别研究（代前言）》，《主体的追寻——中国妇女史研究析论》，第3页。

在1848年第一波美国妇女运动开始后，再加上19世纪末期学者对"大写历史"的怀疑，已陆续有妇女史论著的出版，只是这时期的史家多半着重补白的工作，所呈现的妇女史著述除了是与妇运有关的妇女参政史或社会改革史之外，其他作品没有脱离传统范畴，仍着眼于杰出妇女或模范妇女，因此，并未受到女性主义者的重视。这种撰写方式至妇女史研究兴起后，依旧主导着妇女史的写作，但因受第二波美国妇女运动更积极地体现女性自决、解放的意志，要求改变以男性为中心的社会结构和价值体系的影响，有的著作渗入以性别压迫为视角的历史解释，为女权运动提供灵感。①

有趣的是，这一时期女性主义揭橥以"她的故事（Herstory）"抗衡"他的故事（History）"的概念，在挑战"大写历史"的众声喧哗中似扮演主唱角色。不过，妇女史家对这种充满政治意味的妇女压迫史或妇女悲惨史逐渐不感兴趣，他们试图从多方面来了解妇女，观察这些妇女在这些方面的表现，于是1970年代之后的妇女史研究超越妇女运动史的范围。这时期的研究受社会史的启发，关注女性的生活和意识，研究课题也大为扩展。②

这种以女性经验为中心的研究在1980年代之后引起质疑，受后现代主义、后殖民主义的启示，部分史家认为西方妇女史研究偏重白种妇女、中产阶级妇女的经验，偏忽其他族群或阶级的妇女。也有学者提出"性别"（Gender）的概念，反对妇女史研究仅以妇女为主轴。易言之，"性别"论者提出妇女史并不是以赞扬妇女的成就为目的，而是为了突出男性与女性之间的关系在历史上的作用。③但有史家持折中立场，一方面承认任何知识都无法真正客观，另一面则提出由于长

---

① 叶汉明：《女性主义史学与中国妇女社会史：当代西方研究的批判及妇女史学的展望》，《主体的追寻——中国妇女史研究析论》，第21—22页。
② 叶汉明：《女性主义史学与中国妇女社会史：当代西方研究的批判及妇女史学的展望》，《主体的追寻——中国妇女史研究析论》，第33页。
③ 王晴佳、古伟瀛：《后现代与历史学：中西比较》，第87—88页。

期以来妇女史研究不受重视,因此有必要用传统方式阐述妇女史的真相,而表彰妇女成就其实有助于打消社会对妇女的偏见。①

事实上,这些论辩迄今仍未有定论,但近半个世纪以来的妇女史研究很清楚是在呈现女性主体,让向来在历史舞台具有角色却缺乏声音的女性真正地被写入历史,而这种写史精神不但挑战以男性为中心的"大写历史",同时,有助于历史研究的革新。从事妇女史研究的史家多半了解研究妇女史必须跳脱传统史学的框架,建立专属妇女史研究的方法,主要是因史家如果仍坚持采取传统史家的做法研究妇女史,便有无从下手的喟叹。

历史研究的先决条件是搜集史料,正统史学的标准又是非有原始史料不能写作客观的历史,因此研究妇女史的史家为向来处在社会边缘的女性写史时,常有"无米之炊"的困扰,特别是从事下层妇女或妇女生活史研究的史家必须在研究方法上另辟蹊径。为配合不同的妇女史研究课题,史家在史料上做各种突破,超越正统史学对史料的判断,例如在文献资料方面,举凡日记、书信、自传、文学作品、期刊报纸、宣传单、回忆录、校刊、族谱或契约等都能成为研究材料。另外,受人类学家与社会史、文化史研究的影响,非文字资料也受研究妇女史史家的重视,他们不但进行实地调查、从事口述历史的记录,也试图从器物、图画、照片、邮票或明信片中解读其间意涵,作为妇女史研究的依据。多样化的史料以及处理史料的方式与观念,使妇女史研究的课题包罗万象,从参政、婚姻、教育、就业、诉讼再到社会活动、姊妹情谊、家庭生活、性、生育、劳动、战争、视觉、旅游、服饰或医疗等。严格来说,这种有别于"大写历史"的研究课题,其实与社会史或文化史的研究相辅相成,显示妇女史研究极富张力。

值得注意的是,西方妇女史的研究在建立与不断革新的过程中,不仅采纳由下往上的观点,也关注非西方妇女的问题,因此有不少史

---

① 王晴佳、古伟瀛:《后现代与历史学:中西比较》,第88—89页。

家投入中国妇女史的研究,他们运用多元史料处理中国妇女的历史,其中口述历史即被部分从事近代中国妇女史的西方学者所重视。1986年艾米莉·洪尼格(Emily Honig)的《姐妹们与陌生人:上海棉纱厂女工,1919—1949》(Sisters and Strangers: Women in the Shanghai Cotton Mills, 1919—1949)和贺萧(Gail Hershatter)的《天津工人:1900—1949》(The Workers of Tianjin, 1900—1949)便是典范著作。这两本书除引用文献资料之外,运用了实地调查报告和口述历史,呈现了1949年上海和天津女工的活动及生活。其后,Honig和Hershatter又在1988年合著Personal Voices: Chinese Women in the 1980's一书,仍采用同样方式研究中国当代的妇女。在这本书中,因文化背景的不同,她们是站在中国文化圈外提问题,所以对这段历史的评论无法不偏不倚。①尽管如此,她们的研究方法和论述方式确实值得注意。

而这种兼采口述历史的妇女史研究风气近年来也在中国史学界展开,以中国妇女史的研究为例,有杨碧芳、令狐萍对美国华裔女性的研究以及王政对五四时期女权主义的讨论,不过,这三位学者的妇女史训练主要来自美国。②至于台湾妇女史的研究则借鉴自本土经验,同时,凡从事台湾妇女史研究的学者几乎免不了采用口述历史。基本上,是因妇女史文献资料不足,学者必须借助口述历史记录始能呈现台湾妇女历史。再者,1945年以后,台湾当地除部分档案资料未开放使用之外,历史界对史料的运用并无太多限制;加以台湾的社会风气

---

① Emily Honig & Gail Hershatter, *Personal Voices: Chinese Women in the 1980's*, Stanford: Stanford University Press, 1988, p. 11.
② Judy Yung, *Unbound Feed: A social History of Chinese Women in San Francisco*, California: University of California Press, 1995; Huping Ling, *Surviving on the Gold Mountain: A History of Chinese American Women and Their Lives*, Albany: State University of New York Press, 1998; Wang Zheng, *Women in the Chinese Enlightenment: Oral and Textual Histories*, Los Angeles: University of California Press, 1999.

较大陆开放,口述访问的工作得以顺利推动,而妇女的历史又多半无政治禁忌,因此在史料运用与访问工作不受阻碍之下,学者能迎刃有余地施展这类书写方式。

最早以实地调查和口头访问撰写台湾妇女史的是美国人类学家,1972年玛吉·沃尔芙(Margrey Wolf)的《台湾乡村妇女和家庭》(Women and Family in Rural Taiwan)一书,便首开先例。但历史学界采用口述历史研究妇女史是在20世纪80年代后期,值得一提的是,台湾妇女史的研究重镇是在各大学研究所,从事这类书写方式的主要是研究生。①1987年,我的硕士论文《日据时期台湾的女子教育》(该论文于1988年由台湾师范大学历史研究所出版成专书)即对日据时期的40位女性进行口述或简单的问卷访问,以弥补文献资料的不足。虽然这是第一本将口述历史纳入妇女史研究的专书,但严格而言,这样的写作方式仅是初试啼声,主要以口述历史佐证文献;1995年我在博士论文《日据时期台湾的职业妇女》中便铺陈了较多的口述史料,其中有不少史料取材自《走》书。此后,各大学历史研究所的台湾妇女史硕士论文处处可见引用口述历史的例子。例如杨雅慧《战时体制下的台湾妇女(1937—1945)——日本殖民政府的教化与动员》、曾秋美《南崁媳妇仔习俗之研究》、许芳庭《战后台湾妇女运动与女性论述之研究,1945—1972》、游千慧《1950年代台湾的"保护养女运动":养女、妇女工作与国家》,但运用较多的是曾秋美的

---

① 除张素碧的《日据时期台湾女子教育研究》一文是来自1985年的《云林工专学报》之外,目前妇女史论著均源于各大学历史研究所。这些论著包括游鉴明:《日据时期台湾的职业妇女》,台湾师范大学,1995年;卓意雯:《清代台湾妇女的生活》,台湾大学,1990年;杨翠:《日据时期台湾妇女解放运动——以〈台湾民报〉为分析场域》,东海大学,1980年;杨雅慧:《战时体制下的台湾妇女(1937—1945)——日本殖民政府的教化与动员》,台湾清华大学,1994年;曾秋美:《南崁媳妇仔习俗之研究》,"中央"大学,1996年;许芳庭:《战后台湾妇女运动与女性论述之研究,1945—1972》,私立东海大学,1997年;游千慧:《1950年代台湾的"保护养女运动":养女、妇女工作与国家》,台湾清华大学,2000年。

论文,同时,曾秋美在撰写论文期间也将其口述记录集结成《消失中的台湾阿妈》①(以下简称《消》书)一书,作为撰写论文的部分史料依据。

从对抗"大写历史"的概念来看,台湾妇女史也是在抗衡向来以男性为中心的台湾史,以浮现妇女的声音,但由于台湾妇女长期以来未受重视,直到近十余年才被写进历史,因此台湾妇女史的研究必须采用整体观照,无论上层妇女或一般妇女都值得探讨,不能完全抛弃"大写历史"由上往下的研究,或仅着眼于下层妇女或小历史、微观史、日常生活史。妇女史史料的搜集是研究妇女史的先决条件,不过,为开拓这类宽广的研究空间,有限的文献资料显然无法满足台湾妇女史的学者,口述历史因而得到青睐。口述历史的特色是受访女性有机会陈述过去生活的经验,这种由当时人说出的当代史可以补充或纠谬文献资料。而口述内容的多元、活泼不但有助于学者处理不同的妇女问题,受访对象的不受限制,又让学者能由上而下或由下而上地观察各阶层妇女的历史,从而进行深层的分析,包括妇女在公、私领域内的活动,妇女的日常生活及其思想意志的表达等。值得注意的是,通过口述历史甚至可以了解男女两性在不同层面的互动关系或权力分配,并进一步审视妇女在台湾政治或社会上的位置。我的《日》文和曾秋美的《台》书便试图借女性在口述历史时的主体表现,进行超越文献资料的深入研究。

二、如何建构台湾妇女史?

《日》文和《台》书因关注的焦点不同,呈现相异的研究取径,《日》文讨论的是具有社会地位的职业妇女,以由上向下的方式分析这群妇女在公、私领域的表现和活动;而《台》书论述的是台湾社会

---

① 此书于1998年由玉山社出版。

底层的妇女——媳妇仔（即童养媳），以小历史的形式探究媳妇仔的收养情形及其生活。不过，两书相同之处是，在史料的引用上不限于《走》书或《消》书中受访对象的口述记录，同时也采用男性的口述历史，以佐证或补充这段历史。

（一）以《日据时期台湾的职业妇女》一文为例

《日》文主要是以日据时期台湾的女教师、女医生、产婆、女护士或女工为研究轴心，尽管从官方或相关机构可以取得她们详尽的量化资料、职业训练过程或部分工作情形，期刊报纸也有这群妇女的活动报道或私生活记载，但仅能勾勒出片面的图像。运用口述历史的资料后，本文得以进行细致的讨论。在《日》文中共计运用77份口述访问记录，这些资料为本文做了一些检证文献的工作，例如，当时不少女性有志成为产婆或看护妇，导致这类职业的养成机构出现入学不易的现象，时人的口述不但印证量化资料，而且还进一步指出入学考试存在着种族差异的问题，而这是文字资料所无法显现的。① 又如，有报道显示1920年代后期已有不少台湾女性进出公共场所，从访问中确实发现这种情形，比方曾是公学校女教师的邱鸳鸯曾带着她的婆婆和女儿们到嘉义市的咖啡屋用餐，让她们大开眼界。② 另外，陈杨枝的口述，则为我在《台湾教育》中的报道做了补正。③

不过，口述史料对《日》文最大的贡献是补充文献资料的不足，深化研究的内容。其中女医师的训练主要在日本国内，中国台湾或其

---

① 参见《刘张换、吕连红甘的口述访问纪录》，游鉴明：《日据时期台湾的职业妇女》，第138、167页。
② 游鉴明：《日据时期台湾的职业妇女》，第24页。
③ 1920年《台湾教育》报道陈杨枝和余月娥两位女教师均出身新竹女子公学校，但经访问得知，陈是老松公学校的学生，而非新竹女子公学校的校友。游鉴明：《日据时期台湾的职业妇女》，第90页，注183。

他文献鲜有记载相关活动;而战地护士也因工作地点不在台湾,无法陈述她们的工作情形,因此《日》文有关她们的讨论绝大多数是采自口述记录。更重要的是,通过当时人的现身说法与文献资料的交叉运用,《日》文进一步观察到这群职业妇女的职前受训经验、就业状况、工作表现以及与同性或异性在职场上的权力关系,至于职业妇女工作之外的婚姻生活、家庭关系或价值观也因口述访问而浮现。由于这些论述见《日》文,此处仅列举一二。有关职前训练,根据东方白的小说《浪淘沙》的描述,台湾第一位女医师蔡阿信学医的艰苦过程是《日》文探究的重要史料,而女医师陈石满的亲口剖白,更生动地带领我进入当时女医师学习的情境中:

以我先生就读的医科大学为例,每两名学生就可以分到一具尸体;我们则是十个人共享一具,解剖时分头部、胸部、腹部、肠及生殖器等五个部分,学生分立两边,每部分各由左右两人负责。我第一次分到腹部,和我合作的是一位日本同学。解剖时,老师在旁指导我们如何把皮肤取下,再将血管和神经一一加以处理,然后把肠子拿去洗,并翻过来,观察里面的组织。……实习完腹部以后,再轮流实习其他四个部分。①

经由产婆与看护妇的口述,一方面了解护产训练的严格;另一方面得知军事化生活教育与学长制如何影响护产新秀,让她们顺从、屈服。例如林月霞描述护生挨骂的情形:

按规定,护生是不准在任何场所大声喧哗。但有一次,大伙竟忘情地在公共浴室内高声谈笑。在人声沸腾中,谁也不曾注意到看护妇长也进入浴室,准备沐浴,只听到有人高喊"みんなさん"(即"诸

---

① 游鉴明:《日据时期台湾的职业妇女》,第107—108页。

位"之意),这一喊,全场无不肃静,然后原地聆听教训。在动弹不得下,泡在水里的,热得全身冒汗;正在冲水的,冷得直发抖,而在更衣的,也不敢乱动,就这样足足训话一个小时。[①]

有关就业状况,从文献资料显示,女教师、女护士或女工的服务年资多半不长,但看不出她们的异动情形或无法久任的原因。口述访问却清楚地勾勒出这些现象或原因,特别是当女教师作为受访对象时,通过她们的口述材料,我能具体地进行分析,从而了解结婚、生子、教育子女或协助丈夫事业是造成女教师不能久任的因素;同时也发现由于任教学校交通的不便,为转调至近家的学校服务,有不少女教师异动频繁。[②]另外,从访问发现,无家务负担是让女教师能专心教学、不轻易离职的重要因素;但口访史料也显示,因久任教职,造成部分人的迟婚或独身,一生未婚的陈阿理便自称:

我能够长期任教,又可以无牵无挂地付出,主要是因为我一直没有婚姻的约束,而且到现在我仍是独身未婚,(按:访问时陈氏已87岁)其实,当时到我家说媒的人还不少,可能是我个性太强,始终没有适合的对象。[③]

事实上,这些原因若非经由访问是很难被发掘的。再者,女护士或女工的受访者人数固然不及女教师,但从她们的口述中也能找到相似答案。[④]另外,女医师或女产婆虽然没有不能久任的苦恼,多半能持续执业;但她们的口述也显示,她们得以长期执业是因工作形态或工

[①] 游鉴明:《日据时期台湾的职业妇女》,第170页。
[②] 游鉴明:《日据时期台湾的职业妇女》,第63—71页。
[③] 游鉴明:《日据时期台湾的职业妇女》,第71—72页。
[④] 游鉴明:《日据时期台湾的职业妇女》,第180—182、231—233页。

作场所不影响家庭生活所致。①因此，透过这三种不同的声音，日据时期职业妇女无法长期执业的原因大致得以呈现。

有关工作上的表现，由于这群职业妇女是日据时期新女性的代表，新闻媒体不乏相关报道，其中表现杰出的职业妇女尤其受到瞩目；她们的自我表述则更能体现她们的工作态度，因此为处理这部分，我兼采这两种资料。其中职业妇女与同行之间的互动关系，根据本人或他人的口述更能如实呈现。以女教师为例，不少女教师指出自己在工作场所充满自信、不服输，通过男教师的口述也强化这项事实，证实当时不少女教师在工作中显露不落人后的一面。②其实，其他职业群体的口述，也能说明当时职业妇女是如何要求自我的。

然而，这样的工作态度让她们与同行或同僚之间出现竞争或紧张的关系，特别是与日籍同事之间更为突显，例如邓季春指出，在她服务的学校，台籍女教师大半担任较重要的角色，她认为"台籍女教师会有较好的教学成绩，是与不愿输给日籍女教师有关"③。而殖民政府的种族差别待遇，则使竞争中浮现怨怼，尹喜妹的口述曾强烈地显示这种反应，在说明她之所以参加海南岛医疗服务队的原因时，她指出其中部分因素便是基于她对医疗人事制度的不满：

> 院方规定凡是参加医疗队的日籍护理人员都可以留职停薪，可是台湾人却必须办理离职手续，我非常气愤。另外，妇产科的待遇也令我心里很难平衡：我的表现绝对不比别人差，妇产科的很多工作又都归我负责，可是护士长的人选却是经验远不如我的日本人，既然留下来也不可能有升迁的机会，我就决定放弃工作，先到海南岛再说。④

---

① 游鉴明：《日据时期台湾的职业妇女》，第121—122、160—161页。
② 游鉴明：《日据时期台湾的职业妇女》，第88页。
③ 游鉴明：《日据时期台湾的职业妇女》，第88—89页。
④ 游鉴明：《日据时期台湾的职业妇女》，第180页。

若非通过口述记录,这类声音是不可能出现在殖民政府的文献资料中的。

此外,职业妇女的口述也勾勒出两性在工作上的权力关系,林蔡素女不讳言地指出,唯恐教学绩效逊色,她和一位男同事时相较量。①当然,不是所有的行业都出现性别竞争的情形,例如女医师从事的科门是男医师眼中的"小儿科",由于对男医生不构成威胁,两者之间相安无事。同时,在两性关系未十分开放的日据时期,又因女性多半不向男医师求诊,有利于女医师业务的发展,于是在医界中鲜有出现男女医生冲突的情形,陈石满的经验曾清楚地说明这种现象:

我除了眼科之外,也要兼看妇科。这主要是因为当时风气比较保守,女性若有妇科方面的疾病,都不大愿意请男医师诊疗,即使风尘女子亦不例外,因此,虽然罗东地区也有男性的妇产科医生,有些病人还是喜欢找我。②

有趣的是,有的人还因工作表现卓越,有能力指导位阶较高的男同事。例如,看护妇在医院的地位并不高,但娴熟的医疗经验有时却连医师也甘拜下风,从尹喜妹的口述中可以看到她自述其被名医师徐千田视为老师的经过;尹的干练,在另一位名医林天佑的回忆录中也得到证实,让我对这样的分析有充足的证据。③值得一提的是,多半台籍职业妇女不能接受与日籍同事间的不公平待遇,却对异性间的不同待遇未有争议。例如林彩珠指出,男教师多半受过正规的师范训练,理应获得合理的薪资待遇,因此,她们对薪资的不满不是针对男教师,而是日籍女教师。有趣的是,工厂女工也有类似说法,吴爱珠

---

① 游鉴明:《日据时期台湾的职业妇女》,第88页。
② 游鉴明:《日据时期台湾的职业妇女》,第115页。
③ 游鉴明:《日据时期台湾的职业妇女》,第155—156、183页。

便表示男性工人担任的工作较女性工人吃重,他们确应获得较高的酬劳。①通过女性对当时的口述,可以看出日据时期的女性似乎不具有强烈的性别意识。

公领域之外,职业妇女在私领域的活动资料大部分需借助口述历史才能得以保留。就婚姻的选择而言,根据文献资料大致可以看出,日据时期的婚姻既有媒妁之言也有自由恋爱,而失婚或离婚的例子也偶有记载,经由时人口述更可以看出她们不同的婚姻选择。②同时,这其中有不少人因受了新式教育,婚姻仪式或装扮也随之革新,在陈石满的述说下,得知她是着白纱礼服结婚,时髦的装扮曾在罗东地区造成不小的影响。③其实,礼服的选择具有象征意义,但在此处还蕴藏着一个重要的意涵,也就是女性一旦成为公众人物,她们的行为举止或装扮不但深受社会大众的注意,也会带来模仿风潮。

就家庭生活而言,专业知识不仅被用在工作中,也扩展至自家生活,这种现象普见于受访人的自述中。至于她们所从事的职业,也有意或无意地影响家人对职业的选择。以曾在树林酒厂当女工的王罔为例,王指出她能进入酒厂工作是来自长姐的推荐;而邱李阿叶则是在自己进入酒厂工作后,再将丈夫、小姑、小叔引荐入厂。④

更重要的是,通过就业机会,职业妇女不但扩大人际关系,甚至也因此学习到专业之外的新观念或新技术,例如从女工的口述中得知为了配合工厂工作进度,她们学会看钟,建立了时间观念;同时也学会编织毛衣、阅读杂志。⑤不过,并非所有女性都因工作而得到好处,当时的新闻曾报道烟草工厂的女工诈财赌博,而口述资料也呈现有赌

---

① 游鉴明:《日据时期台湾的职业妇女》,第57—58、227页。
② 游鉴明:《日据时期台湾的职业妇女》,第71—72、95—97、120—121、159—160、192—194页。
③ 游鉴明:《日据时期台湾的职业妇女》,第121页。
④ 游鉴明:《日据时期台湾的职业妇女》,第220页。
⑤ 游鉴明:《日据时期台湾的职业妇女》,第245—246页。

癖的女工引诱伙伴聚赌的事实，这些资料让《日》文不流于片面。①

（二）以《台湾媳妇仔的生活世界》一书为例

《台》书是以作者的成长地——桃园南崁的媳妇仔为研究焦点，尽管有关台湾媳妇仔的研究已有部分论著，而且人类学者也从事研究，但由于这些成果不是偏重养女制度与养女问题，便是关心媳妇仔的家族与婚姻，对媳妇仔的实际生活或遭遇的讨论不够深入，因此《台》书是从民间及媳妇仔的立场出发，着重于民间的风俗状况以及媳妇仔的生活与遭遇等层面的探究。②为了更贴近当地民间的史实，《台》书的史料主要是户籍资料、田野调查与口述历史，并将户籍资料与口述历史相互印证。③此外，引证当时人的口述时，作者尽可能依照当时人所使用的语法与语词来表现，而且为尊重个人隐私，受访的媳妇仔姓名，一律以化名替代。④

《台》书在讨论南崁地区的媳妇仔习俗时，除了"南崁地区的历史发展及人文环境"的相关内容，能掌握到文献资料之外，关于"媳妇仔习俗盛行的原因"与"南崁地区的媳妇仔习俗"这两部分内容，因户籍资料呈现的仅是媳妇仔的生长及收养资料，无法从中解读到出养及收养的原因以及媳妇仔风俗如何在南崁盛行的缘由；同时，无法了解当地媳妇仔风俗的内容，因此，作者采用大量的口述记录进行分析。通过口述访问，《台》书将女孩子被出养及收养的因素归纳出12项，尽管多数原因耳熟能详，但经由媳妇仔的自我表述更能深入实情。⑤例如传宗接代和重男轻女是收养或出养媳妇仔的两大主因，但其

---

① 游鉴明：《日据时期台湾的职业妇女》，第247页。
② 曾秋美：《台湾媳妇仔的生活世界》，台北：玉山社，1998年，第17—18页。
③ 曾秋美：《台湾媳妇仔的生活世界》，第18页。
④ 曾秋美：《台湾媳妇仔的生活世界》，第18页。
⑤ 曾秋美：《台湾媳妇仔的生活世界》，第74—92页。

她们的声音

间还有不少复杂的考虑,例如在经济因素之外,许多经济情况并不困难的家庭也将女儿出养或收养媳妇仔。①据刘丹表示,她之所以成为媳妇仔是因父亲的事业忙碌,母亲必须帮忙工作,于是在她出生50天后送人收养,刘特别强调:

甚至我到了养家之后,母亲担心我没有奶水喝,还定期买奶粉托人家拿到养家来给我吃呢!②

另外,是与民间习俗信仰有关,不少家庭根据"碛花""招小弟"的说法,相信夫妇婚后未能生育或只生女孩不能生男孩时,若抱养他人之女孩将有利生育,于是受这种风俗影响而收养媳妇仔的例子普遍见于南崁。③不过,"碛花媳妇仔"的兴盛除了基于习俗之外,也是出于媳妇仔能增加家庭劳动力的考量,这种情形在口述中可看出端倪:

我婆家这边,虽然也是有名望的大家族,但是仍然有许多人养媳妇仔,女儿也同样送给人家,像我先生的大嫂就是婆婆抱回来的"碛花"的,她告诉过我,说从前我婆婆她们妯娌每次轮流煮饭,一餐都得煮50人份的饭量,所以每次轮到婆婆煮饭时,她就得帮忙;又说那时家里养了很多媳妇仔,几乎一房养一个,和她年龄相仿的就有十多个媳妇仔,媳妇仔五六岁起,就可以帮忙摇囡仔,七八岁就可以帮忙工作了……④

再者,受算命者预言的影响,认为该女命格是"媳妇仔命",不送人会养不活,于是父母亲便将女儿出养。余梅、简凤都是其中个

---

① 曾秋美:《台湾媳妇仔的生活世界》,第93页。
② 曾秋美:《台湾媳妇仔的生活世界》,第75—76页。
③ 曾秋美:《台湾媳妇仔的生活世界》,第86—87页。
④ 曾秋美:《台湾媳妇仔的生活世界》,第89—90页。

案,余指出她是家中唯一的女儿,但母亲却说她是"媳妇仔命",而将她送人收养;简也因同样理由,成为姊妹中唯一送人的媳妇仔。①

在"南崁地区的媳妇仔习俗"这部分,可以看到不少叙述是来自受访人个人的经验、对他人的观察或是传闻。综合口述调查,《台》书发现南崁的大多数媳妇仔收养性质是赠养性,纯粹买卖性质的比较少见;同时,养家主动向生家乞养的居多,生家主动出养的例子比较少,并多由养母出面探听或收养。②有趣的是,收养时会有些禁忌。通过陈凤的说明,了解到带媳妇仔回家时,除非女孩年龄已经很大,否则必须以"背"的方式带走,背巾的两端必须调得一样长,因为据传"背"的形式比较类似乘轿,将来媳妇仔的命会比较好。③此外,媳妇仔死后在养家的地位较一般亲生女要高,除了有头对(指有特定的婚配对象)媳妇仔的神主牌位能在养家厅堂受到奉祀之外,根据受访人口述,当地对未婚前即夭折的媳妇仔,无论有无头对,她们的牌位一样能在养家厅堂受奉祀。④至于媳妇仔家与生家之间的关系,虽因人而异,但就受访者的述说可以了解,多数养家禁止媳妇仔与生家联系,但也有媳妇仔是因怨恨生家将之出养,于是不喜欢回生家,庄红便表示,她原本不喜欢回生家,一直到长大,能了解被送养的原因后,才比较愿意回家。⑤

整体而言,口述历史被引用最多的是有关"媳妇仔的生活与境遇"的分析,由于这方面的研究直接触及当事人的思想与行为,唯有口述记录才能呈现媳妇仔的心路历程与生活经验。结婚前的媳妇仔随着与养家关系的不同,出现不同的境遇,同时也影响她们的心态。对多数的媳妇仔而言,出养记忆与身份自觉是一种既模糊又清晰的童年

---

① 曾秋美:《台湾媳妇仔的生活世界》,第81—82页。
② 曾秋美:《台湾媳妇仔的生活世界》,第102页。
③ 曾秋美:《台湾媳妇仔的生活世界》,第103页。
④ 曾秋美:《台湾媳妇仔的生活世界》,第112—115页。
⑤ 曾秋美:《台湾媳妇仔的生活世界》,第115—117页。

往事,年纪较大而出养的媳妇仔多半不堪回首,简凤记得被收养时:

起先是姊姊在这边陪我住,但是三天回家作客后,要再带我来,我就不肯了,不断地哭闹,又抓又咬地,把父亲的背上咬得满是伤痕。①

当清楚自己在家中的特殊身份后,媳妇仔常以畏缩、怯懦、自卑或认命来约制自己,例如简凤表现的自我是:

作为人家的媳妇仔,我们自然得认份(闽南语:认命、接受现状)些,工作自然就会主动去做,好比学校办远足去山上玩回来,我就自动捡一担柴挑回来;台风过后,和同伴偷溜去玩水,回来也得顺便扛一些"大水柴"回来,必须"一兼二顾,摸蚬仔兼洗裤"才不会被骂……②

这种认命的心态多半与媳妇仔在家中的处境有关,让她们不敢掉以轻心。在口述记录中处处可见媳妇仔从六七岁就必须开始工作、分担家务的情景,从协助家事、照顾幼童再到上山采樵、下田铲挑秧苗,几乎无所不能,而这种辛苦的劳务工作占据媳妇仔日常生活的全部。③年龄增长后,为协助家庭经济,有的媳妇仔必须外出就业或让人雇用,古尽的经验是:

14岁后,我就去做"小工",必须要挑砖、扛水泥、舀土等,长辈要钱,就叫我们去做粗工,大热天也一样得在太阳底下工作。④

---

① 曾秋美:《台湾媳妇仔的生活世界》,第139页。
② 曾秋美:《台湾媳妇仔的生活世界》,第140—141页。
③ 曾秋美:《台湾媳妇仔的生活世界》,第142—144页。
④ 曾秋美:《台湾媳妇仔的生活世界》,第146页。

在这种情形下,得以受教育的媳妇仔并不多,即使能入学也多半因必须协助家务,不能专心向学,致而中途辍学。①其中庄红虽很幸运地读完中学,但她指出,当她提出继续升学的要求时,养父唯恐她将来的学历会高过他的儿子,不肯答应。②

基本上,媳妇仔的境遇与养父母的态度有密切关系,受访的媳妇仔多数表示,养家对待她们的态度还不错,甚至会特别疼惜,这可能与养家没有女儿或生、养两家原是亲戚有关;再者是收养媳妇仔之后,若养家家运亨通,媳妇仔便受到喜爱。③但相较于养家的亲生女儿,她们还是受到不同程度的差别待遇,陈汝便称:

我养母对待自己亲生的女儿和对别人的女儿差很多,她就很疼那个大我一点的女儿,从来不曾叫她工作,大部分的事都是我在做的。④

较不幸的媳妇仔是受苛待、凌辱或殴打的,据林阿珠回忆:

从前隔壁那个金生婆,养了好几个媳妇仔,她都虐待人家,有一个媳妇仔还很小,就是被她用火钳烫死的,因此她还被日本警察抓起来,押着她背着婴尸去游街示众,她还得沿街边走边念着:"头前背鼓,背后背死婴囝仔脯,奉劝诸位,切莫像我这般……"每念完一次,还得敲一次鼓,否则日本人会打她……⑤

不过,最悲惨的是被迫操持贱业,甚至转卖为婢妾或为妓。这段的分析,因未能访问受害者本人,是通过她述或是养女会的工作报告

---

① 曾秋美:《台湾媳妇仔的生活世界》,第154—159页。
② 曾秋美:《台湾媳妇仔的生活世界》,第159—160页。
③ 曾秋美:《台湾媳妇仔的生活世界》,第147—148页。
④ 曾秋美:《台湾媳妇仔的生活世界》,第149页。
⑤ 曾秋美:《台湾媳妇仔的生活世界》,第152—153页。

呈现的。①

婚姻在女性的生命中占极重要的地位，由于媳妇仔在原则上是属于养家的人，她们的婚姻自然由养家家长决定，没有自主权利，因此她们对婚姻的选择或看法异于一般。②其中以"送作堆"的婚姻居多，而且据文献资料显示，"送作堆"的媳妇仔大多早婚，平均结婚年龄为15—17岁，这固然与传统社会的早婚习惯有关，也出于养家对媳妇仔的不信任，因为养家多认为媳妇仔年龄越大，越难控制，徐桂和简凤的口述即证明这点，她们均表示自己之所以早婚是因头对要去当兵，于是长辈逼她们结婚。③其实为使媳妇仔接受"送作堆"的婚姻，养家不仅安排早婚，还采用各种不同的防范措施或逼婚方式，但这些事实都需借媳妇仔的口述始见端倪。④

对于这种安排式的婚姻，有不少媳妇仔相当认命，不过从她们的表述可以看出，其实，她们承受着相当大的心理压力，例如有人指出：

她们对我们有养育之恩，而且她们挺疼我的，如果我拒绝她们的安排，就得背负忘恩负义或不孝等之类的罪名。⑤

也有人提到：

再说，我对未来，一点把握也没有，如果反抗人家另外再嫁，嫁得好，人家没有话说；万一嫁得不好，就一定会被人家笑死。要拒绝人家的安排，真的需要很大的勇气。……最后实在是无可奈何，只好

---

① 曾秋美：《台湾媳妇仔的生活世界》，第161—166页。
② 曾秋美：《台湾媳妇仔的生活世界》，第167页。
③ 曾秋美：《台湾媳妇仔的生活世界》，第173—174页。
④ 曾秋美：《台湾媳妇仔的生活世界》，第177—184页。
⑤ 曾秋美：《台湾媳妇仔的生活世界》，第180页。

默默接受，真的好可怜！①

然而，有少数媳妇仔是经过挣扎、等待或自毁声誉的方式换得自由婚姻，庄娟坦诚地表白，她是以怀孕的理由，要求养家让她和对方结婚，也因此被传为"我是跟人家跑的"。②其实，不仅是媳妇仔对婚姻有成见，不少头对也反抗这种婚姻，特别是头对的受教育程度或身份远在媳妇仔之上时，抗婚的反而是头对而不是媳妇仔。陈汝便是与头对在见识、经历上有差距，而未被"送作堆"。③至于"送作堆"的婚姻生活是否美满，全视个人而异。玛吉·沃尔芙认为，男女双方自幼即长期接触，彼此之间会缺乏性吸引力，因此夫妻关系较不和谐，于是她提出"性嫌恶"的说法。针对这点，《台》书的口述记录给出不少佐证。④例如刘丹坦承，结婚后，她的丈夫始终拒绝圆房，四年后，她才怀有头胎，但夫妻感情一直不和睦，为此，她自杀多次，也试图流产。⑤无疑的，这些点点滴滴的夫妻生活若不是受访人的告白，《台》书是无法勾勒出的。

总之，《日》文与《台》书的研究方向虽然不同，但均通过以女性为主体的口述历史书写台湾妇女史，试图让台湾妇女史能在台湾史的中心具有位置；同时，超越公领域的讨论，将台湾史带入对私领域的关注。

三、检讨与展望：代结论

随着19世纪中叶以来"大写历史"受到挑战，历史的书写方式与

---

① 曾秋美：《台湾媳妇仔的生活世界》，第181页。
② 曾秋美：《台湾媳妇仔的生活世界》，第202—203页。
③ 曾秋美：《台湾媳妇仔的生活世界》，第189—190、183—186页。
④ 曾秋美：《台湾媳妇仔的生活世界》，第183—184页。
⑤ 曾秋美：《台湾媳妇仔的生活世界》，第183—184页。

内容不断求新求变，不再仅讨论人类的政治史、外交史或战争史，也不偏重上层社会的人物及其活动；而将研究的触角深入至社会史与文化史，关怀的焦点广及不同阶层、族群与性别的人类。这种转向小历史、微观史或日常生活史的历史书写方式，让人类的历史变得活泼、生动，而且每一个人都有可能被写进历史。无疑的，撰写这样的历史是必须超越传统史学的格局，也就是在研究方法或史料的运用上需要突破，因此，不少历史学者试图与社会科学结合或借用各种研究历史的方法，以深化对人或历史的理解。宏观的历史研究也促使史料的选择走向多元，不但文献资料不局限于原始史料，举凡自传、文学作品、期刊杂志、宣传单、回忆录、校刊或者田野调查与口述历史都可供研究，至于器物、图画、照片、邮票或明信片同样成为研究的依据。

受这种研究氛围的影响，向来在历史舞台缺乏声音的女性开始受到重视。由于妇女在历史上的活动与男性不同，史家无法将传统史学的论述方式套用在妇女史研究上，加以妇女史史料的缺乏，导致研究妇女史存在困难与制限，但也呈现从事妇女史研究必须不同于"大写历史"，需建立一套专属妇女史研究的方法势在必行。经由妇女史学者的不断革新，妇女史的研究一方面强调女性主体的呈现，另一方面则以不同课题去研究妇女历史，让妇女从历史边缘进入历史中心。为配合这样的研究，妇女史所引用的素材自然较具弹性，其中口述历史是研究近代妇女史学者最感兴趣的素材，因为口述历史被视为是能凸显女性主体的重要资料。此外，口述的历史不但能补白与检证文献资料，也能触及当事人的内心世界，使历史的内涵不仅是冰冷的事实，还包括人性的内在情感与思维。①

台湾妇女史的研究论著便多半运用口述历史处理妇女问题，无可否认的，近年来台湾口述访问的盛行，让研究者在采撷资料或进行访问时都较为方便，于是将口述历史导入台湾史研究成为一种趋势。

---

① 曾秋美：《台湾媳妇仔的生活世界》，第281页。

《日》文与《台》书便引用大量的口述历史，以分析、诠释台湾妇女历史，但因这两本论著的研究取向并不相同，运用口述历史的方式与多寡有程度上的差别。《日》文研究的对象是职业妇女，除女医师之外，其他职业均由殖民政府刻意培养，而且职业妇女是日据时期的新女性，不但在公领域的活动受到瞩目，私领域的表现或行为也深受关注，因此有关她们的记载多少见诸文献资料。然而文字资料仅呈现职业妇女的外显行为，许多内在的感受或想法，特别是私领域的活动是需要借助口述访问来呈现的。因此在文字与非文字资料的交相配合下，《日》文得以勾画出日据时期职业女性的部分生活史。《台》书探究的对象则是南崁地区的媳妇仔，虽然有关媳妇仔的讨论已有不少的论著，但《台》书的研究方向与过去不同，试图以南崁媳妇仔为个案，进一步推究童养媳习俗形成的原因及其内容，并借此厘清其背后的复杂成因以及媳妇仔的生活世界；再加上原始资料的暂付阙如，使《台》书的撰成必须引用更多的口述访问记录。其中媳妇仔的生活与境遇若非通过当事人的现身说法，这段历史诚难清楚浮现，因此在口述历史的主导下，体现鲜为人知的媳妇仔生活史。

尽管因分析角度的不同，《日》文和《台》书在口述历史的运用上各有选择，但经由这两本论著可以了解口述历史对台湾妇女史研究的重要，综括四点如下：一是口述历史基本上是辅助文献资料的不足，台湾妇女史资料的缺乏在经由口述记录的补白后，可以扩大研究内容这是毋庸置疑的。同时，口述历史也在研究中做了辩证的和纠谬的工作，还原了史实的真相。二是口述历史使台湾妇女史的研究可以由上而下或由下而上地发展，突破上下阶层的界限，比较两者之间的不同生活情形。三是通过当事人的亲身体验与心理感受，浮现同性或异性之间在各方面的互动关系与权力分配。四是采用女性口述史料的研究方法，其实不仅适用于妇女史，也可以作为研究主流历史、男性史或庶民史的参考，对台湾史的研究确实是一种革新。

不过，口述历史的运用仍有一些局限，其间存在的问题是从事台湾妇女史学者必须注意的。在技术上，口述历史是通过访问，研究者将访问记录加以分析、转化以符合研究课题，由于这些问题是经由研究者设计，因此访问时，如何使受访人回归原本的历史情境，而不是口述的场景，需要十分谨慎。其中以处理深藏多年的内在情感问题最为困难，受访人的表述事实上虚实难辨，尽管主访人能清楚地看到受访人的表情或情绪反应，甚至可以从中看出受访人是否在虚构历史，但这种发自内在的声音，诚非主访人能完全掌握。因此，研究者在运用这方面资料时，显然需要采用更多有同样遭遇受访人的口述或第三者的观察作为检证。在内容上，口述历史固然具有补白的作用，不过，单一的陈述缺乏信服力，基本上需要其他旁证；同时，当事人的口述虽然多半是个人的生活史或生命史，但不能跳脱与历史脉动的关系。易言之，妇女虽然曾处在历史边缘，一旦被写入历史，就不能无视她们生活背后的政治、社会或经济等的变迁，否则妇女历史不但未走入历史中心，反被孤立在历史之外。更重要的是，书写妇女历史不是仅在书写女性悲惨史或女性成就史，而应从发掘女性立场以及女性自觉意识为出发点，关注不同处境女性的能动性。此外，过去多数妇女的生活是以家庭婚姻为中心，她们的口述史料不免琐碎，因此如何让这类内容具有历史意义，需靠研究者的智慧。

日据时期台湾女性的伪满洲国经验[*]

在台湾，有关伪满洲国的研究鲜少涉及女性，而近年由"中研院"近代史研究所出版的《口述历史》第5期与《日据时期在"满洲"的台湾人》一书曾陆续刊载日据时期台湾女性赴大陆的访问记录，从她们的口述内容可以看到台湾女性在伪满洲国的部分生活以及她们对伪满洲国的观察。严格而言，她们对伪满洲国的口述是片断而并不完整，但却是了解日据时期台湾女性在伪满洲国的唯一资料。本文试图引用这些资料，为日据时期台湾女性的伪满洲国经验勾勒图像，由于资料的有限，本文所呈现的仅是浅简、片面的；不过，仍期待经由本文的勾绘能引起学者对赴伪满洲国的台湾女性的研究兴趣，同时，关注不同族群女性在伪满洲国的活动。

本文所引用的访问记录共有10篇，主要来自黄洪琼音、陈许碧

---

[*] 本文为修订稿，初宣读于2001年11月10日日本近代女性史研究会在日本マシマ东京上智大学比较文化研究所举办的"殖民地时期女性史第3回研究会"中。

梧、梁许春菊、梁金兰、侯金鱼、林黄淑丽、叶彩屏、洪月桂、黄陈波云与林更味等女士的口述。她们之中，除洪月桂、林更味之外，其他8位均受过高等教育，黄洪琼音、陈许碧梧、侯金鱼、叶彩屏、黄陈波云，是在台湾接受教育；①梁许春菊、林黄淑丽则在台湾受教育后，再至日本留学。②至于梁金兰因6岁（1923年）即移住东北，她的中、小学教育主要来自东北；大学教育则在日本取得。③她们之所以有机会于日据时期旅居东北，除梁金兰是随父亲前往之外，其余9人均是婚后伴随丈夫到东北工作，因此能亲身体验东北的生活。本文是根据她们眼中口里的伪满洲国进行归纳整理，以了解伪满洲国给予台湾女性何种印象。

一、异乡风情

对移住异乡的台湾女性而言，不同于台湾的风俗景物让她们津津乐道。以住在"日本街"的台湾女性为例，当地市街的整齐划一以及

---

① 许雪姬访问，王美雪记录：《陈亭卿先生夫人访问纪录》，许雪姬访问，王美雪等记录：《日据时期在"满洲"的台湾人》，台北："中研院"近代史研究所，2002年4月，第292页；许雪姬访问，郑凤凰记录：《林更味女士访问纪录》，《日据时期在"满洲"的台湾人》，第363页；许雪姬访问，蔡说丽记录：《黄洪琼音女士访问纪录》，"中研院"近代史研究所编：《口述历史》第5期，1994年6月，第233页；许雪姬访问，蔡说丽记录：《陈许碧梧女士访问纪录》，《口述历史》第5期，第247—248页；许雪姬访问，王美雪记录：《侯金鱼女士访问纪录》，《日据时期在"满洲"的台湾人》，第81—82页；许雪姬访问、记录：《叶彩屏女士访问纪录》，《日据时期在"满洲"的台湾人》，第126—127页；许雪姬访问，王美雪记录：《黄陈波云女士访问纪录》，《日据时期在"满洲"的台湾人》，第281—282页。
② 许雪姬访问，蔡说丽记录：《梁许春菊女士访问纪录》，《口述历史》第5期，第293—296页；许雪姬访问，王美雪记录：《林黄淑丽女士访问纪录》，《日据时期在"满洲"的台湾人》，第138—140页。
③ 梁金兰是在抚顺接受中、小学校教育之后，再至日本同志社女子专科学校家政科留学的。许雪姬访问，蔡说丽记录：《梁金兰、梁育明姐弟访问纪录》，《口述历史》第5期，第311页。

设施的现代化,一直让她们保有深刻的印象。曾在"新京"长春居住长达13年的黄洪琼音将这一期间"新京"的变化做了这样的描述:

> 我在1932年到"新京",刚去时,"新京"市街并不热闹,但经过日本有计划地兴建公共设施、屋舍、开马路后,移入的日人渐多,各式各样的商店林立,等到我要离开时,"新京"就非常繁荣了。①

而梁金兰也因父亲曾在抚顺新街开医院行医,十分了解当地市景,她指出,她父亲是在1928年左右在新街买地盖医院,当时新街虽然已规划完成,但新移入的居民并不多。直到1930年,这地区的居民才逐渐增多,整个市街的规模也随着完整:

> 街道呈棋盘式,有电车、火车和满铁员工宿舍。天生医院位于东三番町;另外,东七条通有小学及高等女学校,西十条通有中学及公学堂。②

不过,最令她们难以忘怀的是东北的寒冬。据黄洪琼音表示,东北气候寒冷,一年半载都处在酷寒状态,而且每年10月开始下雪,她记得曾有温度低到零下38℃的记录;为了御寒,家家户户都烧炭取暖,所以在天寒地冻时,她就躲在家中不出门。③但烧炭并不是一件容易的事,特别是对来自家境小康又没有雇请女佣的女性来说,她们有着不同的烧炭经验,梁许春菊回想,她初到东北,一大桶洗澡水要烧两天,后来才知道:"煤炭起火后,要慢慢等,不能常搅动,否则水烧不热。"④其中林更味的住家是在"中国街"上,当地的百姓每到冬天大多睡在炕

---

① 许雪姬访问,蔡说丽记录:《黄洪琼音女士访问纪录》,第235页。
② 许雪姬访问,蔡说丽记录:《梁金兰、梁育明姐弟访问纪录》,第309页。
③ 许雪姬访问,蔡说丽记录:《黄洪琼音女士访问纪录》,第237页。
④ 许雪姬访问,蔡说丽记录:《梁许春菊女士访问纪录》,第300页。

上,他们全家也入乡随俗,于是她学会如何烧炕热炉:

> 傍晚就开始烧火,炕就热了,在壁上的烟囱也热了。晚上不起炉,怕发火,而且土没有那么快冷却,下午四五点烧火,隔天近天亮才冷却。睡在炕上很温暖,但是在"满洲"天气很冷,零下三十几(摄氏)度,一起来就好冷,所以都要早起把炉弄热以后,才让孩子、先生起来。我都会在晚上就把烧炉的土炭准备好。用土炭就行了,如果是无烟炭比较贵,有烟的炭比较容易烧,纸放进去、柴放进去(柴有卖劈好的),起火,再放土炭进去,就燃烧起来了。长烟囱烧得烫烫的,在炉子快熄火时,将小孩子的尿布缠在烟囱上,拿下来就干了,不用烘;房子里也很热,放着也很快就干。①

侯金鱼不像林更味是在晚上就备妥炭火,因此她必须利用清晨在寒冷的室外挖煤,她描述那段辛苦的日子:

> 那时我刚生福建那个老三(头一个姑娘),我背着她,外面用类似披风似的布包起来,因为早上都要挖煤,用铲子挖,手不能抱,挖了煤之后要用粗大的木头捧进来,放入烟囱中的火炉("stove"的一种)烧。②

尽管烧炭经验各有一手,但烧炭若不注意烟囱内部的畅通,再加上屋子内通风不良,很容易造成一氧化碳中毒,叶彩屏便曾有刻骨铭心的经验。她回忆,因医院雇请的女护士习惯睡在炕上,结果烧炭所产生的一氧化碳几乎扼杀她全家人的生命,幸而适时发现,而未酿成

---

① 许雪姬访问,郑凤凰记录:《林更味女士访问纪录》,第379页。
② 许雪姬访问,王美雪记录:《侯金鱼女士访问纪录》,第88页。

大祸。①

除此之外，女性的装扮与当地饮食也深受这群台湾女性的关注，甚至影响她们的生活。林更味很细腻地描述她的观察，例如在发型上，东北的妇女除女明星或女学生剪短发外，大多数妇女都盘发髻。至于烫发的女性更是少见，林更味曾特地在当地烫发店烫发，她指出当地烫发是用火烫，因此烫发的时间不长；而有趣的是，烫发师都是男性。②在衣饰上，台湾和东北有明显不同，据林更味的描述，台湾小孩"都穿日式服装，大人则穿中式衣服，像洋装就属日式服装"，但东北妇女则着长衫。③到了冬天男女老少大多穿铺着棉花的棉衣、棉裤，外出时还外加大衣和帽子。对这样厚重的装束，有的台湾女性无法接受，例如林更味便从不穿棉裤，她表示，因为家中的烧炉烧得很热，她穿不住棉裤。④而洪月桂在台湾时都穿裙子或洋装，不习惯加穿长内裤或戴帽子，她外出购物是用三角巾包头。不过，洪月桂也不讳称，经过一段时间后，她和她丈夫害怕脚冻伤，也开始穿长内裤。⑤洪月桂还提到，当地人为了防止脚受寒，"他们在鞋子里面，铺兔毛或其他毛类，所以鞋子都很大，好像小船一样"。⑥

由于台湾没有棉衣、棉裤，来到东北，她们不是买二手货，便是自己做。⑦侯金鱼在缝衣制鞋上颇有一套功夫：

在东北时，我很节省，都利用晚上、中午的时间做衣穿，我不曾买过一件新衣服给孩子，都是大人穿了改一改，不能穿了之后再给小

---

① 许雪姬访问、记录：《叶彩屏女士访问纪录》，第129—130页。
② 许雪姬访问，郑凤凰记录：《林更味女士访问纪录》，第377页。
③ 许雪姬访问，郑凤凰记录：《林更味女士访问纪录》，第377页。
④ 许雪姬访问，郑凤凰记录：《林更味女士访问纪录》，第378页。
⑤ 许雪姬访问，王美雪记录：《陈亭卿先生夫人访问纪录》，第296页。
⑥ 许雪姬访问，王美雪记录：《陈亭卿先生夫人访问纪录》，第296页。
⑦ 林黄淑丽便曾在路边买便宜的二手货。许雪姬访问，王美雪记录：《林黄淑丽女士访问纪录》，第146页。

图13　中学校时期的侯金鱼女士

的，改到不能再改，我就拿来铺鞋底，冬天的鞋、夏天的鞋都用锥子自己做的，这个技术，我都是看着别人就学会了。①

然而，不是每个女性都长于女红，而且换洗棉被也不很容易，例如林更味是请山东姥婆代劳。对这新鲜的经验林更味做了详细的描绘。她指出，这些专门为人做棉袄的山东姥婆多半在快到冬天或者炎夏时就出现，她们的装束十分特殊："缠足、穿着头尖尖的布鞋，头上插着针，带着一卷一卷，用竹片卷的蓝、黄、白、红、黑线，给人家做棉被及棉袄。"②由于东北的棉被不像日本棉被只要拆洗被套，所以很费功夫，例如这些姥婆"铺下高粱席，两个人一组，拆的拆，洗的洗。拆好棉，可以的棉就梳一梳，不行的丢掉，放入新的，把被子铺得满满的"。③至于处理小孩的衣服也相当费时，她们的方法是："将它拆开，顺便洗，如果不干，就等到隔天，如果会干就顺便洗干，把棉剃（剔）得细细软软，很漂亮，弄掉旧的，换上新的棉；如果棉不够，你必须买新棉来，或是她会带来，就

---

① 许雪姬访问，王美雪记录：《侯金鱼女士访问纪录》，第88页。
② 许雪姬访问，郑凤凰记录：《林更味女士访问纪录》，第378页。
③ 许雪姬访问，郑凤凰记录：《林更味女士访问纪录》，第378页。

再帮我们做两套。"①

有关饮食方面,据林更味陈述,东北因天气冷,蔬菜的种类不多,多半是菠菜、山东白菜或雪里蕻,而价格也很昂贵;相对的,鱼肉却较普遍、便宜,一株菠菜的价钱相当于一斤猪肉的价格,因此过年时,多半招呼客人"挟青菜",而不是"挟肉"。②或许是蔬菜难求,东北人喜欢吃腌制蔬菜,林更味便发现,东北有一家"西来顺"餐馆,以做咸菜出名,这家店用上好的酱汁将瓜、茄子、土豆等腌制成咸菜。由于肉类吃腻了,许多富有人家甚至将咸菜作为送亲友的上等礼物。③至于水果有水梨、香瓜、蔬果、沙果或红枣,和台湾明显不同;而糕饼糖果也与其他地区有别,除其他省份之外,多半是来自苏联。④随着个人口味和习惯的不同,到"满洲"的台湾女性对饮食各有选择,以主食为例,多半台湾人习惯吃白米,而且在战时台湾人配给到的粮食也是白米,所以很少人去吃不容易下咽的高粱。不过,也有人会试着去吃高粱,好比黄洪琼音就对玉米、高粱或面粉制品相当感兴趣,她缅怀道:

我个人也喜欢面食,特别是东北邻居用小豆粉、面粉做皮包菜的饼,真是好吃,令人难忘。⑤

至于烹调食物的方式,这群女性多半仍以煮台湾菜为主,林更味

---

① 许雪姬访问,郑凤凰记录:《林更味女士访问纪录》,第378页。
② 许雪姬访问,郑凤凰记录:《林更味女士访问纪录》,第374—375页;对于食物的观察,林黄淑丽与林更味有部分不同,林黄淑丽指出,在东北吃鱼很难;冬天只吃南瓜、胡萝卜、马铃薯。这种不同或许与战争前后有关,因为林更味是在1934年便赴东北,而林黄淑丽则是在战争末期到东北。许雪姬访问,王美雪记录:《林黄淑丽女士访问纪录》,第146页。
③ 许雪姬访问,郑凤凰记录:《林更味女士访问纪录》,第375—376页。
④ 许雪姬访问,郑凤凰记录:《林更味女士访问纪录》,第374—375页。
⑤ 许雪姬访问,蔡说丽记录:《黄洪琼音女士访问纪录》,第237页。

虽然吃过东北的不少料理，但在做自家的料理时，她煮的是台湾菜，甚至以台湾料理宴客。①而洪月桂还将台湾人吃的菜推荐给东北的朋友。据她回忆，她刚去东北时，并没有留意到地上长的草是可以吃的苋菜，经由老一辈的台湾人煮给她吃，她才想起，这些"草"就是加在面线中的苋菜，于是不但台湾人口耳相传去摘苋菜吃，连东北的朋友也在洪月桂的介绍下吃起苋菜。②尽管部分台湾人不习惯东北人做的食物，例如洪月桂认为东北的腌渍菜咸味太重，但由于多半的台湾女性并不是每天上菜场买菜，所以洪月桂曾以腌渍方式来储存食物，据她表示：

东北十两为一斤，那时也没有常常买肉，大概是一个礼拜买一次，都用热水烫过，吃不完隔夜再用蒜头加盐巴腌过，做成咸肉，配饭或稀饭都很好吃。那时没有冰箱，鱼也是一次买好几尾，加盐巴卤一卤。③

值得一提的是，虽然没有冰箱，却还是有变通办法，东北的屋子多半是双层窗，于是窗户间的空隙便成为她们贮藏食物的冷冻库。④林更味的妙计便是：

我用个箱子装肉、食物，放在有三层门的窗户里，外面一层玻璃，一层纱窗、再一层玻璃，东西放在中间都不会坏掉。⑤

---

① 许雪姬访问，郑凤凰记录：《林更味女士访问纪录》，第376—377页。
② 许雪姬访问，王美雪记录：《陈亭卿先生夫人访问纪录》，第297—298页。
③ 许雪姬访问，王美雪记录：《陈亭卿先生夫人访问纪录》，第296页。
④ 许雪姬访问、记录：《叶彩屏女士访问纪录》，第130页；许雪姬访问，王美雪记录：《林黄淑丽女士访问纪录》，第146页；许雪姬访问，郑凤凰记录：《林更味女士访问纪录》，第381页。
⑤ 许雪姬访问，郑凤凰记录：《林更味女士访问纪录》，第381页。

另外，台湾较无供水问题，但东北地区却不然，因此水资源为部分移住东北的台湾人带来苦恼。特别是住在"中国街"的台湾人，除了多家共享自来水之外，还得面临水管冻坏、滴水不入的窘境。① 为了让水管变热，她们用草袋、木屑包紧水管，但如果气温降到零下三十几摄氏度，便得请人挑水。② 据林更味表示，由于台湾人用水较凶，挑水的人曾为此向她提出抗议。而林虽然承认他们相当辛苦，但也提出她不能苟同东北人省水的方式，例如在洗衣上，她发现：

他们用一个盆子（不像我们这里有木头的桶子），头一遍用洗衣皂洗一洗，第二遍水洗后，又用同样的水再洗比较脏的衣服，换了又再换，洗到最后洗衣皂都没洗干净。③

也因此林更味始终不敢请东北人帮忙洗衣服。④

除了在装扮、饮食等方面试图适应和求变之外，台湾女性也得在节庆习俗或信仰方面做部分调适。过农历新年是中国人的年度大事，无论台湾人或东北人都重视这个节日，黄洪琼音提到在东北过年的情形：

过去的日子比现在有趣，好比过年来说，在东北，只要农历十二月二十四日过后，当地人便穿着一身红，互相拜年，逢人便说好话，年纪小的，见到长辈一定要拜年。……这种热闹的景象一直持续到正月十五过后。⑤

---

① 许雪姬访问，郑凤凰记录：《林更味女士访问纪录》，第379页。
② 许雪姬访问，郑凤凰记录：《林更味女士访问纪录》，第379页。
③ 许雪姬访问，郑凤凰记录：《林更味女士访问纪录》，第380页。
④ 许雪姬访问，郑凤凰记录：《林更味女士访问纪录》，第380页。
⑤ 许雪姬访问，蔡说丽记录：《黄洪琼音女士访问纪录》，第237—238页。

由于当地人很迷信,通常过年不到医院,所以,家中开医院的黄洪琼音在过年期间便没有朋友上门拜访她。①不过,林更味认为东北的其他大节日只有端午节和中秋节;她还发现两地在节庆习俗上的不同,例如过年时,当地没有祭祀的仪式,中秋节只吃月饼,没有柚子,而且月饼是厚皮月饼;至于年糕的形状更与台湾不一样:

> 他们的甜糕也不是像我们蒸整笼,而是一小块、一小块,像金元宝;不知道是怎么做的。白的也不是萝卜糕,都是买来煮粿仔汤。黑的就是黑甜糕。②

图14 与友人至"新京"西公园郊游,左四为陈许碧梧女士,右二为黄洪琼音女士

---

① 许雪姬访问,蔡说丽记录:《黄洪琼音女士访问纪录》,第237—238页。
② 许雪姬访问,郑凤凰记录:《林更味女士访问纪录》,第386页。

在信仰方面，她们发现当地很少设庙，平常又不开放。有一次，林更味和一位台湾去的朋友到庙里上香，还得叩门而入。①而黄洪琼音则发现仅有初一、十五才供民众上香，这种情形对信奉佛教的她而言，是相当大的困扰，所幸，当时引介她先生到东北的伪满洲国"外交部部长"谢介石的夫人王香禅笃信佛教，并在家中设置佛堂，因此她经常到离家不到10分钟的谢家礼佛。②

二、建立人际关系

除适应当地的风土之外，她们还须拓展人际网络，以排解异乡生活的寂寞。有不少女性因亲友也旅居东北，所以这些亲友不但是她们初到东北时的最好依靠，更是她们日常主要的往来对象。侯金鱼指出，她到东北时没有地方可住，是一位来自台湾的牙医师黄东尚提供住处给他们的。③而林黄淑丽的四叔为招待他们一家人，自己吃不好下咽的高粱，把配给的白米给他们吃。④

同时，她们也结识当地朋友，彼此建立良好的友谊，并从中得到新知或援助。例如陈许碧梧初到"新京"时，住在谢介石家中，和谢家长女谢秋生同榻而眠，形同姐妹，而且经常相偕游玩。陈许碧梧教谢小姐日本话，谢小姐则教她北京话，这种得之不易的友谊到陈许碧梧返回台湾后虽曾中断，但海峡两岸相通后，她们又再度来往。⑤洪月桂刚到东北时，和东北的王姓人家合住，尽管语言不通，双方却相处融洽，王太太唯恐洪月桂受寒，特地为她缝制一件棉裤，洪月桂感动地说：

---

① 许雪姬访问，郑凤凰记录：《林更味女士访问纪录》，第386页。
② 许雪姬访问，蔡说丽记录：《黄洪琼音女士访问纪录》，第236页。
③ 许雪姬访问，王美雪记录：《侯金鱼女士访问纪录》，第88页。
④ 许雪姬访问，王美雪记录：《林黄淑丽女士访问纪录》，第142页。
⑤ 许雪姬访问，蔡说丽记录：《陈许碧梧女士访问纪录》，第252页。

四五月，长春还很冷，雪才刚渐退，王太太看我只穿一件内裤，想要我穿长裤，但是因为话不通，加上王太太又不会写字，所以都等她女儿回家后才请她跟我说，要我穿；后来她做了一件铺棉、下摆束紧，用裤带系住的长裤给我，叫我一定要穿，说不穿会得脚风。①

梁许春菊也表示，住在奉天时，她与隔邻的教会牧师娘关系良好，学习了不少生活之道，例如台湾天气潮湿，家家户户习惯在天气晴朗时晒衣服，有一天梁许春菊看天气好，赶紧将衣服拿出去晒，结果牧师娘立刻要她收回，并告诉她，衣服很快就会变得硬邦邦的，而且一折就破。②其中最感人的是黄陈波云的故事：战争即将结束前，他们全家想迁到"中国街"避难，当时已有不少台湾人躲到二道河，但黄陈波云不会讲当地语言，无所适从；幸而一位曾被他先生解危的刘姓属下接他们回家，才让他们有避难的场所。那段日子，刘姓家人将他们照顾得无微不至，视同上宾。③

针对台湾人和当地人相处融洽的情形，黄洪琼音做了说明：

在东北的台湾人和东北人都相处得很融洽，东北人也不计较我们是台湾人还是"日本人"，总之彼此熟识、建立友谊后，就不会想太多。我在东北待了十三年……多少学会了北京话，而与我们往来的东北朋友也不少，像溥仪的老师（姓沈）、附近的邻居都和我们很好。④

不过，仍有台湾人与当地人格格不入，林更味指出，她认识的东北人，主要是中下阶层的百姓，这些人的生活水平低，受教育程度又不高，对台湾人没有好感，而且认为台湾被日本占据，表面上虽说

---

① 许雪姬访问，王美雪记录：《陈亭卿先生夫人访问纪录》，第295页。
② 许雪姬访问，蔡说丽记录：《梁许春菊女士访问纪录》，第300页。
③ 许雪姬访问，王美雪记录：《黄陈波云女士访问纪录》，第286—287页。
④ 许雪姬访问，蔡说丽记录：《黄洪琼音女士访问纪录》，第238页。

"我们都是中国人！"却对台湾人充满戒心，不敢在他们面前批评日本人。①林黄淑丽则因曾在买菜和选布料时吃亏上当，更是对东北人印象不佳，她的直觉是东北人较不亲切，但她也承认语言隔阂应是很大因素。②

除了和当地人交流之外，有的女性自行安排活动，到处旅游，结交朋友。例如黄洪琼音曾到大连找她的小叔黄子成；有时则和朋友相约出游，远到过哈尔滨等地。③有时她们也跟随丈夫拜访朋友，增广见识，陈许碧梧提到：

当时苗栗人吴左金担任伪满洲国驻朝鲜新义州"副领事"，彼此认识，我们常在假日过鸭绿江去拜访他。我还记得朝鲜的苹果非常便宜，在安东一元只能买一颗苹果，过江在朝鲜一元却可以买到十颗。④

值得一提的是，由于马车是当地的主要交通工具，部分台湾女性外出访友或旅游都乘坐马车，林更味指出，由于冬天天气太冷，三月才融雪，而融雪时满街都是水，所以她是乘马车买菜购物，她甚至搭乘马车到吉林游览。⑤她同时强调有汽车的有钱人出门时，也多半乘坐马车。⑥

另外，这群台湾女性因多半出身中上家庭，家中通常雇有用人，到了东北后也会请当地人帮忙做家务，这些人成为她们的另一种人际网络。不过，有的女性对女佣的选择颇有戒心，因此她们之间的关系相当微妙，梁许春菊即坦述她雇用女佣的心情：

---

① 许雪姬访问，郑凤凰记录：《林更味女士访问纪录》，第387页。
② 许雪姬访问，王美雪记录：《林黄淑丽女士访问纪录》，第146页。
③ 许雪姬访问，蔡说丽记录：《黄洪琼音女士访问纪录》，第236页。
④ 许雪姬访问，蔡说丽记录：《陈许碧梧女士访问纪录》，第256页。
⑤ 许雪姬访问，郑凤凰记录：《林更味女士访问纪录》，第381页。
⑥ 许雪姬访问，郑凤凰记录：《林更味女士访问纪录》，第381页。

在东北时,平均两年生一个孩子,在东北生了四个。我的小孩都是由我一人带大的,当时不敢请佣人,因为东北人较不重卫生,而朝鲜佣人听说喜欢偷东西,所以我只有请一个朝鲜人到家洗衣服,这之间我还得看着她工作,怕她会将喜欢的东西拿走。①

总之,基于生活的需要,在东北的台湾女性并不是深居不出,她们经由各种管道,和自己的亲友、当地民众或雇用的属下、女佣建立起各种人际网络,虽然有的人和当地百姓交往时,出现隔阂或相处不佳的情形,但仍有不少人能和当地人结为莫逆之交。

三、台湾人在伪满洲国的待遇

台湾人到东北主要是经商、从政或行医,他们愿意远赴东北,除了因亲友援引之外,当地提供给台湾人优厚的待遇是很大的诱因。陈许碧梧便坦诚地说出,她丈夫移住东北是受当地待遇吸引,她指出当时台湾大学毕业生,在台湾的月薪大约仅30日元,但若在伪满洲国担任官职,每个月可领约160日元,所以伪满洲国大同学院来台举办高等文官试验时,她的丈夫便前去应试,经录取后,即带着她到东北工作。②

另外,在东北的台湾人待遇和日本人相差无几,这显然也是台湾人愿意留在东北的一项因素,从黄洪琼音的口述中即见一斑:

在东北,台湾人的待遇和日本人没有差别,像由日本人设成的邻组(以邻为单位守望相助的组织),台湾人也都加入,战争前一年日人开始配给食品,台湾人也领有同样的配给,可是在台湾就有明显的

---

① 许雪姬访问,蔡说丽记录:《梁许春菊女士访问纪录》,第300页。
② 许雪姬访问,蔡说丽记录:《陈许碧梧女士访问纪录》,第250—251页。

差别了。①

黄洪琼音认为这是因在东北的台湾人是少数，而且受教育程度普遍较高，所以日本人会给予同等待遇。②

同样受日本人殖民统治，东北人的反应却不同，黄洪琼音认为战时的配给制不限于日本人与台湾人，东北人同样需仰仗配给生活，但东北人并不愿接受这种制度，她说：

> 有一阵子，日本人也对东北人施以配给制，并不准其在市场卖肉，但东北人并不理会，市场内不能卖，就到市场外卖，日方见配给制无效，干脆任由东北人自由买卖，再征收税金，所以有时日方所配给的肉品不好时，我便到东北人的市场购买。③

事实上，东北人所获得的配给确实远不及台湾人。林更味不平地指出，东北人不但配不到煤炭，领配给还要排队，而台湾人则不用排队就可领到配给；她强调这种差别待遇，是造成当地人对台湾人缺乏好感的一项原因。④

面对这种差别待遇，有的台湾女性会量力协助。林更味便曾将一些白米、煤炭卖给一位和她家相处不错的医生。⑤洪月桂也提及：

> 当时日本人不配给白米给他们，说他们吃高粱吃习惯了，他们其实很喜欢吃白米，但通常只有过年时才有白米饭吃，所以看到他们有

---

① 许雪姬访问，蔡说丽记录：《黄洪琼音女士访问纪录》，第238页。
② 许雪姬访问，蔡说丽记录：《黄洪琼音女士访问纪录》，第238页。
③ 许雪姬访问，蔡说丽记录：《黄洪琼音女士访问纪录》，第238—239页。
④ 许雪姬访问，郑凤凰记录：《林更味女士访问纪录》，第387页。
⑤ 许雪姬访问，郑凤凰记录：《林更味女士访问纪录》，第387页。

一些比我先生年纪大的属官的太太坐月子时,我就送给他们。①

四、小　结

透过这10位女性的口述,本文为日据时期台湾女性在伪满洲国的活动勾勒出大致轮廓。首先由于这群女性主要关怀的是日常生活,因此在她们的记忆深处,凡是不同于台湾的风土、民情最能引起回忆;其次因居住环境的相异,台湾女性在"中国街"的感受或面临的问题与"日本街"的台湾女性迥然有别,而这多样的陈述实有助于真相的还原。

严格而言,受诸主访人对口述内容的选择以及受访人的记忆与表述能力的限制,本文所呈现的仅是浮泛之论。不过,也由于资料的不充分,激荡了我一些想法,希望能为有兴趣从事这方面研究的学者提供进一步研究的方向。首先,目前的口访资料是来自台湾女性的表述,若能增访当地的女性或男性以及台湾男性,可扩大了解台湾女性在伪满洲国的动向。其次,文中的10位台湾女性唯有梁金兰在东北接受过教育,但由于这方面的陈述完全空白,致使无法了解台湾女性在伪满洲国接受教育的情形,更无法从中对台湾女子与伪满洲国女子的教育进行比较研究,因此,有关女子教育的讨论是值得进行的。再次,尽管这些女性就个人观察或经验,道出异于台湾的一些风土民情,但事实上仍有不少细节可以再加挖掘,例如当地女性的工作状况、生育文化、消费情形、婚姻形式以及其他物质上的表现等都是重要的课题。同时,可借此比较台湾女性、东北女性或在伪满洲国的日籍女性、朝鲜女性在这些方面的异同;另外,不同阶层女性在伪满洲国的活动也应受到关注。最后,台湾男性在东北受到优厚的待遇,但台湾女性是否也如此?台湾女性是认同中国还是更认同日本?特别是

---

① 许雪姬访问,王美雪记录:《陈亭卿先生夫人访问纪录》,第296页。

当台湾女性和东北人相处时究采何种身份？至于在语言的沟通上，日语是否为主要语言？她们对子女又使用何种语言？

总之，有关伪满洲国的研究通常忽略移住东北的台湾人，近年来，虽有学者开始重视这项课题，但台湾女性在当地的教育或生活却鲜少受到注意。学者对日据时期居住在东北的台湾女性进行的口述访问，为这项研究跨出了第一步，若再配合历史文献资料的搜集与分析，将能为日据时期伪满洲国的台湾女性建构更扎实的历史。

改写人生之外：
从三位女性口述战争经验说起*

中国人物历史的书写自古以来便持续不辍，近代以前有自传、传记、墓志铭，近代以来，包括回忆录和口述历史。传记和墓志铭的书写主要是在垂训世人或为世人订立典范，因此，多数撰者采用史传的方式进行书写工作。在这样的书写原则和书写格式中，表露了撰者严谨而认真的书写态度，他们的撰写方式也因而成为后人撰写历史人物的圭臬。这种制式化的书写模式在撰写女性历史时，更发挥得淋漓尽致。

从各种版本的《列女传》到"百美"图集，妇女的历史书写不是强调美德，便是才华，这些女性历史的记录绝大多数是由男性编纂，以说教的方式，呈现男性理想中的女性典范。①但当历史叙事成为宣传妇德的工具时，女性复杂多样的形象和生活样貌就被简化。刘向撰写

---

* 本文收入周平等主编：《质性研究方法的众声喧哗》，嘉义：南华大学社会教育研究所，2007年，第107—126页。在本书中做了小幅修正。

① Susan Mann, *Precious Records：Women in China's Long Eighteenth Century*, Stanford：Stanford University Press, 1997, pp. 205—208.

《列女传》时,还包括了正、反面的各类女性,在《新唐书》中却成了无论孝女、节妇都非烈女不足以入传的单面向书写。①这不但出现在传记中,从墓志铭里也看得到这个现象。刘静贞发现在宋代士大夫笔下,女性墓主被刻画成几乎一式"无外事"的人,她从欧阳修不同文类的书写风格中窥得,在贞烈贤慈、勤俭持家等德行才干背后,欧阳修也期待女性有生活情趣的另一面;但墓志铭的文类特质,让欧阳修在书写女性墓志时,必须以"妇德主内"作为前提,于是陷入"无事可记"兼"有事亦不可记"的书写困境中。②其实,在男性掌控的女性历史书写中,也有少数的女性在书写自己的历史,随着女性作品不断地浮现,我们看到另类的书写方式,她们所勾勒出来的是较复杂的女性世界;只不过,她们笔下的女性聚焦在中上阶层,偏重的是美德与才华的叙事。③

走入近代,历史人物的书写不再有严格的要求,虽然来自官方或私人出版的传记、自传、回忆录和口述历史大体还保留着史传体例,部分的传主或受访人,也有意或无意地为人们树立典范,但叙写的原则已相当宽松,甚至没有特定的原则。换言之,近代历史人物的书写,是以各种棱角来折射历史人物,一反过去"定于一尊"的范式。这种书写方式,涵盖了男男女女,既丰富了传主、受访人的生命,也给读者提供了对历史人物的更多认识。不过,尽管近代历史人物的书写具有较宽阔的空间,但与传统文类碰到的问题是一样的,都只记载了一部分真实。以个人经验为出发的自传,呈现着不少缺点,自我膨胀、隐恶扬善、虚构情节、夸大不实或遗忘疏漏是最被学者所诟病

---

① 刘静贞:《书写与事实之间——〈五代史记〉中的女性像》,《中国史学》第12卷,2002年10月,第57页。
② 刘静贞:《欧阳修笔下的宋代女性——对象、文类与书写期待》,《台大历史学报》第32期,2003年12月,第59—73页。
③ Susan Mann, *Precious Records: Women in China's Long Eighteenth Century*, pp. 208—214.

的。①事实上，除了自撰式的回忆录有上述问题之外，由他人撰写或访问的人物历史也避免不了这种情形。

自传、传记或回忆录是属于文学作品，传主或作者可以尽情地美化历史记忆，悠游在真实与虚构之间。而被当作学术研究的口述历史，访问人则必须如实记载受访人的每一句话，但写实的口述历史毕竟很难存在。口述历史由访问人和受访人共同完成，当访问人与受访人之间有着某种程度的关系，访问人虽然可以获得较多的秘密，却不免会因维护受访人而失真；即使访问人与受访人完全不熟识，访问人也会受访问动机的限制，采取选择性的访问方式，导致见树不见林。至于受访人多半年事较高，除了会产生一般所了解的遗忘、夸张或回避等问题之外，便是对个人隐私的保密，或者为了不伤害第三者、不愿卷入无谓的困扰，无法畅所欲言。简单地说，口述历史的访问对象，在陈述过去发生的事时，也是相当有选择性、重建性与现实取向的。②

尽管口述历史有一些缺点，却比书写人物历史的其他文类，更受到重视。一方面，在部分档案文献被刻意遮掩或抹杀的现实政治中，口述历史材料颇具价值；③另一方面，传记、自传、墓志铭、回忆录记载的都是重要人物的事迹，口述历史虽然也以社会名流、政治精英、知识分子为邀访对象，名不见经传的人物往往也有被访问的机会。再者，受访人的历史记忆固然会模糊、错误，但他们毕竟还健在，访问人除了可以查证史料，再向他们求证之外，还可以从他们保存的资料或实物中，帮助他们重建过去，不管是日记、书信、证件、手稿、毕业纪念册、照片，或者是过去使用过的日用品，都有助于受访人记

---

① 张瑞德：《自传与历史——代序》，张玉法、张瑞德主编：《中国现代自传丛书》第1辑，台北：龙文出版社，1989年，第7—10页。
② 王明珂：《谁的历史：自传、传记与口述历史的社会记忆本质》，《思与言》第34卷第3期，1996年9月，第154页。
③ 王明珂：《谁的历史：自传、传记与口述历史的社会记忆本质》，第179页。

忆，也为访问人提供最佳的证据。

对从事近代女性历史研究的学者来说，口述历史的价值更不容小觑。尽管相较于传统女性的研究，近代女性史的资料颇为丰富，但对不能书写或没有人为她们书写历史的女性而言，口述历史为这些失声的女性找到舞台。自投入近代中国妇女史的研究以来，我深切地发现女性口述史料对研究女性史的重要性，这些年，我既是女性口述历史的建构者也是这些史料的使用者，口述历史对我的研究有很大的帮助。除了重拾女性历史、呈现女性主体性之外，女性口述史料还有一项重要的贡献，也就是这种从女性声音出发的历史，有时与史家的认知或档案文献有很大程度的不同，它带给史家的意外和惊叹，促使史家有重新诠释或重构历史的必要。①

本文以口述访问记录，去检视被"公认"的历史，我关注的是，抗日战争时期的女性生活，虽然有关这段时期的研究相当丰富，战时女性生活史的讨论也开始受到注意，但经由女性的口述，是否会出现不同的论调？本文拟透过曾经经历抗日战争的3位女性的口述历史，观察她们的战争经验，了解战争如何改变女性的人生，并进一步审视她们述说的历史，是否颠覆了刻板的说法，是否提供新的研究方向，哪些史料可以建构或改写历史。同时，也把访问时可能出现的陷阱略做解释。在讨论这些问题之前，我将先说明本文的研究方法，包括我为何访问她们，如何访问，以及访问前后或访问中曾遭遇什么问题。然后，根据这3份访问记录，以说故事的方式，分成"悲欢离合：婚姻与家庭""颠沛流离的逃难经验"两个部分，呈现抗日战争时期与战后，这3位女性的战争经验。

---

① 其实，不仅是口述历史，由女性自撰的历史，也让史家得以重新看待她们生活的时代，Susan Mann对18世纪江南才女书写文化的研究，便不断提到这个问题。参见Susan Mann, *Precious Records: Women in China's Long Eighteenth Century*。

一、访问的缘起与过程

本文所要讨论的这3位女性的访问记录,已收录在《烽火岁月下的中国妇女访问纪录》这本书中。由于我的同事罗久蓉和我发现,抗日战争带给中国人的冲击,远胜于过去任何一个时期,而且这场战争的后续影响直到现在仍未终止。虽然每个国家的战争故事几乎大同小异,但中国人的际遇却特别不同。它不仅改写了国民党和共产党的历史,也改变了无数中国人的生命史,特别是女性。因此,我们在1998年展开这项访问计划。

目前已经有越来越多的人注意到这段历史,许多自传、传记、回忆录或口述历史都有抗日战争的记述,由大陆李小江主编的《让女人自己说话:亲历战争》,就是一部历经战争的女性口述记录。① 不过,同样采用访谈方式来建构战时的女性生活史,李小江等人的做法和我们有程度上的差别,他们访问的对象包括参加过中共土地革命的女性,并以大陆为主要生活场域;我们访问的对象则是战后从大陆迁徙到台湾的女性,因此这群女性的战争经验,延续到战后的台湾。在内容上,李小江等人主要访问受访人亲历战争或见证战争的经过,我们虽然也以战争经验为主轴,但为更深入了解受访人战争前后的生活全貌,尽量完整地记录下她们的生命史。

在漫长的抗日战争期间,每个地区或群众受影响的程度,因时间先后与战争规模而不同,但可以确定的是,这场战争对人造成的伤害没有贫富、贵贱的区别,因此,我们没有特定的访谈对象,而是通过长辈、亲友或同乡会的介绍,广泛访问。我们访问的3位女性中,张王铭心生于1918年湖北黄陂,出身书香门第,她毕业于湖北第二师范学校高师科,担任过教师、职员和出版工作。与张王铭心年龄相近的

---

① 李小江主编:《让女人自己说话:亲历战争》,北京:生活·读书·新知三联书店,2003年。

余文秀，1921年生于安徽宿县，小学毕业，曾当过小学教师、货物检查员。年纪最轻的裴王志宏，出生于1928年的北京，虽然只有小学文化，却担任过许多工作，例如卖杂货、开早餐店、帮佣、照顾小孩等。从这3位女性的简单资历看来，她们来自不同地区，家世背景与学历也不一样，虽然她们只是当时芸芸众生中的极少数，但由她们陈述的战争记忆，仍颇具代表性。

口述记录的最重要工作是，如何建立主访人和受访人之间的互信与默契。根据我的口访经验，首先必须掌握对方的语言，在没有语言隔阂下，她们才能畅所欲言。3位受访人中，裴王志宏受教育不多，个性又十分直率，很多语言是不经修饰地说出，充分呈现自我，也让访问记录较为鲜活。虽然我们的访问记录不是原音重现，但尽可能保留受访人习惯的用语。因此，裴王志宏的访稿中，会出现一些粗俗的话语。

把握受访人的语言固然重要，营造愉悦的访谈气氛也有益于访谈的进行。初次访问时，双方都在相互调适中，难免不很自然。以这3位受访人为例，她们不曾受到过访问，甚至把访问当成是闲话家常。虽然访谈前，我预先告诉她们访问的动机和大致内容，但未能如愿以偿，因此，我必须逐步引导，给她们方向。裴王志宏便是一位"调皮"的老人家，起初并不顺着我的问题回答，不过，当她明白我是认真地想透过她的记忆，了解战争中的女性生活时，她非常配合，也以她一贯不假思索的说话习惯，陈述她的历史。这种正式却不严肃的访谈方法，一方面让受访人不至于漫无边际地述说；另一方面也让受访人在自由陈说下，发挥了主体意识。

访问时，能完整地述说往事的人其实不多，我的3位受访人就有这样的问题，特别是张王铭心和余文秀。不过，我还是尽量重建真相，例如，张王铭心保留了个人受教育和工作的履历，她记忆错误或遗忘的部分，都从这里找到答案；口述记录出版前，张王铭心的女儿又提供她母亲的日记，让我得以印证她的部分叙述。余文秀和裴王志宏叙

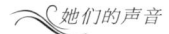

述不清的内容,则是靠她们的家人或旧物协助回忆,其中老照片发挥了意想不到的作用。

事实上,不管我花费多少工夫去查证,就如我先前提到的"写实的口述历史很难存在",尤其是对日常生活或战争苦难的陈述,根本无从考证,而这往往是她们记忆中的精华。不过,我们的访问没有涉及任何金钱或利害关系,受访人十分了解我是为研究而来,她们无须过度夸大她们的历史。

以下我将叙述的两个部分"悲欢离合:婚姻与家庭"和"颠沛流离的逃难经验",在这3位女性的生命中鲜活难忘,因为这期间,她们从豆蔻年华的少女或少不经事的女童,转变为已婚、生子的成年女性,她们所叙述的这段历史无关政治问题或人事纠葛,可信度较高,也提供给我们许多改写历史或书写女性史的重要素材。

二、悲欢离合:婚姻与家庭

翻阅20世纪上半叶中国的报纸杂志,会发现篇幅最多、讨论最热烈的议题,莫过于婚姻与家庭,映入眼帘的不外是"一夫一妻制""自由恋爱""独身主义""婚姻自主""自由离婚"这类字眼;刊登在社会版的婚恋事件、家庭纠纷,或是广告栏中的各种婚姻启事,更让人眼花缭乱。然而,这种"变调"的婚姻价值观,大多发生在都市或部分知识分子身上,或只流于纸面文章;到抗日战争期间,许多家庭的婚姻关系才真正面临空前的紊乱。

吕芳上指出,抗战时期,两性关系变得活泼而复杂,离婚、重婚事件时有所闻,同居或背着原配在异乡另组家庭的也处处可见,而这与战时社会变迁、人口流动,削弱了大家庭的权威与社会道德,有很大关系。①的确,战后的许多电影、小说或社会新闻都暴露出这些问题,我访问的这3位女性本身或她们周边的亲人,便不乏这类故事。尽管我们已听过千篇一律的故事,但通过访问,可以更进一步了解事情发生的原委,以及新闻媒体追踪不到的一些线索。必须说明的是,我无意当狗仔队员,刻意挖掘她们的私密。我关注的是,在颠沛流离的时代,她们如何面对婚姻问题;更重要的是,在受访人自由陈述下,出现许多无法想象的婚姻故事,远超过文献的记载。

(一)千山不独行

张王铭心是一个有个性却很随和的女性。在湖北地区,未婚女性通常绑两条辫子,已婚女性则梳发髻,1938年,她就读师范学校时,曾剪短发,成为同学中的流行人物。②张王铭心不认为自己是新女性,不过,对于婚姻的看法却很新颖,她和要好的同学都抱独身主义。据她自述,她决心不结婚,是因为她发现她周遭的女性亲戚婚后不停地生孩子,似乎"女性活着就是为了生娃娃"。因此家人一逼她结婚,她就以"去当尼姑"来抗议,结果,家人也不再勉强她。③

然而,战争时期的逃难经历却让她放弃了独身,因为挤火车时,车内、车顶上挤满了人,许多妇女是丈夫把她们抱起来往上丢,她才发现结婚还是有好处的;再加上,和她一样抱独身主义的女同学先后结婚,于是她改变了心意。结婚的对象来自山东,是东北大学毕业生,由于她的丈夫也是基督教教友,又拜她父亲为师,因此,在父母

---

① 吕芳上:《另一种"伪组织":抗战时期的家庭与婚姻问题初探》,《近代中国妇女史研究》第3期,1995年8月,第97—121页。
② 游鉴明访问,黄铭明记录:《张王铭心女士访问纪录》,《烽火岁月下的中国妇女访问纪录》,第67—68页。
③ 游鉴明访问,黄铭明记录:《张王铭心女士访问纪录》,第78—79页。

同意下，1945年，他们在重庆结婚。①

这个婚姻故事，原本应该在这里画下句点，但当我把出版的口述记录交给她的女儿，她竟然告诉我，她父母结婚前，父亲早已在山东结了婚。张王铭心已经去世，我无法求证，婚前她是否知道这件事。但坦白说，这是受访人自述的历史，因此，在访问记录中，张王铭心的婚姻是圆满的。何况，如前所述，这样的婚姻在抗战时期处处可见。

图15　1945年年底，张王铭心女士手抱刚出生的大女儿

在她的叙述中，较有意义的反而是，她在婚姻观上的峰回路转，以及娇生惯养的她，如何去因应婚后的家庭生活。婚前，家中有嫂嫂和用人，她不曾做过家事；婚后，适逢战乱，家中请不起用人，由她丈夫做饭，但丈夫上班时，她得一个人煮饭，经常一边做饭一边哭泣，有时把饭烧糊了，有时是半生不熟。抗战胜利不久，她丈夫应聘到台湾，这时大腹便便的张王铭心，由母亲陪产，不料，她竟遇上难产，熬了四天五夜才生下女儿。有趣的是，她原本不婚就是怕生产，但这一生，她竟然怀孕了6次，拥有4位子女。②

来到台湾，丈夫的工作固然稳定，她也雇了用人，但家中经济始终捉襟见肘，远比不上没有战争和小姑独处的日子。她提到，一度生活拮据到需要向卖菜的摊贩赊账，刚生下的孩子在奶水不足的情况下，用米汤和饼干喂大。这段贫苦的生活，除了出现在她的述说中，

---

① 游鉴明访问，黄铭明记录：《张王铭心女士访问纪录》，第78—81页。
② 游鉴明访问，黄铭明记录：《张王铭心女士访问纪录》，第82、84、102页。

她遗留下的日记,也清楚地记载着1953年1至2月间欠款的每一个项目。①不过,尽管在台湾的生活并不富裕,她还是觉得很自在,因为逃难的不安定经验,让她深感保住生命更加重要。②

(二)亲上加亲

余文秀在三四岁时便与姨妈的儿子订婚,是一门"亲上加亲"的婚事。有人笑她,念过书还接受定亲,但她认为:"从小封建思想根深蒂固,就是认命。"订婚后的他们,小时还一起玩耍,长大后,父母便不准他们见面,她的未婚夫想交女朋友,也被家人制止。③抗战开始,他们通过几封信。当她未婚夫准备参加国民党军队的"政教合一"训练时,双方的父母突然思想大开,同意让余文秀随未婚夫一起前往受训,因为父母们担心他们两人日后不合,不如利用受训了解彼此,万一不合,就结束婚约。他们见面后,对对方的印象都很好。受完训后,他们在1941年结婚,④这段婚姻一直很幸福。值得一提的是,余文秀的故事纠正了订婚男女婚前不往来的说法,其实,战争时期因父母授意,一起前往大后方的未婚男女并不少见。

然而,就如张王铭心一样,由于战争的影响,婚后的经济生活每况愈下。余文秀最苦的日子有两个阶段,让她难以忘怀,成为她口述的重点。一段是1947年,她的公公和丈夫到台湾工作,她和婆婆原本想回乡下老家,但兵荒马乱下,多数人都逃到城里,她们只好暂住在宿县的亲戚家,靠他们接济,由于这个亲戚家住了四户逃难的人家,伙食根本不够几十个人吃,余文秀在这时尝到生命中首次也是唯一一

---

① 游鉴明访问,黄铭明记录:《张王铭心女士访问纪录》,第103—105页。
② 游鉴明访问,黄铭明记录:《张王铭心女士访问纪录》,第113页。
③ 游鉴明访问,陈千惠等记录:《余文秀女士访问纪录》,《烽火岁月下的中国妇女访问纪录》,第122—123页。
④ 游鉴明访问,陈千惠等记录:《余文秀女士访问纪录》,第128—131页。

次的挨饿，她说：

> 我带着三个小孩，最小的还在吃奶，喂老二吃了饭，锅里已经没米了，堂嫂问我吃过没有，我谎称吃饱了，那一个月我都是有一顿没一顿的，我一辈子就是那一段时间挨过饿。①

图16　1956年，余文秀女士的五个子女摄于桃园

后来，她转到好友家，由这位朋友接济，一直到她的先生接他们到台湾。另一段是来台初期，刚到台湾时，她的丈夫因孙立人事件而失业，丈夫北上谋职的那段时间，她再度面临困苦生活。她每餐省吃俭用，曾经还偷采不知名的豆类植物，充当菜来吃。幸而，比邻而居的朋友都是来自大陆的外省人，彼此会互相照顾，她早产时便在邻居的协助下，找了产婆助产，这个婴儿后来在他们全家迁往北部途中夭折。余文秀生育了三女二子，其实，她不想生太多孩子，据她表示，那时没有避孕的观念，她曾吃过奎宁堕胎，并没有见效。②

余文秀除了陈述她自己的婚姻和家庭生活之外，也提到她四哥的婚姻，这个话题原本不在我的预设之内，但当我问到身为共产党员的四哥，在战后的境遇如何时，她突然把话锋转到四哥的婚姻上。她四哥曾在延安读大学，是很活跃的共产党员，当国民党在河南对共产党军队进行"扫荡"时，她四哥躲在一户民宅里，这户人家向国民党的

---

① 游鉴明访问，陈千惠等记录：《余文秀女士访问纪录》，第135页。
② 游鉴明访问，陈千惠等记录：《余文秀女士访问纪录》，第142—143页。

军队诳称,这是他们的"女婿";之后,她的四哥真的成为这户人家的女婿,也生了一个儿子。直到1949年以后,她四哥从南京来信,余文秀的全家才得知四哥再娶的消息。她的母亲非常气愤,带着四哥的原配直奔南京。虽然她四哥做了很多的解释,但没有留下四嫂。四嫂返乡后,找了工作,也结了婚。因为怕被判重婚罪,她的四哥、四嫂都改名换姓,拥有各自的家庭。这段错乱的姻缘,让余文秀感触很深,她语重心长地说:"这是造化弄人,也是因为战争所造成。"①

在此处,余文秀提供一条重要线索,就是在抗日战争或战后改名换姓的问题。在兵荒马乱、户政工作不严密的时代,改名换姓、变换身份地位,或是虚报或误报出生年龄,都是很平常的事,但如果不是当事人自述或旁人揭露,这项秘密将永远湮灭。因此,采用户政资料研究这一时期人口问题的学者,必须小心这个漏洞。

(三)错点鸳鸯谱?

和其他受访人不同的是,1937年卢沟桥事变发生后,北京沦陷。战争期间,裴王志宏的家人一直留在北京,不曾迁徙流离。在这期间,她由女童变成豆蔻年华的少女。长大后,一直有人替她做媒,也有人追求她,她都没有接受。直到战争结束,在邻居亲戚的介绍下,认识了随国民党军队进驻北京城的一位陕西籍军人。1945年冬天,他们结了婚。②当时裴王志宏只有17岁,但战争期间和战后,像她这样早婚的女孩相当多。

这段婚姻,日后有很大的变化,是她始料未及的。访问前,她的媳妇曾要求我,访问她婆婆的婚姻要特别谨慎,不要让她伤心,因为

---

① 游鉴明访问,陈千惠等记录:《余文秀女士访问纪录》,第126—128页。
② 游鉴明访问,朱怡婷记录:《裴王志宏女士访问纪录》,《烽火岁月下的中国妇女访问纪录》,第198—201页。

她公公早有家室，却骗了她婆婆和婆婆的家人，直到她公公返大陆探亲后，才向她婆婆说出真相。我访问时，裴王志宏的丈夫刚去世不久，她仍为此事耿耿于怀，因此，她的媳妇私下透露了这段婚姻内幕，不希望因访问带来困扰。对我而言，基于访问伦理，我不会对受访人不想回忆的话题，打破砂锅问到底，特别是婚恋问题。但尽管我坚守诺言，裴王志宏也未曾坦述她的遭遇，性格直率的她，还是在言谈中不经意地流露她的幽怨。她提到二哥曾劝她不要嫁给这位陌生人，而且告诉她："你三两年也许不会受罪，但以后就会后悔。"①当我问她，两人交往初期，语言如何沟通的这个问题时，她回答我，裴先生曾说："我慢慢讲，你就懂了。"对此，她还补充道："他对我很有耐心，不过现在想想很滑头。"②坦白说，如果不曾知道她丈夫欺骗她，应该不会有"现在想想很滑头"这句话。从此处可以看出，口述访问的一些陷阱，也就是受访人的记忆，是会随时间而变动的。

裴王志宏选择外地来的军人，作为终身伴侣，这在抗日战时或战后的中国是很普遍的现象，但有些人的婚姻并没有获得父母同意。裴王志宏在满载军眷来台的船上观察到，有的女孩是跟着军人私奔。③裴王志宏还告诉我，战争不但影响女性的婚姻，男性也是如此，她住在台南眷村④时，曾看到许多只身来台的光棍军人，找不到结婚的对象；而眷村生活的艰苦，除造成夫妻不睦之外，年轻好玩的妻子，弃夫丢子与人私奔的例子，不乏其闻。⑤

未婚以前的裴王志宏曾负担家计，到处工作；结婚后，夫妻二人和一群军眷住在东北大学，生活还算安定。但这期间，她不慎流产，

---

① 游鉴明访问，朱怡婷记录：《裴王志宏女士访问纪录》，第201页。
② 游鉴明访问，朱怡婷记录：《裴王志宏女士访问纪录》，第199—200页。
③ 游鉴明访问，朱怡婷记录：《裴王志宏女士访问纪录》，第203页。
④ 眷村是当时台湾当局提供给军人全家居住的场所，早期眷村设备十分简陋，是个大杂院，住在眷村的人家，几乎完全没有私密可言。
⑤ 游鉴明访问，朱怡婷记录：《裴王志宏女士访问纪录》，第215—216、220页。

接着又怀孕生女。到了台湾，丈夫收入微薄，为了供应小孩学费，改善家庭经济，她做了很多工作。①她一共生了三个孩子，但据她表示，在眷村里，她算是生育较少的女性，有的人虽然生活困苦，却生了七八个小孩。②这种情形普见于战后的台湾社会，当时无论来自大陆还是台湾本地的女性，都倾向多产，而且没有贫富之别，造成许多贫困家庭，因食指浩繁，苦不堪言。

三、颠沛流离的逃难经验

抗日战争让中国人同仇敌忾，解救中国或参加抗日战争是当时不少年青学子的心愿，但不是每个人都热血滔滔地走向战场，绝大多数的人是随着各自不同的生活背景去因应战争，其中女性与男性又有很大不同，这3位女性亲身经历或旁观的战争故事，便明显有不同的版本。陈述这段经历时，3位受访人都能娓娓道来，不需要我的提示。显见战争在她们的生命中，是如何的刻骨铭心，也让她们眼界大开。至于延续到战后的逃难历程，以及如何定居异乡，也各有差别。由于这部分对战后台湾历史的研究有极大的意义，其中族群相处的问题，特别引起我的兴趣，从她们的叙述里，我得到的一些珍贵史料，足以挑战被过度解读的泛政治化语言。

（一）辗转迁徙

张王铭心战时的逃难经验是辗转起伏，一共走过7个省份，最后落脚台湾。王家经济良好，又没有任何政党、派系背景，因此，战争期间别人是仓皇逃难，她和家人却是包船"旅行"。因为沿路有风景可

---

① 游鉴明访问，朱怡婷记录：《裴王志宏女士访问纪录》，第212页。
② 游鉴明访问，朱怡婷记录：《裴王志宏女士访问纪录》，第222—223页。

看，对没有出过远门的她来说，就像在旅行；而且每到一处，都有安顿好的住处，照样吃喝玩乐。①不过，衡阳遇劫的这件事，让她终生难忘，在记载抗日战争的各种文类中，读者印象最深刻的莫过于日军的暴行，但张王铭心全家害怕的，不是日本兵，而是趁火打劫的盗匪，据她描述，腊月二十七日晚上，四个军人打扮的抢匪闯入衡阳的家，幸而她父亲机智应对，才让全家逃过一劫。②这虽然是张王铭心的个人经验，却也说明民众在这场战争中遭逢的伤害，不只是日军，还包括匪徒。

然而，张王铭心真的没有面临日军侵袭的经验吗？在我的追问下，她告诉我，住在重庆时，曾经历敌机的轰炸，经常得躲入防空洞，那时重庆到处都设有防空洞，里面不仅有柱子支撑，还有电灯，是几十户人家出资协力修成。③由此看出，后方的民众在战时是如何自卫的。战争时期，张王铭心和家人一起往大后方迁徙；战后，部分家人先行返乡，这时的她，一反过去娇弱的形象，陪着母亲、侄儿和女儿返回武汉，再只身带着女儿，到台湾和丈夫相聚。从武汉、上海到台湾，她所乘的船是由哥哥安排，还有挑夫帮忙扛行李，因此，张王铭心的台湾行，就如她自己说的："很舒服。"④但往台湾的旅途中，她曾遇到麻烦和危险，先是有军人抢占她预订的特等舱，她只好请军人的长官评理；再是，为了抢救被大风吹走的女儿的尿裤，她差点落水。⑤不过，比较同样在这一时期到处逃难的很多人来说，她显然较为幸运。

来台湾后，张王铭心的丈夫有稳定的工作，但战后台湾经济萧条，她也断断续续地从事办事员、教书和校对等工作。她的生活环

---

① 游鉴明访问，黄铭明记录：《张王铭心女士访问纪录》，第72—77页。
② 游鉴明访问，黄铭明记录：《张王铭心女士访问纪录》，第77—78页。
③ 游鉴明访问，黄铭明记录：《张王铭心女士访问纪录》，第83页。
④ 游鉴明访问，黄铭明记录：《张王铭心女士访问纪录》，第86—88页。
⑤ 游鉴明访问，黄铭明记录：《张王铭心女士访问纪录》，第88—89页。

境，不时会接触台湾人，于是我有机会去询问她和台湾人相处的情形，而她也对这个话题兴致勃勃。当时，来台的许多外省家庭都雇有台湾女佣协助家务，主仆不睦的事，常常见报；但也有外省主妇与女佣相处和睦，甚至相互学习对方的语言，减少沟通障碍的例子。①张王铭心和她的女佣便是后者。②最感人的是，因为她长得像邻居一位台湾老太太的女儿，老太太要求收她为干女儿，此后，她和这家人建立了深厚感情。"二二八"事件发生时，他们全家就在老太太家人的保护下，平安无事。③另一位让她怀念的台湾人，是照顾她生产的护士，据她表示，她们年龄相近，又无所不谈，因而成为莫逆之交。④张王铭心与台湾人的深厚情缘，颠覆了这一时期省籍冲突的说法。

（二）惊险万状的逃难日子

余文秀的逃难经验和张王铭心大异其趣。对住在安徽宿县临涣镇的民众来说，这地方原本就不平静，抗战前，当地的部队经常因抢地盘而开战，只要军队开战，民众便往亲友家避难，当地人称这种逃难为"跑反"。⑤抗战期间，这里更是国民党军队、新四军和日军争战的地带，处在这种环境下，余文秀的战时经验特别丰富。

她提到抗日战争期间，她和家人有好几次遭遇险境，幸而都平安无事。为了躲避日本军队，只要听到有军队到来，左右邻居便携老携幼地往偏僻的乡间避难，缠脚的母亲也一样得跟着跑，晚上大家便露宿在土坡上。由于有不同军队在该地进进出出，他们无法分辨是敌或

---

① 游鉴明：《当外省人遇到台湾女性：战后台湾报刊中的女性论述（1945—1949）》，《"中央研究院"近代史研究所集刊》第47期，2005年3月，第197—206页。
② 游鉴明访问，黄铭明记录：《张王铭心女士访问纪录》，第91—92页。
③ 游鉴明访问，黄铭明记录：《张王铭心女士访问纪录》，第99—101页。
④ 游鉴明访问，黄铭明记录：《张王铭心女士访问纪录》，第102—105页。
⑤ 游鉴明访问，陈千惠等记录：《余文秀女士访问纪录》，第123页。

友,在一次逃难途中,有一支部队经过他们身旁,余文秀和一群小孩以为是自己人,还向他们挥手、致意,大人则在牛车上休息,完全没有任何戒备,直到事后,才知道他们曾经和日军如此接近。由于逃难时,余文秀听过许多女性邻居或同学遇到日军暴行的故事,能逃过这一劫,让她深感庆幸。①

除逃难之外,抗战时期,她和未婚夫到大别山接受国民党"政教合一"的基础训练,训练期间,教官指导学员如何做敌后工作以及怎样防御敌人侵袭,还对他们进行严格的军事训练。当时受过训练的学员多数被派到基层服务,余文秀则到小学教书。②这是抗战时期少数女性才有的经验,如果没有余文秀的叙述,我们可能错过这段重要的历史。婚后的生活原本算是安定,但不幸发生她公公被日军俘虏的事,夫家因此陷入左右为难的局面。由于她的公公曾替李宗仁工作,在她公公身份暴露被捕后,虽然日本人不曾伤害她公公,却利用她公公,让他在检查处做商品报税的工作,使她公公等同于汉奸,因此,她的公公在战后被政府监禁一年。另一件不可思议的事情是,为了营救她的公公,他们曾住在新四军控制的地区,结果国民党认为他们投共,不愿意接受他们,共产党则认为他们受过国民党的训练,也不容纳他们。走投无路下,他们只好改做生意,在伪政府管辖的宿县批发商品,一直到抗战胜利。③

战后,余文秀面临她生命中最贫穷的日子,如前所述。当她丈夫接她的婆婆、她和三个小孩到台湾的这段路程,也是相当惊险的。在火车不通的情形下,他们坐了一部无盖的货车,花了两天的时间,才抵达南京;然后再经南京到上海,他们在上海等了二十多天,终于坐上了到台湾的船。不过,在这段胆战心惊的逃难途中,余文秀仍让自

---

① 游鉴明访问,陈千惠等记录:《余文秀女士访问纪录》,第123—126页。
② 游鉴明访问,陈千惠等记录:《余文秀女士访问纪录》,第128—131页。
③ 游鉴明访问,陈千惠等记录:《余文秀女士访问纪录》,第132—134页。

已有轻松的机会,在上海等船的那段日子,面对五光十色的大城市,她逛了先施百货公司,还搭了电梯、电车,这些都是她不曾接触过的。①战争带给女性新的生活体验,由此可见一斑。

到台湾后的余文秀,没有正式工作,主要在家里照顾小孩,后来曾替旗袍店缝布扣子,因为酬劳不错,又不需外出,这工作做了8年。②虽然因丈夫工作关系,他们全家经常迁居,但和张王铭心一样,因为左右邻居多半是台湾人,她和台湾人的关系相当和谐。不但向台湾老太太学做台湾菜,也和邻居建立珍贵友谊。她印象最深刻的是,住在桃园时,她不但和台湾妇女交朋友,也和客家妇女往来,彼此相互帮忙,并学习对方的语言。③

(三)自力更生

日军进入北京城时,裴王志宏只有8岁,她带着弟弟、妹妹,亲眼看着日军进城,当时她完全不懂得害怕,是抱着看热闹的心情前去。据她回忆,日军刚进城时,曾挨家挨户找"花姑娘",邻居的年轻女孩只好将头发剃掉,打扮成男孩子来躲日本兵。这件事惹火北京人,于是有人杀日本人出气,为了平息众怒,日本人开始自我约束,事情才不再扩大。④

在日本人统治下,北京城的物资受到各种管制,从裴王志宏的陈述可以看出,除了生活没有过去自由、较困苦外,所有作息都照常行进。这段日子,她曾逛市集、看电影或听相声。1948年,她丈夫的军队准备离开北京,身为军人眷属的她,也被迫必须离开。因此,和许

---

① 游鉴明访问,陈千惠等记录:《余文秀女士访问纪录》,第137页。
② 游鉴明访问,陈千惠等记录:《余文秀女士访问纪录》,第144—145页。
③ 游鉴明访问,陈千惠等记录:《余文秀女士访问纪录》,第144—145页。
④ 游鉴明访问,朱怡婷记录:《裴王志宏女士访问纪录》,第188—189页。

多人不同的是,她的战争经验是在抗日战争后才开始。①

由于军队和眷属并不同行,年轻的裴王志宏带着女儿和女眷们先坐火车到塘沽,再搭船到上海,然后换船,转往台湾。这期间,她遭逢许多折磨,因此回忆这段来台的过程,她有数不尽的怨言,情绪相当激动,不雅的语汇也脱口而出。她指出,仓皇中,军方安排的是一艘货船,船舱内既有货物,又挤满眷属,导致她和另一位同行女眷没有舱位,只能栖身在通道里,为了争取一席之地,她曾不惜与人吵嘴。②这与前述张王铭心的情形十分相似,尽管两人采取的方式不同,但为了在战乱中,为自己和孩子争取生存空间,她们都强烈地表现出女性坚毅不屈的一面。

从塘沽到上海的三天三夜航程,一路上并不平静,不少人病倒,也有人死亡,夭折的婴儿就丢到海里。到了上海等船时,许多人趁机外出闲逛,暂时放松心情;但带着女儿的裴王志宏却不方便外食,每天和众人抢大锅饭,结果吃坏肚子,险些丧命。这些点点滴滴,让她印象非常深刻,也害怕再搭船,当1949年,她丈夫想回陕西老家时,她坚决表示,除非搭飞机,否则她不回去。③从此以后,他们就以台湾为家,即使裴王志宏必须不断工作来贴补家用,她还是选择住在这块土地,度过大半辈子。

来到台湾,裴王志宏和一群军眷被安排住在台南的眷村,她对台湾的生活很不习惯,例如台湾人的生火方式和她的家乡不同,曾经因使用不当,几乎酿成火灾。访问时,她对这件事还余悸犹存。而台湾的地震、台风也曾令她惊慌失措。④定居台南后,她就开始工作;工作

---

① 游鉴明访问,朱怡婷记录:《裴王志宏女士访问纪录》,第190—198、201—203页。
② 游鉴明访问,朱怡婷记录:《裴王志宏女士访问纪录》,第203—204页。
③ 游鉴明访问,朱怡婷记录:《裴王志宏女士访问纪录》,第205—207、213—214页。
④ 游鉴明访问,朱怡婷记录:《裴王志宏女士访问纪录》,第216—218页。

之外，她的生活圈非常单纯，主要往来的对象是眷村里的人，因此，她不会说闽南话，也很少和台湾人接触。①这种不太与本省人交往的现象，是因为眷村有他们自己的生活形态。然而，这也是造成省内外民众隔阂或不了解的潜在因素。

四、结　论

这3位女性口述的战争经验，证明战争改变了女性的生命史，带给她们新的契机，同时，扩展她们的生活空间，增广她们的见闻。这与许多女性战争史的研究不谋而合，有研究甚至指出，女性在战争中获得主体位置。然而，如果完全套用这个公式去解读战争中的中国女性，将过于单一、浅薄。基本上，我肯定战争赋予女性改造生命的机会，但是否因而获得完全自主，或许需要进一步思考。

这3位女性的述说提醒了我，讨论战争时期的中国女性，不能忽视婚姻与家庭对她们的影响，若把战争、婚姻与家庭一起放在这时期的女性身上，问题就复杂多了。例如，张王铭心放弃独身、余文秀四嫂另嫁、裴王志宏嫁给外来的军人，都发生在战争时期，且不论这到底带给她们幸或不幸，她们对婚姻的抉择是否算是自主，显然不是那么单纯。

另外，战争期间中国女性频繁生育，除影响生活质量之外，也对1920年代以来沸沸扬扬的节育论述是一大讽刺，不仅对未受教育的女性不具效力，即连受过高等教育的女性也置若罔闻，但与其说她们不懂得如何节育，或许不如说，战争让她们更注重为家族延续香火，因为战争带来的疾病、灾难，让人们的生命变得很脆弱，特别是婴儿或幼童。如果我的推测可以成立的话，战争时期女性的多产，虽出于不得已，但应该也有自愿的成分。

---

① 游鉴明访问，朱怡婷记录：《裴王志宏女士访问纪录》，第220页。

再者,新契机产生的背后其实有许多难言的辛酸,走过这段历程的她们,比其他人更加看重宿命,不管贫富贵贱都没有两样,传统女性通常是和宿命画等号,但这显然不是她们的专利,因为我在这3位女性的口述中看到宿命论。因此,通过口述访问,我对战争让女性建构主体位置的观点,颇为保留。

值得注意的是,张王铭心等人的口述记录,不仅提供研究女性生命史的史料,也勾勒出她们生活的大时代背景,这些述说虽然不完全与女性史有直接关系,却带给近代史学者一些值得注意的研究方向。

其一,中国土地广阔,每个地区受战争侵害的程度不尽相同,因应战争的方式各有万千,张王铭心和余文秀都曾遭遇日军侵袭,逃难的过程与心境却有很大的差别。至于受日军控制的北京又截然不同,抗战时期,裴王志宏没有逃难经验,到战后才开始流离迁徙。因此,处理抗日战争历史不能一以概之,需要注意地区性的差异。

其二,抗日战争期间,除有日军暴行之外,民众还得防范趁火打劫的盗匪或面对不同政党之间的矛盾关系;军事、政治与社会问题交错发生在民众的日常生活中。张王铭心、余文秀的故事,都呈现了这些复杂的社会现象。

其三,有史以来,中国这块土地不断地发生战争,以抗日战争规模最大,民众流动范围也比过去任何一次战争来得广泛,在居无定所或异乡人不断移入的情形下,衍生的问题一直延续到台湾。这个现象,显然不是"战争"这两个字可以完全涵盖,现代化交通工具在这场战争中的作用似应列入思考范围,因为这3位受访人的逃难经过都与舟车有关,也带给她们许多新的体验。

其四,战后到台湾定居的大陆民众,有商人、文化界人士、公教人员、军人及其眷属等,他们与台湾民众的互动各有不同,将双方的关系落入"省籍情结"的泛政治化解释里,有失公正,经由不同阶层、族群的口述,有助于还原真相。

其五,研究中国史的许多学者多半不涉猎抗战后在台外省人的活动，以及他们和大陆亲友的关系。不可否认的，海峡两岸开放探亲之前，双方几乎不相往来。然而，必须注意的是，研究1949年以前的中国史学者，显然不能忽视这群在台外省人。更何况，许多藕断丝连的关系一直在两岸间摆荡着，应重新观照这段历史。

综括而言，由主访人和受访人共同完成的女性口述记录，经过主访人有意或无意的挖掘，使潜藏在受访人记忆深处的历史得以浮现。再加上口述记录的受访对象不限于名人，这种来自各阶层女性的声音，除了让我们读到不同女性的生命史之外，以她们为视角的历史，与主流历史和男性历史大异其趣，不仅可以相互验证，甚至还颠覆主流历史，有助于增加历史书写的厚度。不过，在乐观之余，我必须强调的是，口述历史无法摆脱虚构，就如被认为可信度较高的机关档案，也有造假、篡改的可能，因此，采用口述记录撰写历史时，应该保持怀疑，毕竟口述历史只是多种史料中的一种。

你中有我、我中有你？
口述史料中的性别形象*

一、前　言

1994年，《走过两个时代的台湾职业妇女访问纪录》①出版后，我经常受邀演讲或担任口述历史研习营的讲员，起初我把焦点放在我

---

* 本文原收入李贞德主编：《中国史新论·性别史册》，《"中央研究院"历史语言研究所八十年所庆丛书》，台北：联经出版公司，2009年，再略作补充、修改。
① 游鉴明访问，吴美慧等记录：《走过两个时代的台湾职业妇女访问纪录》，台北："中研院"近代史研究所，1994年，第324页。

熟悉的女性口述历史上,①但后来我决定改变,让听众或学员也能够听到男性的声音,于是我试图从"中研院"近代史研究所口述历史丛书中,寻找可以和女性口述历史作对照的男性口述历史。粗略翻阅下,令我有点失望,因为不少男性受访人对"丰功伟业"的陈述远超过对家庭婚姻的关心。不过,当我读到出身"海军"的马顺义这段口述时,我不仅感动也相当兴奋,这恰恰是我需要的素材:

> 内子产后一个月,一边乳房得乳腺炎,疼痛不已。时已近阴历年,正好有个训练……不能请假。当时内子已在医院开过一次刀,然未能痊愈,人家介绍她贴膏药,贴后发高烧,另一边乳房仍旧为孩子哺乳。我见内子受这种苦,建议她打退奶针,病体或有好转。但内子认为饷俸不足,无余钱为孩子准备奶粉,尽管发着高烧,仍为孩子哺乳。开船当天早上,我买了一盒金鸡牌饼干,两条面包,床头柜上放两个暖瓶的开水。向内子致歉不得不离开,内子要我快去,以免迟延。幸好那时内子在护士学校的同学有住在附近的,有两位每天轮流来为孩子洗澡,我的同学太太知道了,也照顾着送午餐、晚餐过来。②

---

① 我从事口述访问,是为了配合我的研究,因此访问的对象主要是女性,截至2009年,男性的口述访问只有张玉法院士,请见游鉴明:《杰出校友张玉法院士专访:为有源头活水来——研究与教学历程》,《师大校友》第288期,1997年6月,第24—37页;游鉴明:《张玉法先生访问纪录》,陈仪深等访问,王景玲等记录:《郭廷以先生门生故旧忆往录》,台北:"中研院"近代史研究所,2004年,第51—84页。2009年之后,在《台北荣总医院半世纪——口述历史回顾》《台中荣民总医院三十载——口述历史回顾:历任院长、副院长》《台中荣民总医院三十载——口述历史回顾:各部中心主任》《振兴医院五十周年口述历史回顾》《蒋中正"总统"侍从人员访问纪录》《蒋经国先生侍从与僚属访问纪录》等书中,我访问过不少男性。
② 张力访问、记录:《马顺义先生访问纪录》,张力等访问、记录:《"海军"人物访问纪录》第2辑,台北:"中研院"近代史研究所,2004年,第231—232页。

之后，这段素材成为我讲稿的一部分，我和听者有了更多讨论的话题，我们发现，与两性相关的家庭婚姻历史，是不能忽略其中一方的声音。更重要的是，这个小插曲激发我想深入去探究男女两性的口述历史，检视他们是如何倾诉彼此的互动关系，并从中观看性别建构。

事实上，过去研究前近代的女性史学者，也只在传统传记文类寻找女性历史，他们发现这些文类的书写特色是把女性当成典范，超越典范之外的女性生活或男女关系是不被记载的，因此，这部分议题鲜少被研究。但随着性别研究受到重视，有的学者对这种偏颇不公的研究方式起了疑窦，于是他们的视角不光是女性，还包括两性的互动。学者除了继续以墓志铭、自传、传记作为研究素材之外，也试图从男性的各种书写中找出不同以往的看法，因此，新的观点不断地涌现。刘静贞观察到，欧阳修勾勒出的女性意象，不止一种，通过史传、散文、诗、词等不同文类，欧阳修呈现不一样的书写，并受自身和当时社会价值理念影响，营构出各种女性意象。① 野村鲇子则发现，从六朝到明清，男性文人通过悼亡文体，书写自己与家中女性的关系，其中固然不乏阿谀的美丽辞藻，但也体现了双方的相处情形。② 她们提出的重要观察，提醒读者如何重新解读男性的文本。

进入近代，传记文类的叙写格式相当宽松，没有特定原则，而且撰写者或被撰写者涵盖男男女女，我们可以有更宽广的讨论空间。本文便试图通过口述史料进行研究，由于婚姻与家庭所涉及的不只是女性，还有男性，是一个与两性都有关系的事情，我拟以婚姻家庭中的性别关系为切入点，检视口述历史中有关性别形象建构的各种面向，因此，口述历史中的家世背景和家庭婚姻生活，成为本文的主轴。我

---

① 刘静贞：《欧阳修笔下的宋代女性——对象、文类与书写期待》，《台大历史学报》第32期，2003年12月，第57—76页。
② ［日］野村鲇子：《士大夫如何书写家中女性：试从性别观点研究古典文学》，涂翠花译，《当代》第214期，2005年6月，第70—87页。

最大的关怀有两点：一是两性关系通常受到传统性别角色的规范，在既定的性别限制下，无论男女两性都必须符合自己的特质：阳刚代表男性、阴柔代表女性，但在现实的日常生活里，男女两性果真都画地自限、不曾逾越或是置换角色？①二是长期以来，僵化的性别规范让男性享有高度的社会权力，也赋予他们更多的社会责任和养家活口的任务，他们把家庭的各种活动、亲子关系交给女性，但男女的家庭位置从传统到近代，是否固定不变？在女性外出工作日增的时代，可曾起了变化？这些贴近实际生活的问题，或许通过不同性别的口述历史可以找到答案。

除此之外，尚未有人从口述史料讨论性别形象的述说，若能透过本文，为性别史研究找到新的议题，则是本文研究的另一重点。本文主要讨论男女两性如何形塑同性或异性，特别是在亲情与爱情的关系上。在进入主题之前，首先将对本文引用的口述史料的来源、特色以及局限，进行说明。其次，分成三个单元探究主题：前两个单元，从亲情这个面向，观看男女受访人如何与不同性别的长辈以及自己子女建立关系；后一个单元，就爱情这个层面，了解男女受访人的择偶方式、婚姻观念以及家庭婚姻生活。最后，厘清男女受访人如何塑造异性的形象，包括自己的男女长辈和自己的配偶，从中观照他们是否再造男女典范。

---

① 渥伦·法若（Warren Farre）指出"男子气概"让男人画地自限，我同意他的看法，但女性其实也遇到同样问题。[美]渥伦·法若（Warren Farre）：《男性解放》（*The Liberated Man*），郑至慧等译，台北：妇女新知出版社，1987年，第39—44页。

二、研究史料及其局限

（一）口述史料的来源

我所采用的史料是"中研院"近史所出版的口述历史丛书，为方便比较分析，我以台湾的外省男女为研究对象，并集中个人专集，共计参考61本访问记录以及7篇相关人物访问记录。

在进行讨论之前，先对我将运用的这批史料做说明。"中研院"近史所是台湾从事口述历史的先驱，自创所以来，首任所长郭廷以便十分重视口述历史，他强调，如果能为每位重要人物留下一份详尽的传记记录，再与其他史料相对照，可以解决若干历史问题，澄清若干历史真相。因此，1957年5月起，积极推动口述历史计划，并以当代军政、外交、经济、文教、社会各界的重要人士为受访对象；1959年12月，在郭廷以带领下，近史所的部分同仁开始展开访问工作。[1]这段时期，美国哥伦比亚大学东亚研究所也在1958年进行"中国口述历史"计划，访问移居美国的李宗仁、孔祥熙等政坛人物。为加强口述资料的交流，1960年，近史所和哥大东亚所建立口述历史合作关系。之后，哥大因经费困难，停止合作计划；而近史所则在1962年至1972年间，获得美国福特基金会资助。[2]由此可知，口述历史受到的重视，实不言而喻。

尽管1972年7月之后，近史所不再得到口述访问计划的补助，但1974年，所长吕实强决定成立"口述历史组"，除采取更严谨的程序

---

[1] 沈怀玉：《口述历史在台湾的发展》，当代上海研究所编：《口述历史的理论与实务——来自海峡两岸的探讨》，上海：上海人民出版社，2007年，第93—94页。

[2] 沈怀玉：《口述历史在台湾的发展》，第94页。

继续访问工作之外，①1982年起，开始出版访问记录；1989年，所长张玉法又提议出版《口述历史》期刊，将篇幅较小的访问记录结集纳入该刊，同时也刊登口述历史相关文章的介绍。②这些工作一直未曾停止，近史所为现代人物留下的记录也因此不计其数，③就已经出版、供外界参酌的口述历史丛书为例，丛书第一本《凌鸿勋先生访问纪录》出版后，至2018年12月，已出版有军事、政治、党务、外交、教育、学术、财经、交通、邮政、农业、工业、企业、医学、考古、人类学、都市计划、妇女史、家族史、华侨史、体育史、政治案件、"九二一"震灾、日据时期在东北的台湾人等口述历史丛书91种95册。④

这95册口述历史丛书，包括个人专访，以及相关人物的专题访问、重要历史事件参与者与见证人的访问。郭廷以认为，国民党与20世纪的中国关系至巨，除国民党党史会及其他有关机关保有丰富完整的文献档册之外，当事者又大多在台湾，若能访问这些人，对这段历史的研究将有很大帮助，因此，早期的访问大多集中在军政人物，此后才逐渐扩充到不同出身背景的各界人物。⑤从本文引用的61本个人专访中可以看到，军政界的受访人确实占了半数，军界人物有13人、

---

① 除将口述访问作业程序详作规定，并定有"委托书"，作为口述史料公开的法律约定，这些准则成为不少从事口述历史相关单位的参考资料。沈怀玉：《口述历史在台湾的发展》，第95页。
② 由于口述访问记录有的仍难免错误、略嫌简略，或涉及人身批评之处，凡来函指证的，均刊载于《口述历史》期刊，或补录勘误表，或再版时予以更正。沈怀玉：《口述历史在台湾的发展》，第96页。
③ 有关个人专访，从1976年至2006年，访问120余人；相关人物的专题访问和重要历史事件参与者与见证人的访问，自1986年到2006年，已访问900余人，其中以"二二八"事件、政治案件等居多数，约占半数以上。沈怀玉：《口述历史在台湾的发展》，第95—96页。
④ 沈怀玉：《口述历史在台湾的发展》，第96页。至2018年12月底，该所已经出版103册，详见"中研院"近史所网站http://www.mh.sinica.edu.tw/Historicalsources.aspx（2019年1月27日）。
⑤ 沈怀玉：《口述历史在台湾的发展》，第93页；张力：《军政人物的访谈经验》，当代上海研究所编：《口述历史的理论与实务——来自海峡两岸的探讨》，第162页。

政治界13人、经济界3人、医护界3人、学术界8人、新闻界1人、教育界5人、邮政交通电信界4人、工业界3人、外交界2人、警界1人。此外，在性别的分配上，能符合访问条件的女性凤毛麟角，男性受访人很自然地成为绝大多数，计有62人，而女性仅有6人，医护界1人、学术界1人、教育界3人、警界1人。

有关访问的方式或内容，近史所的访问活动虽然采取有计划、有规模的方式进行，但并没有严格规范，主访人可以自由发挥；不过，就同撰写传记或自传一样，家世、学历、经历是不可或缺的命题，许多主访人都从这三方面展开访问，其中受访人成年之后的事功或经历，更是访问的重点，因为这群受访对象多数具显赫事功。这样的访问记录，确实为国民革命史研究提供了重要的史料，也具有检证文献档案的功能，但不可讳言的是，由于受访人大半出身政军界，他们述说的历史聚焦在军事、政党、外交、经济等层面，无法满足宗教、医疗、性别等新兴历史研究领域的需求。

所幸，不是所有访问记录都如此制式化，有些主访人试图在访问中增加趣味，将受访人带入事功之外的话题。专门访问军人的张力，把他如何诱导受访人的经验做了说明：

> 虽然受访者成年以后的事功或经历是访谈重点，但我个人颇注重诱导受访者对其家世环境和早年家居生活的叙述。一则一般人对幼时的所见所闻，常留有深刻的印象，从"讲古"开始，可以增加谈兴，有利访谈之进行；另则在于趁此机会为不同领域的研究者搜集史料。所以，我会请受访者尽量回忆幼年时期的见闻，地理、街道、村庄、民情、风俗、农业、商业、交通，甚至童玩、休闲生活等。①

---

① 张力：《军政人物的访谈经验》，第165—166页。

对许多受访人来说，事功和经历是他们记忆中最深刻的一段，既然接受学术单位的访问，理应陈述这些事迹，至于个人见闻、民俗、童玩只是闲聊的话题，他们不会主动叙述。但当主访人把他们引入这方面时，他们其实也不会排拒，张力就指出"有些受访者虽很好奇我所提出的这方面问题，但也都兴高采烈地讲述"①。我和张力有相同的经验，访问女教育家邵梦兰时，我刻意增加与事功无关、却能凸显性别互动的部分，包括童年往事、与父母关系、婚恋经过、家庭活动等，结果受访人也是从错愕转为畅谈。②

坦白说，张力采用这种访问方式，是无心插柳，因为他认为"采访所得的这些内容，能否真正成为有用的史料，就看有心人士去判断了"；③而我是有意成荫，因为唯有经由这样的访问，才能找到我需要的素材。且不论是无心或有意，从这些跳脱纯粹事功的访问记录中，我挖掘到一些具有性别意涵的内容，并成为我这篇文章的主轴。值得一提的是，早期近史所的访问记录很少涉及女性，更缺乏情爱或夫妻关系的叙说，至多是描绘自己的女性长辈；其后，这方面的叙述逐渐增多，这或许与性别话题已成为街谈巷议有关，因为从报章杂志到电视广播，处处不乏这类讨论，让主访人或受访人不再讳于碰触，这对我的研究有不少帮助。除此之外，我发现3个有趣的现象：首先，女性受访人对事功之外两性互动的述说，远超过男性受访人；其次，我引用的61本个人专访，主访人计102位，女性主访人13位，④其中女性主访人比男性主访人关心这类议题，从王萍等人所做的访问记录，足见一斑；另外，有性别意识的男性受访人较勇于陈述两性关系，李亦园

---

① 张力：《军政人物的访谈经验》，第166页。
② 游鉴明：《后记》，《春蚕到死丝方尽：邵梦兰女士访问纪录》，第322页。
③ 张力：《军政人物的访谈经验》，第166页。
④ 主访者人数的统计，系以访问记录专书的人为基准，除了同一本书可能有一人以上的主访人之外，同一个人有可能完成一本以上的访问记录，因此，主访者的人数超过访问记录专书的本数。

便是其中代表。

（二）口述史料的重要性和局限

口述历史是一种史料，也是研究当代历史的一种方法，这类史料究竟有何种重要性？张玉法认为口述历史有四种作用：

其一，在文字、器物、图像等物证不足时，以口述历史作为一种人证。其二，在文字、器物、图像等物证史料缺乏时，以口述历史作为主要史料，使许多历史课题的研究成为可能。其三，让当事人参与历史重建的工作，使史学不只是史学家的事，而是人人可以参与的事。其四，让当事人述说亲身经历的事，增加历史的临场感、亲切性。[①]

他还特别强调，在芸芸众生的历史中，有形的史料最缺乏家庭生活史、社会生活史和女性史，需要借助口述历史的方法来研究。[②]

的确，从女性史这个角度来看，面对女性史料的不足，口述历史的价值不容小觑，因为女性受访人的口述史料，能让她们为失声的女性找回历史，不再受男性操弄或代言。再以性别史的立场来看，口述史料不仅仅在弥补女性历史，也对男性历史提供新的观察，男性书写通常只体现事功这部分，但前述提到，在受访人的引领下，有可能浮现被边缘化的性别议题，也让男性有机会为自己辩白。因此，当男女两性述说自己的历史时，不但能呈现各自的主体性，他们透过访谈所陈述的历史，有时与史家的认知有很大程度的不同，带给史家的意外和惊叹，使史家有重新诠释或重构历史的必要。

---

① 张玉法：《张序》，游鉴明：《倾听她们的声音：女性口述历史的方法与口述史料的运用》，台北：左岸文化事业有限公司，2002年，第5页。
② 张玉法：《张序》，第5—6页。

然而，和自传、传记、回忆录一样，以个人经验出发的口述历史，都呈现着一些问题，包括自我膨胀、隐恶扬善、虚构情节、夸大不实或遗忘疏漏。[①]其中，由访问人和受访人共同完成的口述历史，又往往有相当的选择性、重建性与现实取向，或者是无法畅所欲言的缺憾。[②]我从近史所的口述历史丛书看到，许多受访人对童年往事、个人见闻或民情风俗，多半能侃侃而谈；以我访问的女性为例，我充分感受到她们对童年或青少年时期的缅怀，叙说这段往事时，她们仿佛看到欢乐情景的再现，因此这段历史的陈述，固不免有夸张、误谬等缺失，却较能掌握到受访人真实生活的样貌。然而，相对于成年以后的复杂生活，许多人的叙述就显现虚虚实实，虽然受访人是站在现在追忆过去自我的遭遇，但复杂的情景依稀存在，现在与过去的自我因而时陷矛盾中，于是有回避、故意遗忘跳脱的，也有坦述、刻意渲染的。特别是涉及婚姻与家庭议题时，因每个人际遇的不同，出现不同的表述方式，婚姻美满的受访人当然能畅所欲言，婚姻不幸的受访人则往往欲语还休。而身为主访人，必须尊重受访人的隐私，不宜"打破砂锅问到底"，因此，这段历史有可能永远扑朔迷离。

尽管口述历史有这方面缺点，但对近代中国史的研究还是有一定的价值。就口述访问的技术而言，受访人毕竟还健在，访问人除了可以查证史料，再向他们求证之外，还可以从他们保存的资料或实物中，帮助他们重建过去，不管是日记、书信、证件、手稿、毕业纪念册、照片或者是过去使用过的日用品，都有助于受访人记忆，也为访问人提供最佳的证据。就口述史料的运用而言，被认为可信度较高的

[①] 张瑞德：《自传与历史——代序》，张玉法、张瑞德编：《中国现代自传丛书》第1辑，台北：龙文出版社，1989年，第7—10页。
[②] 王明珂：《谁的历史：自传、传记与口述历史的社会记忆本质》，《思与言》第34卷第3期，1996年9月，第154页。

机关档案文献,其实也有造假、篡改的可能,①与其放弃口述历史的资料,不如沙里淘金,从口述历史中寻找不同的说法,来检证既定的史观。张瑞德就乐观地认为,在没有哪一种史料完美无缺的情况下,史家检证虚实,必须凭着他们的看家本领,如果能广泛搜集各种不同形式、来源及立场的史料,加以鉴别、考证,求得尽量客观的史实,并非不可能的事。②

除此之外,随着出版品的大量生产,20世纪以降,书写人物历史的史料不止一种,而且书写的内容包罗万象,甚至不避谈个人隐私,不少自传、回忆录或文学作品,都曾出现传主或作者对感情生活和家庭关系的着墨。针对于此,同样是史料之一的口述历史,与这些史料有何差别?又能带给我们何种特殊意义?其实,自我书写和被访谈的制造过程是很不一样的,自书者可以通过不同文本,不断改写自己的历史,③被访谈者固然可以含糊其辞、避重就轻,也能和主访人协商,但改写的可能性很低;同时,自书者对自己的历史,有一定的书写框架,而受访人在与主访人"闲聊"中,反而能唤醒更多的历史记忆。重要的是,自我书写的作品多半出自文学家或众人周知的人物,他们会透过文字呈现感情;近史所访谈的对象也以知名人物居多,但他们多数不撰写自己的历史,更不轻易流露个人情感或性别关怀,而口述访问却给予他们表述的空间。因此,口述历史的特殊性,昭然若揭。

总之,我所引用的史料,除了来自61本个人专访之外,还包括7篇附于个人专访中的相关人物访问记录,一共有68位受访人,男性56

---

① 有关档案虚构的讨论,可参考[美]娜塔莉·泽蒙·戴维斯(Natalie Zemon Davis):《档案中的虚构》(*Fiction In the Archives*),杨逸鸿译,台北:麦田出版社,2001年。
② 张瑞德:《自传与历史——代序》,第10页。
③ 关于这部分的讨论,请详见游鉴明:《导言》、罗久蓉:《近代中国女性自传书写中的爱情、婚姻与政治》、柯惠铃:《轶事与叙事:左派妇女回忆录中的革命展演与生活流动(1920s—1950s)》,《近代中国妇女史研究》第15期,2007年12月,第Ⅰ—Ⅳ、77—162页。

位、女性12位。女性受访人固然较少，但她们提供的丰富史料，并不影响本文的比较分析，就如前面所提，女性受访人对性别议题做较多描述。至于从以事功为重的男性口中，多少还是能为我们勾勒出性别图像。最后必须一提的是，本文基本上是从口述历史寻找性别史研究的新方法，本文的论证并不是绝对的定论，因为口述历史只是史料的一种，而口述历史也只是研究中国近代史的诸种方法之一。

三、与男性长辈的亲情关系

由受访人追溯家世背景，是近史所口述访问的重点，从这些史料中可以看到，每位受访人几乎都会谈论自己的长辈，有的受访人只提长辈的姓名，不做任何叙述，有人却深入述说，不仅谈到长辈的行谊，还会陈述自己与长辈的互动关系。男性受访人对男性长辈的叙述明显多过女性长辈，只不过，对男性长辈的描述，敬重多过言情；其中女性受访人对祖父辈多半略而不提，或许是因祖父辈去世较早，也或许是不曾从家人口中得知他们的事迹，因此无法倾诉，但她们对父亲的诉说却相当细致，充满感情。

（一）跨越家庭界限的祖父辈形象

许多受访人对祖父辈的描绘，大多来自家中长辈的转述，而与祖父辈有共同生活经验的更占少数，但他们记忆中的祖父辈形象，有不少雷同之处，例如在私领域上，祖父辈多半刻苦勤俭、知书达礼、宽

厚善良、治家严谨；在公领域上，则是乐善好施、排难解纷。①值得注意的是，除了从行谊刻画祖父辈之外，有一些受访人通过家训，展现了祖父辈的风范，例如钟伯毅（1880—1962）提到，他的先祖刻苦勤俭、节衣缩食，家计蒸蒸日上，因此，他的曾祖在建宅时，手书"耕经堂"，作为传家宝训。②池孟彬（1918—2007）的祖父，以"读书报国"四字为庭训，之后，池孟彬的父亲也以"读书救国"勉励晚辈，督课甚严。③张式纶（1901—?）的祖父曾留下八字家训"孝弟忠信、礼义廉耻"，不仅形成家风，还影响姑表亲族。④林继庸（1896—1985）的长辈虽然没有立下家训，但他的曾祖父一生除耕田、读书、教书之外，没有当过清朝的官吏，因此，他们家一直遵循："书可读、试可考、官不可做"的原则。⑤由此可知，为晚辈立家训、定规矩似乎是男性长辈生活中的一部分。

---

① 郭廷以、沈云龙访问，谢文孙、刘凤翰记录：《钟伯毅先生访问纪录》，台北："中研院"近代史研究所，1992年，第3页；张力、曾金兰访问记录：《池孟彬先生访问纪录》，台北："中研院"近代史研究所，1998年，第4、7页；陈存恭访问，官曼莉记录：《张式纶先生访问纪录》，台北："中研院"近代史研究所，1986年，第5—6页；张朋园等访问：《郭廷以先生访问纪录》，台北："中研院"近代史研究所，1987年，第28—30页；张朋园、林泉访问，郭廷以校阅：《林继庸先生访问纪录》，台北："中研院"近代史研究所，1983年，第1—4页；黄克武访问，潘彦蓉记录：《李亦园先生访问纪录》，台北："中研院"近代史研究所，2005年，第5—6页。
② 郭廷以、沈云龙访问，谢文孙、刘凤翰记录：《钟伯毅先生访问纪录》，第3页。
③ 张力、曾金兰访问记录：《池孟彬先生访问纪录》，第4、7页。
④ 陈存恭访问，官曼莉记录：《张式纶先生访问纪录》，第5—6页。
⑤ 张朋园、林泉访问，郭廷以校阅：《林继庸先生访问纪录》，第1—4页。

图17　1924年，池孟彬先生的全家照（左一为池孟彬）

上述受访人透过品德、特长或家训，形塑出来的祖父辈的样貌，与传统史传的男性书写，其实没有太大的差异。但处在新旧之交的时代，不是所有的男性都不懂得求新求变，李亦园（1931—2017）的外祖父，就与前述祖父辈有很大程度的不同。例如，他的外祖父是士绅，也是中医师，但因为思想维新，曾创办两所新式学校，和女儿（李亦园的母亲）合办的竞新女校，不但是晋江的第一所女校，还以"男女平等，竞赴新潮"作为创校的宗旨。此外，李亦园的外祖父对当时流行的新玩意儿，也很感兴趣，他热衷摄影的事，让李亦园印象相当深刻。①

---

① 黄克武访问，潘彦蓉记录：《李亦园先生访问纪录》，第5—6页。

（二）从形象塑造到父子和父女关系的建构

相对于祖父辈，受访人建构的父亲形象，较为丰富而多元，也充满感性的叙述。不过，男女受访人呈现父亲的方式，并不完全相同。男性受访人偏重从庭训、家庭教育，塑造父亲形象，以及父亲对自己或他人的影响；而女性受访人虽然不乏这类表述方式，却更强调从父女之间的互动关系，烘托记忆中的父亲形象。

1. 塑造父亲形象

从掌握的口述历史资料中发现，在男性受访人眼中，最常见的父亲形象，大致有两种：一种是安贫乐道、济困扶危，例如凌鸿勋（1894—1981）、万耀煌（1891—1977）、陈湄泉（1914—2004）的父亲；①另一种是刚正不阿、守正疾恶，例如王铁汉（1905—1995）、刘航琛（1897—1975）、杭立武（1904—1991）、陈湄泉的父亲。②其中刘航琛指出，他父亲去世的遗言是不要他们兄弟做官，而且为他们积下一年生活费用，作为"养廉耻的基金"，但刘航琛表示，他最后仍然当了官，只不过，并没有违背父亲的遗言，做奴颜婢膝一类的官。③像这样表面没有遵照父亲训言，实际上却把父亲的话

---

① 沈云龙访问，林能士、蓝旭男记录：《凌鸿勋先生访问纪录》，台北："中研院"近代史研究所，1982年，第2—3页；沈云龙访问，贾廷诗等记录，郭廷以校阅：《万耀煌先生访问纪录》，台北："中研院"近代史研究所，1993年，第3页；许雪姬、沈怀玉访问，曾金兰记录：《陈湄泉先生访问纪录》，台北："中研院"近代史研究所，1996年，第5、7—8页。
② 沈云龙访问，林泉记录：《王铁汉先生访问纪录》，台北："中研院"近代史研究所，1985年，第3页；沈云龙、张朋园、刘凤翰访问，张朋园、刘凤翰记录：《刘航琛先生访问纪录》，台北："中研院"近代史研究所，1990年，第17页；王萍访问，官曼莉记录：《杭立武先生访问纪录》，台北："中研院"近代史研究所，1990年，第1—2页；许雪姬、沈怀玉访问，曾金兰记录：《陈湄泉先生访问纪录》，第9、31页。
③ 沈云龙、张朋园、刘凤翰访问：《刘航琛先生访问纪录》，第17页。

牢记在心的，还有陈湄泉。陈湄泉的父亲是一位深受地方民众爱戴的警察，陈湄泉在耳濡目染下，种下继承父志的根苗，并走向警政的事业；但她的父亲其实反对她当警察，她父亲认为："我做一辈子警察，深知宦海风波多，一个女孩子当更艰苦。"①

前面这些类型的父亲，与祖父辈差异不大，也是一般传记书写中的男性典范。不过，傅秉常（1896—1965）、黄通（1907—1997）、李亦园描述的父亲形象，则相当特别，他们对父亲在纳妾与再婚盛行的时代，始终忠于婚姻，未曾纳妾、续弦，引以为傲。②虽然无法判断其他两位受访人是否和李亦园一样具有性别意识，因而对父亲的这种行谊特别表扬，但却为半旧不新时代的两性婚姻关系提供了另类观察。

2. 与父亲的相处

在与父亲的互动上，受访人多半描述父亲对他的品德、教育或日后事业的影响，以品德陶铸为例，刘安祺（1903—1995）、潘宗武（1911—2012）、张知本（1881—1976）、王铁汉、陈湄泉都提到，父亲如何熏陶他们为人处世，并让他们获得启发，张知本"日后献身革命，矢志匡复"与王铁汉的"律己处世"，都来自父亲的庭训。③最

---

① 1924年，郭松龄倒戈，郭带领的散兵游勇到处扰民，陈湄泉父亲为维护地方安宁，亲自找郭松龄劝说，父亲的胆识感动郭松龄，等到郭松龄被捕枪毙后，居民为感激她父亲的爱民，致送万民伞和旗子，详见《陈湄泉先生访问纪录》，第9、31页。
② 沈云龙访问，谢文孙记录，郭廷以校阅：《傅秉常先生访问纪录》，台北："中研院"近代史研究所，1993年，第4—5页；陆宝千访问，郑丽榕记录：《黄通先生访问纪录》，台北："中研院"近代史研究所，1992年，第498页；《李亦园先生访问纪录》，第8页。
③ 张玉法、陈存恭访问，黄铭明记录：《刘安祺先生访问纪录》，台北："中研院"近代史研究所，1991年，第7页。黄嘉谟、朱浤源访问，郑丽榕、丁素湘记录：《潘宗武先生访问纪录》，台北："中研院"近代史研究所，1992年，第4—5页；沈云龙访问，谢文孙、胡耀记录：《张知本先生访问纪录》，台北："中研院"近代史研究所，1996年，第3—4页；《王铁汉先生访问纪录》，第3页；《陈湄泉先生访问纪录》，第7—9、31页。

有意思的是刘安祺,在他的回忆中,提到父亲教导他"不要恃祖产,不要以为自己在乡里高人一等",要求他"行走坐卧、言行举止,都得一丝不苟",还强调"做人一定要学吃亏,做一个男子汉绝不可叫人可怜,一切要自求多福,才能显出大男孩的骨气和性格",①而这些相似的训词,从他女儿刘宁口述的刘安祺身上,找到翻版。和父亲一样,刘安祺经常给儿女庭训,说的也是"我们要能事人,才有资格使人""要走群众路线,过大众生活""要我为人人,不要人人为我",他甚至把庭训的精髓做成浅显易懂的打油诗,送给孙子辈。②刘宁很坦白地说,父亲常年以军队为家,只要和家人相处时,就趁晚餐时间给一些庭训,年轻时,她对父亲这样的作为,很不耐烦,直到年岁渐长,才慢慢体会父亲的苦心,以及餐桌上谈话的意义。③

以教育和日后事业为例,在刘象山(1911—2008)、刘真(1913—2012)、顾应昌(1918—2011)、杭立武(1904—1991)、熊丸(1916—2000)、邵梦兰(1910—2000)、任以都(1921—)的记忆中,父亲是他们的启蒙老师;④其中刘真和邵梦兰都提到,父亲重视记忆和作文的往事,邵梦兰更把自己有过人的记忆,归功于父亲。

---

① 《刘安祺先生访问纪录》,第7页。
② "好孙子,要自强,留心学习好榜样;时间要爱惜,功课最为上,读书学习切莫忘;不睡懒觉,莫恋温床,注意品行,重视健康,立志向上,报答爹娘;人人说你好;自己的心里也畅快。"详见《刘安祺先生访问纪录》,第266、269—272页。
③ 《刘安祺先生访问纪录》,第266页。
④ 陈存恭、潘光哲访问,潘光哲记录:《刘象山先生访问纪录》,台北:"中研院"近代史研究所,1998年,第4页;胡国台访问,郭玮玮记录:《刘真先生访问纪录》,台北:"中研院"近代史研究所,1993年,第5—8页;刘素芬、庄树华访问,向明珠、陈怡如记录:《一个经济小兵的故事:顾应昌先生访问纪录》,台北:"中研院"近代史研究所,2000年,第4—6页;《杭立武先生访问纪录》,第1—2页;陈三井访问,李郁青记录:《熊丸先生访问纪录》,台北:"中研院"近代史研究所,1998年,第18—19页;《春蚕到死丝方尽:邵梦兰女士访问纪录》,第37—39页;张朋园、杨翠华、沈松侨访问,潘光哲记录:《任以都先生访问纪录》,台北:"中研院"近代史研究所,1993年,第12、97—98页。

此外，许多在新旧交接年代长大的受访人描述，他们的父亲不只提供传统教育，也带给他们新式教育，好比杭立武的父亲，则是只讲授国文、历史等科目，不讲四书、五经，还请人教导他学习英文；①喜欢阅读翻译书却不懂英文的邵梦兰父亲，曾在她准备到杭州女中读书前，要求她在一个星期内学三百个英文单词。②父亲除了启蒙之外，让邵梦兰津津乐道的是，旧式书生的父亲在尊重女权、讲求两性平等上，不仅不落人后，更有他的定见，包括在家中设立东陵女子小学、要求女性族人有宗祧继承权、坚决反对女儿邵梦兰缠足。为了缠不缠脚这件事，邵梦兰的祖母曾抱怨："不缠的话，将来成个大脚婆，是嫁不出去的。"但邵梦兰的父亲却答说："嫁不出去，就娶一个进来！"③值得注意的是，邵梦兰对父亲新式作风的刻画，显示走入近代的部分传统知识分子，为了与近代接轨，他们不惜挑战禁锢女性的传统，而挑战的对象不仅是传统习俗，还包括女性长辈。

其实众所周知，民国以来，虽然有些人在挑战传统，还有些人则不放弃传统，只不过，如果是口中倡导反传统，却要求子女学习传统文化，那就相当有意思。任鸿隽（1886—1961），这位生平提倡科学教育又十分反对民国以来读经运动的父亲，在女儿任以都口中便是如此矛盾。据任以都指出，父亲曾对他们说："中国人不读'四书''五经'，怎么能算是真正的中国人呢？"因此，父亲经常督促他们读《论语》《孟子》《诗经》等书。父亲为教她读旧诗，还亲手写诗、作画，订成《课儿诗选》的小书教读。对任鸿隽的这种做法，身为女儿的任以都，做了最好的诠释："适足反映出五四人物对传统文化的矛盾态度。"④除了启发智识之外，有些父亲还影响受访人日后事业的走向，从董文琦（1901—1988）、刘象山、阮维周（1912—

---

① 《杭立武先生访问纪录》，第2页。
② 《春蚕到死丝方尽：邵梦兰女士访问纪录》，第39页。
③ 《春蚕到死丝方尽：邵梦兰女士访问纪录》，第8—10页。
④ 《任以都先生访问纪录》，第12、97—98页。

1998）、顾应昌、熊丸的口述中，即见一斑。①

值得关注的是，相对于男性受访人，女性受访人不但勾勒父教，更细腻而生动地述说父女感情，甚至是与公公的互动，而这一点却在男性的叙述中被略掉。陈湄泉、贾馥茗（1926—2008）、任以都便很仔细地倾诉自己儿时如何取宠于父亲，成为父亲的掌上明珠。②其中贾馥茗父女的情深，更紧扣人心，因此她指出，在她整个印象中，父亲"是我自幼就亲爱、长大后成了心灵相通的人"。③除了父亲之外，邵梦兰的口述，让我们看到与传统截然不同的翁媳相处之道，邵梦兰不仅述说公公疼惜她，教她书法和八段锦；④也谈到自己如何挽回公公生命的惊险过程，在整个过程中，她的临危不乱和睿智，博得夫家的信赖。几年后，公公去世，婆婆、族人和地方人士竟然不顾家中的男性，要求邵梦兰为公公捧牌位，打破以往由男性捧牌位的习俗。⑤这段叙述展现了与传统时代不同的媳妇角色。

从这四位出生在1910年代、1920年代女性受访人的父女或翁媳的关系，显示父亲辈对女儿的教育或对待没有性别差异，而她们的为人处世不完全效法自母亲，而是父亲。换言之，五四时期强调做"人"的呼吁，似乎在一些女性身上发挥了作用。

---

① 张玉法、沈松侨访问，沈松侨记录：《董文琦先生访问纪录》，台北："中研院"近代史研究所，1986年，第7—10页；《刘象山先生访问纪录》，第4页；杨翠华访问，杨明哲、万丽鹃记录：《阮维周先生访问纪录》，台北："中研院"近代史研究所，1992年，第1页；刘素芬、庄树华访问，向明珠、陈怡如记录：《一个经济小兵的故事：顾应昌先生访问纪录》，第4—6页；陈三井访问，李郁青记录：《熊丸先生访问纪录》，第18—19页。
② 王萍访问，洪慧丽、蔡说丽记录：《贾馥茗先生访问纪录》，台北："中研院"近代史研究所，1992年，第2—3页；《陈湄泉先生访问纪录》，第11—13页；《任以都先生访问纪录》，第12、14、88、97—98、100—101、108—109页。
③ 《贾馥茗先生访问纪录》，第3页。
④ 《春蚕到死丝方尽：邵梦兰女士访问纪录》，第104—105、270页。
⑤ 《春蚕到死丝方尽：邵梦兰女士访问纪录》，第105—110页。

四、与女性长辈的亲情关系

在本文使用的口述史料中,女性长辈出现的频率虽然不如男性长辈,但她们受到的重视不容小觑,甚至超过妻子的角色。①同时,不少男性受访人不只勾勒女性长辈的形象,更对自己与女性长辈的互动情形做了不少描述,这种情形与女性受访人谈论父女关系有不少类似之处,显示母子之情在口述历史中的位置。

(一)交错在转述和亲述间的祖母辈形象

和祖父辈一样,许多受访人对上上一代的女性长辈认识不深,但不同的一点是,记忆中的祖母辈行谊基本上局限在家里,少有公领域的表现。因此,不管是清末民初或是民国时期的男女受访人,他们的祖母辈的共通特征,不是在孝亲、治理家政、操持家务、教育子弟上深受家人肯定,便是对家庭经济的改善贡献良多,而且绝大多数是寡妇。②有意思的是,男性长辈叙说的女性长辈,全都是节妇或贤母,例如郭廷以(1904—1975)祖父口中的祖母,虽然缠足,为了家计,仍

---

① 从近史所口述历史丛书发现,受访人没有提到妻子的有徐启明、戢翼翘、石觉、袁同畴、盛文、于达、丁治盘、尹国祥、万耀煌、王微先、刘航琛、汪崇屏、莫纪彭、傅秉常、白瑜、蒋硕杰、关德懋、金开英等人。
② 参见沈云龙、张朋园访问,林能士记录,沈云龙校阅:《关德懋先生访问纪录》,台北:"中研院"近代史研究所,1997年,第1—2页;朱浤源、张瑞德访问,蔡说丽、潘光哲记录:《罗友伦先生访问纪录》,台北:"中研院"近代史研究所,1994年,第1页;《傅秉常先生访问纪录》,第3—4页;《郭廷以先生访问纪录》,第30页;郭廷以、张朋园访问,马天纲、陈三井记录:《被访问者的话》,《白瑜先生访问纪录》,台北:"中研院"近代史研究所,1987年,第1页;《李亦园先生访问纪录》,第4—5页;《钟伯毅先生访问纪录》,第5页;《春蚕到死丝方尽:邵梦兰女士访问纪录》,第3—5页;罗久蓉访问,丘慧君记录:《姜允中女士访问纪录》,台北:"中研院"近代史研究所,2005年,第6—8页;《熊丸先生访问纪录》,第3—4页。

得经常下田工作;①傅秉常伯父和父亲辗转传颂的祖母,则是"年轻守节,下抚孤儿,上侍婆姑,极尽孝道"。②

不过,在复制传统典范、颂扬祖母辈的同时,有的受访人也暴露祖母辈性格上的缺失。以李亦园和姜允中(1916—)为例,他们都提到,自己的祖母是寡妇,为了维持家庭生活,如何自力更生、辛苦持家;也不讳言祖母的缺点和婆媳关系的问题。③李亦园表示,祖母因早年守寡,所以"脾气不太好,对别人较有戒心,自我保护意识很强",但因为祖母不识字,对当老师的媳妇(指李亦园母亲)却很忍让。④而姜允中和奶奶的感情虽然相当深厚,在回忆母亲与奶奶的不睦往事时也忍不住道出奶奶注重规矩的强势作风,让出身大户人家又不谙人情世故的姜允中母亲,备感压力,受了不少委屈。⑤

除此之外,透过闺秀文化的研究,看到不少明清女性跨越性别界限,不以"家"为唯一空间⑥,这些例子也可以在口述历史中找到佐证。邵梦兰的伯祖母便是与众不同的女性,不但读过书,又相当精明能干,除了在家族中享有地位之外,还深受娘家乡人尊重,当地若有纠纷,就派轿子来请她前去调解。⑦事实上,传统社会排纷解难的事,通常是由男性出面,邵梦兰的伯祖母却颠覆了既定秩序。至于生活在晚清的女性,她们的表现更是逸离传统,任以都记忆中的外祖母,在

---

① 《郭廷以先生访问纪录》,第30页。
② 《傅秉常先生访问纪录》,第3—4页。
③ 《李亦园先生访问纪录》,第4—5页;《姜允中女士访问纪录》,第6—8页。
④ 《李亦园先生访问纪录》,第5页。
⑤ 《姜允中女士访问纪录》,第9—10页。
⑥ 关于这方面研究,可参见Dorothy Ko, *Teacher of Inner Chambers: Women and Culture in Seventeenth—Century China*, Stanford: Stanford University Press, 1994; Susan Mann, *Precious Records: Women in China's Long Eighteenth Century*, Stanford: Stanford University Press, 1997 & Susan Mann, *The Talented Women of the Zhang Family*, Berkeley: University of California Press, 2007.
⑦ 《春蚕到死丝方尽:邵梦兰女士访问纪录》,第3—5页。

清末时提倡放脚。辛亥革命后,外祖父赋闲在家,外祖母因擅长作画,还到一所女校教画。①只不过,任以都的外祖母虽然反对缠足,当外祖父坚持要任以都的母亲缠足时,外祖母没有大力反对。②其实,这正呈现出处在新旧杂陈下,晚清新女性的典型样貌和矛盾心境。③

(二)从形象塑造到母子、母女关系的建构

1. 塑造母亲形象

和祖母辈不同的是,受访人对母亲形象的刻画多数是直接观察,无论母亲的形象、庭训或与他人的往来,都让他们深刻难忘,因此较诸对祖母辈的形塑,母亲形象更加多元而丰富。尽管有男性受访人对母亲的形容相当简单,也跳脱不出传统史传的套语,包括"贤淑温厚""贤惠""善良慈爱""认命的女性""传统的贤惠妇人""典型的相夫教子的贤妻良母"等④;但在看似与传统没有两样的叙述中,却不乏独立自主、刚毅不屈的一面,被张希哲(1918—2014)视为"认命"的母亲,不仅曾在教会学校任教,家道中落后,还重执教鞭,做针线帮助家计。⑤与儿子相依为命的母亲们,更不是"贤母"二字可以涵盖,劳声寰(1905—1997)口中的母亲,既"知书明礼,

---

① 《任以都先生访问纪录》,第8—9页。
② 《任以都先生访问纪录》,第91页。
③ 有关这个说法,梅嘉乐(Barbara Mittler)曾做深入讨论,参见[德]梅嘉乐:《挑战/定义现代性:上海早期新闻媒体中的女性(1872—1915)》,孙丽莹译,收入游鉴明等编:《共和时代的中国妇女》,台北:左岸文化出版社,2007年,第255—340页。
④ 《郭廷以先生访问纪录》,第39页;《张式纶先生访问纪录》,第7—8页;《刘真先生访问纪录》,第2—3页;《刘安祺先生访问纪录》,第7页;张存武访问,李郁青记录:《张希哲先生访问纪录》,台北:"中研院"近代史研究所,2000年,第2—3页;《一个经济小兵的故事:顾应昌先生访问纪录》,第3、6、9页;黎志刚访问、记录,陈绛校阅:《李承基先生访问纪录》,台北:"中研院"近代史研究所,2000年,第15页。
⑤ 《张希哲先生访问纪录》,第2页。

擅女红，笃信佛教"，又带有"男子汉气概"；①罗友伦（1912—1994）、丁廷楣（1906—1993）、李承基（1916— ）的母亲，也都不是弱女子。②

女性受访人述说的母亲，也颇具特色。前述邵梦兰的母亲，在两位能干的婆婆过世后，就负起主持家政的工作，邵梦兰形容母亲"治家如治国"，就同归有光的母亲："每件事都有人管，每个人也都有固定工作；没有一个闲人，也没有一件事情没人做"。此外，她母亲虽然识字不多，却很聪明，不但擅长烹饪、女红，棋艺也颇精湛，甚至能和父亲的朋友谈论国家大事。③周美玉（1910—2003）心中的母亲，也是"非常了不起的女性"，虽然只受过小学教育，却具有"强烈的国家民族观念，理智坚强，胆识过人，一生笃信佛教，不怨不尤"。1912年，为了和远在外蒙古办理电报工作的外祖父、父亲团聚，她的母亲在几个修电报线的工人陪同下，扶老携幼从北平到了外蒙古，由于沿路交通不便，又不安全，她的母亲也和修线工人一样，人手一枪。④

前述的母亲虽然处在传统或半旧不新的时代，她们的行谊却超越传统典范。至于受西化或新式教育影响且又有事业的母亲，则呈现另一种特质。谢兰馨的母亲婚后和丈夫一起到日本留学，并加入同盟会，成为革命志士；返国后，把她父亲给的丰厚妆奁，移为办学经费。此外，她的母亲还反对缠足，主张婚姻自由、男女平等，鼓吹自

---

① 黄嘉谟、陈存恭访问，陈存恭记录：《劳声寰先生访问纪录》，台北："中研院"近代史研究所，1988年，第3、184—185页。
② 《罗友伦先生访问纪录》，第1—3页；刘凤瀚访问，刘海若记录：《丁廷楣先生访问纪录》，台北："中研院"近代史研究所，1991年，第4—7页；《李承基先生访问纪录》，第14—16、266—267页。
③ 《春蚕到死丝方尽：邵梦兰女士访问纪录》，第12—17页。
④ 张朋园访问，罗久蓉记录：《周美玉先生访问纪录》，台北："中研院"近代史研究所，1993年，第2—3页。

己的女儿和女师学生,加入同盟会。①李亦园的母亲,则被地方百姓称作"闽南女学进步的先锋",不但帮她的父亲创办竟新女校,还前往菲律宾募款,让学校免于倒闭。②任以都的母亲陈衡哲(1890—1976),是新文化运动时期的著名女学者兼女作家,个性刚强,小时抗拒家人对她缠足,并坚持进学校念书。在倡导妇女解放的时代,她强调女人是"一个个人",应该和男子一样充分发展个性,而且主张男女平等。③

2. 与母亲的相处

从受访人的性别来看,女性受访人较少涉及自己和母亲的相处,只有邵梦兰做了较多的勾勒,她提到母亲如何引导她念书,并感谢母亲不让家中丫头帮她整理内务,要求她"学习自己照顾自己",让她没有养成骄奢的习性。她认为母亲最特别的一点是,不准她进厨房、做女红,还请学校免除她修习这类科目。④相对于女性受访人,男性受访人在勾勒与母亲相处的往事时,显得特别的细腻,他们津津乐道的莫过于,母亲如何为他们早年的教育启蒙,提供处世道理,以及自己的感受和回馈。从中可以看到,一些半传统半近代的母亲,都各有一套启发小孩的方式,她们不仅掌握了教育儿子的主体性,同时影响儿子日后的发展,例如凌鸿勋(1894—1981)的母亲用桂林官话教读《孝经》,对他日后学汉语或其他方言都较容易⑤;李承基的母亲亲自

---

① 郭廷以、王聿钧访问,谢文孙、刘凤翰记录:《邓家彦先生访问纪录》,台北:"中研院"近代史研究所,1990年,第32—33页;有关马秋仪的事迹,邓谢兰馨在《家父谢公鸿焘、家母马夫人秋仪革命事略》中,有更详细叙述。《邓家彦先生访问纪录》,第147—149页。
② 《李亦园先生访问纪录》,第15页。
③ 《任以都先生访问纪录》,第91—95页。
④ 《春蚕到死丝方尽:邵梦兰女士访问纪录》,第35—37页。
⑤ 《凌鸿勋先生访问纪录》,第3页。

教写毛笔字,让他对写字产生浓厚兴趣;①张希哲母亲的基督教信仰,使他有机会接触西方文化。②

幼年丧父或者父亲长年不在家的受访人,更难忘母子情谊,他们甚至把对母亲的感激,扩大到亲人或其他人身上。罗友伦(1912—1994)指出,母亲对他期许甚深又百般呵护,因此,罗友伦把母恩转嫁到照顾残障妹妹一辈子上;③李亦园则表示,自己对个性严格、长年不在家的父亲十分畏惧、生疏,与母亲相处却较为轻松、愉快。这不但养成他比较亲近女性的性格,还使他日后对性别研究大力支持。④至于长大成人后的母子相处,也让一些受访人深为感念,特别是母亲为他们做的重大抉择,改变他们的人生和事业,例如,1948—1949年间,许多人面临去留问题,李承基和楚崧秋(1920—2017)的口述记录中,都详细地说到他们的母亲是如何的当机立断,要

图18　楚崧秋先生的母亲魏文芳女士

---

① 《李承基先生访问纪录》,第16—17页。
② 《张希哲先生访问纪录》,第7—8页。
③ 《罗友伦先生访问纪录》,第2—3页。
④ 李亦园在口述中表示,他相当重视性别问题和性别研究,台湾清华大学的"两性与社会研究室"是他支持创立的,当他担任蒋经国国际交流基金会董事时,对获得经费赞助的"中研院"近史所"近代中国妇女史研究计划"和《近代中国妇女史研究》也相当关注。《李亦园先生访问纪录》,第16—17页。

他们尽速离开大陆。①

除了叙述母教、母恩之外,有受访人也提到自己为母亲解难的故事。袁同畴(1901—1986)便谈到他如何应用课本所学,替身为继室的母亲化解与兄嫂之间的争执,而他的母亲甚至因此成为乡人都称颂的贤母。②于润生(1898—1987)则说道,母亲罹患重病时,他采取求神问佛的方式来尽人事,结果他的母亲竟然恢复了健康。③于润生透过对母亲的情感,建构了自己"孝顺"的形象,而"孝顺"的背后,引人注意的是,近代新知识分子仍未摆脱迷信,即使像于润生这样受过新科技教育的专业人员。

从上述母亲形象的塑造以及母亲与子女的相处看来,虽然有不少受访人建构的仍是典范母亲;不过,仔细翻阅口述历史,仍然能在受访人口中,找到一些不是对母亲"歌功颂德"的叙述。李亦园坦白地提到,他们姐

图19 李亦园先生出生五个月时坐在母亲怀中,旁立者为大姊李园生

---

① 《李承基先生访问纪录》,第144、182—187、246—250页;吕芳上、黄克武访问,王景玲记录:《历尽沧桑八十年:楚崧秋先生访问纪录》,台北:"中研院"近代史研究所,2001年,第6—9、301—306页。

② 张朋园、陈三井、马天纲访问,陈三井记录:《袁同畴先生访问纪录》,台北:"中研院"近代史研究所,1988年,第86—87页。

③ 于润生母亲告诉他:"那天晚上,我在昏迷中,自己觉得好像站在门口,看见一个穿袍褂的人,骑着一匹马由南边冲过来,我躲避不及,吓了一跳,就这样被惊醒。"沈云龙访问,林泉记录,郭廷以校阅:《于润生先生访问纪录》,台北:"中研院"近代史研究所,1986年,第37页。

弟三人"比较不开朗,很多事情常往坏的方向想"的特质,是和母亲的多愁善感有关。①面对新女性的母亲,任以都也不讳言地提到,她和母亲的紧张关系,例如幼年的任以都非常淘气,母亲曾生气地说:"为了你,我不去教书,没想到你还这么坏!"让她印象最深刻的是,有一次,母亲在书房赶书稿,不准旁人打扰,任以都却不断敲门,要求母亲陪她玩,结果母亲大发雷霆,吓哭了任以都,也让她牢牢记得,母亲在书房的时候,绝不能去找她。②这段叙述呈现一位母亲处在事业和家庭中的焦虑,却也让我们看到陈衡哲真性的面貌。

五、与配偶、子女的关系

近史所访问的对象,都在事业上有很高的成就,他们对个人事功的述说,相当丰富而珍贵,但对个人情感或家庭生活,不少人是失语的。就性别角度来看,男性失语的情形特别严重,但女性绝大多数是有声音的,针对这种情形,或许可以做两种解释:一种是访问内容的设计问题,早期的访问着眼个人事功或对他者的回忆;另一种是,由妻子补述受访人的婚姻家庭生活,受访人便略而不谈。不过,近年来的访问内容越来越活泼,受访人对择偶方式、婚姻观念、夫妻关系或子女情感的述说不再欲吐还休,反而不乏真情流露。

(一)择偶方式与婚姻观念

1. 从父母之命、相亲到自由恋爱

父母之命的婚姻虽然是中国传统社会的特征,但走入近代,仍有不少年轻人接受这种婚姻模式。从董文琦、刘景山(1885—1988)、

---

① 《李亦园先生访问纪录》,第16页。
② 《任以都先生访问纪录》,第12、92—93页。

黄通、邵梦兰等人的口述中，便能看到他们是在父母安排下结婚。①不过，在自主婚姻被喊得喧天价响的1920年代，要让安排式的婚姻不受影响，并不容易，无论男性或女性都逃不了外界的干扰。例如黄通和邵梦兰都提到定亲后，面临异性追求以及他们设法摆脱的尴尬经过。②对这样的婚姻，邵梦兰妙答："我没什么感觉，也不会去反对，虽然受了新式教育，但是不知道什么婚姻自由。"③坦白说，尽管他们不反对"父母之命"的婚姻，但这种择偶模式的背后有多少认同或是认命，则不得而知。

相对于"父母之命"的婚姻，当男女社交日渐公开、相亲和自由恋爱日趋普遍，许多受访人经由这类方式认识了他们的婚姻对象，不再受制于盲婚。龙绳武（1905—？）便有过三次相亲经验。④至于自由恋爱，多半发生在就学期间，当时校内或校外的社交活动，带给年轻人不同于传统的婚姻选择，刘真、顾应昌、罗友伦、杭立武、李承基、丁廷楣（1906—1993）和陈湄泉，便是典型例子，他们谈到追求异性的往事时，有人蜻蜓点水，有人则侃侃而谈。⑤有趣的是，从这几个案例显示，在自由恋爱蔚为风尚的时代，勇于向异性表露感情的，不仅是男性，女性也不落男性之后，主动追求自己的意中对象。罗友伦指出，和妻子的相识，是在女方主动邀约下，展开戏剧性的恋

---

① 《黄通先生访问纪录》，第500页；《董文琦先生访问纪录》，第300页；沈云龙访问，陈存恭记录：《刘景山先生访问纪录》，台北："中研院"近代史研究所，1987年，第10页；《春蚕到死丝方尽：邵梦兰女士访问纪录》，第68—69页。
② 《黄通先生访问纪录》，第500页；《春蚕到死丝方尽：邵梦兰女士访问纪录》，第68—69页。
③ 《春蚕到死丝方尽：邵梦兰女士访问纪录》，第91—92页。
④ 张朋园访问，郑丽榕记录：《龙绳武先生访问纪录》，台北："中研院"近代史研究所，1991年，第31—32、35—37页。
⑤ 《刘真先生访问纪录》，第19—20、26—27页；《一个经济小兵的故事：顾应昌先生访问纪录》，第162页；《罗友伦先生访问纪录》，第3—4页；《杭立武先生访问纪录》，第90页；《李承基先生访问纪录》，第363—371页；《丁廷楣先生访问纪录》，第51—53页；《陈湄泉先生访问纪录》，第26—28页。

图20　1938年，陈湄泉与丈夫合影于汉口

情。①顾应昌虽然没有说出和妻子韦澄芬交往的细节，韦澄芬的英文小传，却大方地记载当时情形。②陈湄泉则详细地说出自己和丈夫相恋时，如何"七擒七纵"对方。③撇开韦澄芬的英文小传，在自我书写的中文版文类中，很少看到男女追求异性或女性对男性采取迂回术的自白，而口述访问的"聊天"方式，反而提供受访人毫不造作的倾诉空间。

2. 战火鸳鸯

抗日战争爆发后，在兵荒马乱中仓促完成婚姻大事的人，比比皆是。潘宗武和池孟彬的姻缘就因战争而促成④；延到战后才成家的，更不计其数。其中只身来台的未婚年轻人，在没有家长的关注下，他们的择偶的方式必须更加主动，朱立民（1920—1995）的妻子黄紫兰，以及汤铭新（1928—　）和李亦园的口述记录，都提到他们在异乡认识另一半的过程。⑤战后经济的萧条让他们因薪资微薄面临了另一种婚姻难题，像是汤铭新曾为此徘徊在婚或不婚之间。然而不可否认的，他们已经完

---

① 《罗友伦先生访问纪录》，第3页。
② 《附录一：顾韦澄芬小传》（Delia Koo's Biography），《一个经济小兵的故事：顾应昌先生访问纪录》，第177页。
③ 《陈湄泉先生访问纪录》，第26—28页。
④ 《潘宗武先生访问纪录》，第40页；《池孟彬先生访问纪录》，第34—35页。
⑤ 《附录一：黄紫兰女士访问纪录》，《朱立民先生访问纪录》，第194页；张启雄、潘光哲访问，王景玲记录，《汤铭新先生访问纪录》，台北："中研院"近代史研究所，2005年，第23—25页；《李亦园先生访问纪录》，第521—523页。

全摆脱父母之命的婚姻,而女性也同样不受牵绊。只不过,在孤立无援的异乡,抉择婚姻大事时,究竟有多少是出于自主,是很难论断的。从姜允中对婚姻的自我抉择,可看到许多的无奈与不得已。

姜允中原本打算不婚,因为奶奶在男尊女卑社会中辛苦生活的一幕,从小就呈现在她眼前,让她对是否需要结婚产生怀疑;而东北女性生产时不受重视,以及妻子受丈夫虐待或上吊的种种传闻,都让姜允中不能接受。于是18岁那年,她和几位志同道合的同宗女友结为姐妹,相约终身不婚。① 进入道德会之后,不婚的念头更加坚定;来台之后,她也一心只想为道德会和幼教事业贡献。然而,她发现"一个单身女子要想在团体中有所作为,行事不免易遭流言牵制,工作上也造成许多不必要的困扰"。无奈之下,她不婚的意志开始动摇,最后她主动向家室在大陆的王镜仁提议交往,并决定日后回大陆王镜仁还是可以和他的原配破镜重圆,她自己则保持独立自尊,做她自己的事业。② 不过,当她和王镜仁交往的事传开后,他们都受到友人劝阻。对此,姜允中坦言,决定嫁给王镜仁其实是无奈的选择,她回忆,因为心中并不是十分愿意,因此,婚礼进行中,百感交集,泪水不停

图21　1953年,姜允中女士与王镜仁代表结婚照

---

① 《姜允中女士访问纪录》,第14—15页。
② 对于姜允中的独特性格,王镜仁的日记中曾写着:"她是一个女人,所不同者,不但大义凛然,侃侃而谈,一本正经,不稍谐谑,金石良言,听之津津,在彼等鼓励支持之下,当今自明,振刷精神,身体力行,而感佩之心,永铭弗忘也!"《姜允中女士访问纪录》,第101—104页。

的掉下来。①

其实，战争时期，许多人的择偶方式与过去不同，甚至超乎想象，然而，婚姻的幸与不幸，唯有当事人最清楚明白。

3. 再婚与不婚

再婚或不婚多半出于无奈，本文所引用的口述历史，选择再婚的主要是男性，不婚的则是女性。其中传统男性再婚往往还是受诸父母之命，从朱立民和姜允中两人父亲的婚姻故事，可以看到再婚一样是不自主的。朱立民父亲结婚后不久，原配便因产褥热去世，住在东北的父亲通知了南方的家人，于是家人立刻为他安排续弦，续弦的妻子是朱立民的母亲钱陆梅。但当时朱立民的父亲在东北有些名望，有人因感恩他父亲，主动把女儿送给他，并对他父亲说："我把女儿送给你，也不要有任何形式名分。"父亲接受后，家里催他返乡结婚，于是他带着这位女子同行。这当然引起钱陆梅家人的质疑，经协商后，决定等他们拜完天地，让这位北方小姐跪拜在他父母面前，承认钱陆梅是正式的，她则变成姨太太。②从这个过程看来，无论是朱立民的父亲、母亲或侧室都没有婚姻自主权，完全由长辈代为决定他们三人之间的婚姻关系，特别是侧室，就同礼物一样被送到朱家。

姜允中的父亲是由母亲独力养大，在他父亲心中，母亲的地位无人可及，但这也让他父亲在婚姻的选择上不得自主。第一任妻子因与母亲相处不融洽，在两边不讨好的情况下，她父亲一度有意出家，后来这位妻子患痨病身故。这之后，她父亲不愿再娶，但在母亲"哭诉如若不娶，姜家就此香火断绝，百年之后无颜面对姜家祖先"的压力下，他父亲只好再娶。③

---

① 《姜允中女士访问纪录》，第103—104页。
② 单德兴等访问，林世青记录：《朱立民先生访问纪录》，台北："中研院"近代史研究所，1996年，第3页。
③ 《姜允中女士访问纪录》，第6—9页。

还有不少受访人指出，他们之所以再婚是为了家中长辈和年幼的子女。例如，赵正楷（1902—1996）、刘安祺、凌鸿勋、于润生都因为这类理由而再婚。①

至于不婚，包括丧偶不婚和终身未婚。1944年失去丈夫的邵梦兰，在1950年只身带着次子到台湾，当时有人为她介绍再婚对象，但和丧偶男性不同的是，为了孩子，邵梦兰反而不想再婚，减少自己的麻烦，于是靠着不断工作来排遣生活，她说："精神有所寄托，是没有烦恼的人；再大的打击都不能让我倒下来。"②

贾馥茗则是未曾结婚，对"为何不婚"这个问题，她直爽地表示，他们兄姐平常多在外面，只有过年放假才会相聚，而且彼此关系亲密，因此，当她只身来台后，愈想愈痛苦，最后给自己一个不婚理由："我认为少一个关心的人，痛苦就会减少一些。因此就不再想结婚这件事。"③

有意思的是，在上述再婚或不婚的理由中，男性显然比女性缺乏自主性，造成他们主体的丧失，不是长辈、便是亲友或是儿女；然而，女性却能在婚姻这块园地迎刃有余，甚至长期缺席。

（二）从婚姻生活看夫妻形象的建构与家庭情感

在这一节中，将通过受访人的婚姻生活分析两个层面，首先是男女受访人如何建构配偶的形象，其次，经由家庭成员的互动，了解夫妻情感和亲子关系，并从男女两性的不同述说审视不同性别在家庭中的位置。同时，也试图观察男性是否在家庭中真的缺席而失语。

---

① 陈存恭访问，陈美惠记录：《赵正楷先生访问纪录》，台北："中研院"近代史研究所，1993年，第199—202页；《刘安祺先生访问纪录》，第3、243—244页；《凌鸿勋先生访问纪录》，第116页；《于润生先生访问纪录》，第181页。
② 《春蚕到死丝方尽：邵梦兰女士访问纪录》，第98—99页。
③ 《贾馥茗先生访问纪录》，第5页。

1. 夫妻形象

在塑造形象这部分，男性受访人的叙述多过女性受访人，虽然不乏一笔带过，却看到他们积极地为妻子的行谊树立典范。绝大多数的男性认为自己的妻子具备贤惠的特质，不仅孝顺公婆，还善待子女。郑天杰（1912—1994）形容妻子"贤淑英慧，纯洁朴实"，[1]罗友伦认为妻子"美慧贤淑"，[2]于润生称赞妻子"人极忠实和善，事我母至孝"，[3]李亦园夸赞妻子"个性温婉、贤淑持家，为子女教育付出许多心力"。[4]赵正楷除了第二任妻子与他生活较短，未做评论之外，其他三位妻子都"十分贤惠、任劳任怨"。[5]最有意思的是，张式纶指出，妻子在婚后即主动提到："愿做一贤孝儿媳妇，做个好妻子，做个好母亲"，因此在张式纶口中，妻子不但建立了良好的伦理关系，妻子的品德也是他一生的幸福，张式纶还曾为他的妻子写过贤孝记，用来垂教子孙兼留纪念。[6]

坦白说，上述受访人描绘的妻子的样貌，与前述受访人叙说的祖母或母亲形象相差不大，也是传统典范女性的再造。其中凌鸿勋对妻子行谊的称颂，更是过去孝女典范的再现，据凌鸿勋的说法，他的妻子是"极有孝心的女子"，因为她曾经割股疗亲。[7]这段话还提醒我们注意，"割股疗亲"不是传统时代才有，到清末民初仍被当作一种孝行，即连受过现代教育的知识分子也认同这种行为。

对当代的受访人而言，他们眼中的妻子，除擅长治家之外，还能为他们建立良好的人际关系，例如王铁汉的妻子"好损己益人，生而

---

[1] 陆宝千访问，官曼莉记录：《郑天杰先生访问纪录》，台北："中研院"近代史研究所，1990年，第7页。
[2] 《罗友伦先生访问纪录》，第4页。
[3] 《于润生先生访问纪录》，第15、181页。
[4] 《李亦园先生访问纪录》，第523页。
[5] 《赵正楷先生访问纪录》，第200—202页。
[6] 《张式纶先生访问纪录》，第13—15页。
[7] 《凌鸿勋先生访问纪录》，第27页。

有乐善之德性，与人相处，从无闲言"①，黄通的妻子"待人接物都能够中规中矩"②，李承基的妻子不但是纯粹"贤母良妻的典型"，对他事业的帮助，更让他心服。③至于身为蒋家御医的熊丸，对妻子能获得蒋经国家人的信赖，赞不绝口，认为妻子"十分识大体，称得上是贤内助"。④

女性受访人则较少谈到丈夫的形象，不过，还是可以从陈越梅、黄紫兰和姜允中等人的叙述中，找出妻子对丈夫的一些看法。陈越梅形容丈夫杭立武的个性是淡泊名利，不看重金钱、不服输。⑤在黄紫兰眼中，朱立民则是个性随和、不拘小节、个性耿直，又很会照顾家人的丈夫；唯一的缺点是不善理财。有趣的是，丈夫不会理财的说法似乎成为女性受访人对丈夫的基本印象，姜允中也提到，丈夫生性淡泊，不善理财，但为了两个儿子的前途，她认为应该运转钱财，于是开始购屋。值得注意的是，如果配合前面女性长辈形象的述说，男性不理财的现象，提供了一个研究家庭经济的重要方向，也就是无论传统或近代，家庭的经济大权由女性掌握应该不是特例，反而相当普遍。此外，对照男性受访人，女性对丈夫观感的描述比较浅简，也比较直接，虽然不乏赞美的词语，但她们都没有意图为丈夫树立典范，这与男性对妻子的建造典范有很大的不同。

2. 家庭情感

（1）夫妻关系

①夫唱妇随

传统时代，妻子以夫为尊是天经地义的，到了半旧不新或追求西

---

① 《王铁汉先生访问纪录》，第3页。
② 《黄通先生访问纪录》，第502页。
③ 《李承基先生访问纪录》，第373—388页。
④ 《熊丸先生访问纪录》，第163—164页。
⑤ 陈越梅女士口述：《杭夫人谈杭立武先生》，《杭立武先生访问纪录》，第99—100页。

化的时代,这种现象并未改变。以拥有两位太太的朱立民父亲为例,朱立民指出,父亲在处理这三角关系上颇有手腕,父亲把北方太太(妾)放在苏州老家,却带着钱陆梅(正妻)回东北,每年回南方扫墓,全家就在苏州团聚。①此外,他父亲在改造妻子的这个层面上,也相当成功,由于他父亲曾在法国学堂读书,思想较开化、洋化,因此,除要求妻子放足之外,还教她识字,使妻子"从旧式女子改造成一个不但形式上,而且思想上也很开放的女性"②。赵正楷的父亲,也和朱立民的父亲一样,不但要妻子解缠足,还教他妻子识字、写字,还替他妻子取了"悯时"的名字(字"贤世"),意思是"悲悯这个时世的可怜,发挥悲天悯人之心"。③

把家庭交给妻子,自己继续学业或事业,这几乎成为传统或近代不少家庭的不成文条例,齐世英(1899—1987)、董文琦、张希哲、杨文达的口述中,明白地呈现自己与妻子分工的情形。④特别是作为军人的妻子,由于丈夫长年在外,家庭琐事、儿女教育、父母奉养更是仰仗妻子,因此,刘安祺、罗友伦便有"做军人太太好苦"的感触。⑤显示他们对妻子的感念是溢于言表。

值得一提的是,夫唱妇随有时是出于女性自愿。据于润生指出,婚后不久,他接到保送到法国留学的电报,当时母亲不赞成他远行,但妻子表示:"家中大小事情有我照顾,你尽管放心前去",于是于

---

① 《朱立民先生访问纪录》,第3—4页。
② 《朱立民先生访问纪录》,第9页。
③ 《赵正楷先生访问纪录》,第109页。
④ 沈云龙、林泉访问,林忠胜记录:《齐世英先生访问纪录》,台北:"中研院"近代史研究所,1990年,第15页;《董文琦先生访问纪录》,第300页;《张希哲先生访问纪录》,第222页;熊秉真访问,郑丽榕记录:《杨文达先生访问纪录》,台北:"中研院"近代史研究所,1991年,第109—110页。
⑤ 《刘安祺先生访问纪录》,第55—56、244页;《罗友伦先生访问纪录》,第3—6页。

润生能无后顾之忧，到法国留学。① 而蒋硕杰的妻子马熙静、朱立民的妻子黄紫兰陪丈夫远赴美国，也自称是出于这样的心境。②

不过，有的受访人并不希望妻子在家相夫教子，反而鼓励妻子外出工作或继续深造，形成另一种夫唱妇随的例子。在美国工作的顾应昌，对妻子在学业和家庭中的两头奔波相当不舍，但为了让妻

图22　1953年8月11日，温哈熊先生与洪娟女士结婚照

子专心完成博士学位，他把女儿送往寄养家庭，"硬逼"妻子把论文赶出来。③ 其中任以都的例子更值得注意，结婚后，她丈夫不管流言蜚语，极力支持她在外头发展。她表示，丈夫之所以这么开明，是与她丈夫年幼时的成长环境有关，由于她丈夫的祖父、父亲在外地经商，每隔两三年才回家一次，所有家务及农场工作都交给他的祖母和母亲料理，因此他对妇女的看法和一般传统观念有很大的不同，他认为

---

① 《于润生先生访问纪录》，第15页。
② 陈慈玉、莫寄屏访问，陈南之、蔡淑瑄、潘淑芬记录：《马熙静女士访问纪录》，《蒋硕杰先生访问纪录》，台北："中研院"近代史研究所，1992年，第194页；《附录一：黄紫兰女士访问纪录》，《朱立民先生访问纪录》，第194—197页。
③ 对这件事，韦澄芬确实有很深的感触，她在小传中指出，当时女儿寄居在另一个城市，她必须花很长的车程去看女儿，这样的经验，让她不很愉快，曾认为自己没有必要去得这个博士学位。《附录一：顾韦澄芬小传》（*Delia Koo's Biography*），《一个经济小兵的故事：顾应昌先生访问纪录》，第162—163、186页。

"妇女和男子一样是可以做点事业"。①温哈熊（1923—2007）为了让妻子赴美深造，应允妻子在她出国期间谢绝一切应酬，专心陪同孩子②，这对军职人员而言，是极不容易的，但温哈熊的表现，证明他重视两性共同治家的理念。

严格来说，固然有女性自愿在家照顾家庭，也有男性鼓励妻子继续学业或工作，但期待妻子在家的男性占绝大多数，这也就是为何许多男性对家庭生活的述说难以畅所欲言的原因，因为他们对事功的了解远多过家庭琐事。

尽管绝大多数的男性受访人，在夫妻感情的叙述上避而不谈，但透过李亦园对父亲的转述以及顾应昌、楚崧秋、汤铭新等人的自述，还是可以看到男性对妻子表现情爱的方式。传统时代夫妻的感情，就如李亦园的父母是"一种老式、传统的感情，表达的方式很委婉"，甚至以诗文唱和来传递彼此的情感和思念。③近代夫妻对感情的表达就比较直接，例如顾应昌和楚崧秋。④汤铭新对婚后两人过了一段艰苦的生活始终心存亏欠，为此，他表达情意的方式有两种：一是从不拆封薪水袋而直接交给她；二是在任何情况之下，都不跟太太吵架。⑤

至于妻子又如何看待丈夫的情感呢？陈越梅谈到杭立武的家庭生活："工作忙的时候，工作重于家庭""能顾到就顾到，不能顾到也没有办法"；在夫妻情感上，陈越梅表示，丈夫的个性淡淡的，不轻易流露感情，对妻子也如此。⑥黄紫兰眼中的朱立民，喜欢看书、不太

---

① 《任以都先生访问纪录》，第80—81页。
② 刘凤翰访问，李郁青记录：《温哈熊先生访问纪录》，台北："中研院"近代史研究所，1997年，第121页。
③ 《李亦园先生访问纪录》，第7—8、15—16页。
④ 《一个经济小兵的故事：顾应昌先生访问纪录》，第163—164页；《历尽沧桑八十年——楚崧秋先生访问纪录》，第9—10页。
⑤ 《汤铭新先生访问纪录》，第23—26页。
⑥ 陈越梅女士口述：《杭夫人谈杭立武先生》，《杭立武先生访问纪录》，第97、107页。

爱运动、不喜欢休闲活动,不过,朱立民"蛮有生活情趣",会带家人去看篮球赛、阅兵典礼、放烟火、吃馆子、看歌剧。①

②妇唱夫随

虽然传统社会以夫为天,但有些妻子在丈夫生命中扮演重要角色。例如,林继庸指出,他曾打算到英国公司当买办,由于妻子极力反对他靠当买办来赚钱,最后他放弃了这份工作,尊重妻子的建议。②然而,类似这样的叙述,在男性的口述记录中并不多见,反倒从女性的口述找到不少例证,特别是邵梦兰和姜允中的口述历史,处处看得到女性的张力。前面已经提到,邵梦兰的母亲是一位能干的女性,而这位母亲也是颇有权力的妻子,由于没有生育男孩,她为丈夫安排娶妾。③至于邵梦兰本人,同样在家中占据重要位置,除夫家重视她之外,小她5岁的丈夫也对她言听计从,处处以邵梦兰马首是瞻。④

姜允中在家中也有不小决断权,特别是她对婚姻危机的处理做了详细的叙述。1982年,长子王德威通过教会管道寻亲,找到了丈夫的家人,这件事曾带给她很大的困扰。最后姜允中不顾丈夫的意愿,化名"姜淑明",写信给丈夫在大陆的三子,解释丈夫在台成家的原因,也说明自己的立场,终于化解问题。这以后,他们与大陆的王家开始往来,姜允中还安排丈夫与大陆的三子在日本相会,她自己则在丈夫去世后翌年,趁返大陆探亲之便,特别探视王家亲友。⑤

妻子顺从丈夫向来被视为天经地义,而丈夫顺从妻子是不是就顺理成章?透过姜允中的表述发现,夫妻之间若缺乏沟通,或彼此不能

---

① 《附录一:黄紫兰女士访问纪录》,《朱立民先生访问纪录》,第199—201页。
② 《林继庸先生访问纪录》,第13页。
③ 《春蚕到死丝方尽:邵梦兰女士访问纪录》,第11—12页。
④ 例如,两人书信往来时,邵梦兰若更正丈夫的错字,丈夫并不介意;邵梦兰喜欢什么,丈夫会主动去学,例如学乐器、学书法等;也会一起读书,彼此交换意见。《春蚕到死丝方尽:邵梦兰女士访问纪录》,第97—99页。
⑤ 《姜允中女士访问纪录》,第113—123页。

放下各自的坚持,"顺从"这两个字就很难成立。好比姜允中的丈夫同意她婚后能继续原有的事业,但两人还是为此发生过"战争",姜允中回忆,有次她外出办事,让父子三人挨饿,丈夫为此发了脾气,她只得向丈夫解释,让他能了解她在实现理想。此外,姜允中表示,她相当尊重丈夫,除了照顾丈夫和孩子之外,即使事业忙碌,她仍会尽量投入丈夫的社交圈。①

由此可知,不论夫唱妇随或妇唱夫随,其实两性的权力位置并不那么固定,会随着现实考虑而转变,而夫妻之间的冲突或和谐全在于一念之间,或者彼此的欣赏与退让。

③生离死别

夫妻之间能够鹣鲽情深,却很难比翼双飞,因此,一旦遇上生离死别,这过程往往让受访人刻骨铭心。战争期间,为了公务,许多丈夫无法与妻子一起逃难,使不少夫妇尝尽离别。刘承汉(1901—1992)、黄通的记忆深处,都有妻子落难的一幕,因此当他们勾画这段往事时,不只细致,更充满关爱。②

最令人动容的,莫过于叙述伴侣的离世,尽管这样的描绘在传统墓志铭或悼念文中处处得见,由当事人当场追忆述说,却不是那么容易。向来坚强、健谈的邵梦兰,提到丈夫的早逝,就只能以"无可奈何""自古以来恩爱夫妻不到头,感情太好的总不能白头偕老"这简短的话语带过,掩盖自己的悲痛。③不过,还是有受访人丝丝入扣地口述,例如丁廷楣对妻子舌癌手术前后的过程做了详尽描述,也把自己天人交战的心境如实呈现。④

---

① 《姜允中女士访问纪录》,第104—108、148页。
② 沈云龙访问,林泉记录:《刘承汉先生访问纪录》,台北:"中研院"近代史研究所,1997年,第240—241页;《黄通先生访问纪录》,第501页。
③ 《春蚕到死丝方尽:邵梦兰女士访问纪录》,第98页。
④ 刘凤翰访问,刘海若记录:《丁廷楣先生访问纪录》,台北:"中研院"近代史研究所,1991年,第171—174页。

李承基和陈湄泉接受访问时，因丧偶不久，对伴侣的思念更难以自禁。李承基表示，当他得知妻子只剩四个月寿命时，他的反应是，跪在妻子病床前大哭，反倒是他的妻子引《圣经》中的话安慰他。妻子去世后，李承基常常流泪，暗自饮泣，想为妻子写悼文，也无法完成，最后他选了李清照追忆亡夫的《如梦令》，表述他的哀恸。[1]同样的，陈湄泉从丈夫因脑血管病发、送医院急诊、转诊，再到丈夫病逝，以及丈夫去世之后，她心情的孤凄、伤感和最后如何转换心情，都有不少的叙说，其中"人生百岁，不免一死，只是每天经过的地方，见面的人，总是有着中范（指她丈夫）的记忆"这段话，更道尽妻子失去丈夫的孤独。[2]

（2）亲子关系

从亲子关系发现，绝大多数的男性受访人，只是简单地提到子女的名字、受教育程度或婚姻状况，能够细述子女与他们的互动关系者，微乎其微。汤铭新坦诚地表示，自己身兼数职，妻子担任幼教老师，他们的孩子全是妻子调教长大，除了做家事之外，妻子每晚"必亲自检查孩子们的功课，使三个孩子都有良好的生活习惯及读书的兴趣"。[3]但与其他男性受访人相较，汤铭新对孩子在教育、就学或婚姻上的发展，能巨细靡遗地陈述。[4]温哈熊有两个子女，他对子女教育或婚姻的叙述也颇详细。[5]值得注意的是，温哈熊和汤铭新一样，他们对女儿的教养方式和儿子没有差别，并让她们独立自主。

此外，从妻子的述说也可以观察、比较两性不同的养育态度。杭立武的妻子陈越梅指出，杭立武事业心很重，没有时间顾家，但也不

---

[1] 《如梦令》写道："谁伴明窗独坐？我共影儿两个。灯尽欲眠时，影也把人抛躲。无那，无那，好个凄凉的我。"《李承基先生访问纪录》，第384—388页。
[2] 《陈湄泉先生访问纪录》，第159—162页。
[3] 《汤铭新先生访问纪录》，第26—27页。
[4] 《汤铭新先生访问纪录》，第27—31页。
[5] 《温哈熊先生访问纪录》，第277—281页。

是完全不关心家庭。记得抗战时,他带小孩逛街,买栗子回来,因为陈越梅不让孩子吃零食,他们就躲着吃;杭立武背古文时,会叫孩子一起背,他们乐此不疲,有时杭立武也会陪小孩踢毽子、吃小吃。① 朱立民的妻子黄紫兰则提到,在教育孩子方面,他们对两个儿子都采取放任态度,但由于朱立民没有时间教导孩子,多半由她督导功课,并随孩子的兴趣,让他们自由发展。②

值得一提的是,事业忙碌的女性,她们的亲子关系又如何?身为"作育英才"的邵梦兰,在教育自己的小孩上,她一直感到歉疚,为了教育事业,她的孩子多由别人帮忙照顾。姜允中也有同样的问题,由于工作忙碌,无法亲自照顾两个小孩,他们是在她创办的立德幼儿园中长大的。她记得,有次留儿子一人在房间内,不料儿子爬上化妆桌,把乳液往嘴中送,结果口吐白沫,幸而她及时赶回,才化险为夷。但姜允中并不是完全不尽母职或忽略母教,她曾要求自己,即使再忙也要亲自为他们做上学的便当。③这一点在她的儿子王德威的访问记录中也得到证实,王德威提及,母亲为了请他的同学吃饭,曾经花一个早上,挥汗如雨地做了一桌菜,甚至还曾亲自送饭到校,让王德威相当感动。④

任以都虽然没有提到和儿子的互动,但很重视他们的教育。对居住在美国的华人来说,如何提供子女中文教育,各有不同看法,任以都把儿子学习中文的过程,以及他们对大学、研究所课程的选择方向,都清楚地叙述。"父业子承"这个观念在中国社会被视为理所当然,但谈到与自己同行的次子,任以都似乎有点五味杂陈,因为她认为"念历史出路不好",所以,曾鼓励儿子选读其他科

---

① 陈越梅女士口述:《杭夫人谈杭立武先生》,《杭立武先生访问纪录》,第99、101—102页。
② 《附录一:黄紫兰女士访问纪录》,《朱立民先生访问纪录》,第202—204页。
③ 《姜允中女士访问纪录》,第108—109页。
④ 《姜允中女士访问纪录》,第152页。

目,不要念历史。①

无论如何,男性在亲子教育上的缺席,或许可以解释为,是传统性别规范让他们把家务、教育孩子的工作推给妻子,导致在亲子关系与妻子互动的过程中,无法细腻谈论。同样的,有强烈事业心的女性,似乎也避免不了这样的矛盾和自责。然而,不能否认的,女性比男性更害怕自己在家庭这个区块失去位置,也因此,她们担负的社会、家庭责任往往超过男性。

六、代结论:新旧交陈抑或性别错置?

综括前述,无论男性或女性受访人,对不同性别形象的勾勒或二者互动关系的叙说,明显有程度上的差异,有人娓娓道来,有人轻描淡写,这除了与访问主题以及受访人记忆选择有关之外,还不能忽略的一点是,时间有可能改变受访人对他者的回忆,特别是夫妻之间的爱憎、喜怒经常浮动不定,许多想法不能回到原来。②陈越梅叙述她和杭立武的相处时,曾说道:"我们已是五十多年的老伴了,彼此了解很多,大家身体健壮,孩子们都好,都平安,是够幸福了。"③这样的道白似乎有点简略、模糊,而对七八十岁的老人来说,夫妻之间的确已经没有太多的评论。无疑的,口述史料所能掌握的,只是访问时那

---

① 任以都夫妻常教儿子们讲中文,也送他们到中文班上课,但身为移民,任以都要求他们一定要先把英文学好,这样一来,他们的中文学得不好。不过,他们念大学时,反而主动去学中文。只是中文在他们专研的科目中派不上用场。任以都还举例说,长子没有充裕的时间学好方块字,他曾突发奇想地说:"在人类进化的某一个阶段,中国人忽然走上歧路,弄了个方块字出来。"任以都对长子的这种说法,感到荒谬,因为她好不容易才在大学开设中文课程。《任以都先生访问纪录》,第84—85页。
② 我的一位受访人裴王志宏,在当局开放赴大陆探亲后,才知道丈夫婚前已有家室,因此,在叙述两人初识的过程中,她忍不住说出"现在想想很滑头"。这句话呈现的就不是过去自我的看法。
③ 陈越梅女士口述:《杭夫人谈杭立武先生》,《杭立武先生访问纪录》,第107页。

一瞬间的记忆,这段记忆可能不同于其他时光场景,也异于受访人个人的文字记载(日记、杂文等),然而,这仍然属于受访人记忆的一部分,不能轻易舍弃。

撇开性别建构的技术性问题,从受访人性别建构的史料中,其实可以找到一些值得深思的课题,虽然严格而言,在本文引用的口述记录中,多数人对亲人形象或互动关系的描绘大半浅尝辄止,仅有邵梦兰、任以都、姜允中、陈湄泉、刘安祺、李亦园、楚崧秋、汤铭新等人的记录有较深入的刻画,但无论资料的多寡,我们仍清楚地看到,不同世代或不同性别的多元形象或交错关系,这对性别史的研究多少有些帮助。有些问题已经在前面论及,此处不再重复,以下仅就新旧交陈和性别错置这两个层面,提出一点观察。

首先,不少男性受访人喜欢用传统传记中的典范用语,勾勒他们的女性长辈和妻子,有人还把她们建构成典范,传给世代子孙。这其中固然以早期的受访人占多数,但也不乏近年来接受访问的人,特别是受访人形容他们的妻子时,习惯以"贤惠"或类似套词一语带过,导致祖母、母亲和妻子的形象如出一辙,看不出时代的变迁是否曾在女性身上留下烙痕。读者或许会疑惑,这与传统男性笔下的女性传记,究竟有什么差异?难道还是在复制传统妇德典范?女性的真实面貌又在哪里?[①]其实,不只女性如此,在男女受访人形塑下的不少祖父辈或父亲,也多套用自传统典范。这种情形之所以产生,是因为传记人物的刻板形象,成为家喻户晓的话题,受访人的长辈或他本人,在追忆长辈或陈述妻子行谊时,很难避免窠臼。另外,我们也不能忽略口述历史的性质和限制,和许多二手史料一样,口述历史产生的时间不是事件发生的当时,因此,传统框架、时代价值观念、社会期待、

---

① 就如胡晓真指出,传统史传呈现女性的生命时,常常把她们压缩在既定的模子里,说同样的话、做同样的事,于是看不到这些传统女性的真实面貌。胡晓真:《才女彻夜未眠:近代中国女性叙事文学的兴起》,台北:麦田出版社,2003年,第88—89页。

受访人与被塑造者的实际相处,乃至主访人在访问过程中的诱导,多少会影响或调整受访人的性别意识。因此,要从口述史料去追踪女性的真正样貌,并不容易,也没有太大的意义。不过,需要注意的是,相对于男性,女性受访人较不用典范或套语去框限她们描绘的男女长辈或丈夫形象,这是否与自古以来人物典范多由男性建构有关,是可以讨论的。

其次,延续上一个讨论,事实上,有不少受访人则是摆脱窠臼,形塑他们的男女长辈,这群长辈除了少数来自传统之外,多半是出生在旧时代却有新思想的人。其中,女性在主持家政、亲子教育、经济活动和公领域的表现被男女受访人显著烘托,让我们看到的,不是定格在传统模子里的女性,而是超越性别刻板印象的多样女性。而这样的例子,也出现在女性受访人的身上,透过她们的自述,发现她们在事业或婚姻的抉择上,更是越界。值得注意的是,口述史料告诉我们,突破传统性别规范的力量,除了与家变、战争等外在环境的改变有关之外,人为因素也颇具影响力,特别是男性,包括男性长辈、女性受访人的丈夫或男性受访人自己。这正提醒我们,当一群男性坚持既有的性别形象时,还有一群男性试图挑战性别藩篱,改变女性的命运,并重新建构新的性别认同,而这种情形不是近代才有,早在传统时代便已出现。因此,令我好奇的是,到底传统对性别的规范有多大,是谁在操弄规范。

其三,受访人在建构长辈或配偶形象,以及二者互动关系时,其实也在建构自己,例如刘安祺和他女儿的口述记录,不但呈现刘安祺如何把长辈风范传承给后代子孙,更显现长辈风范如何投射在刘安祺身上。邵梦兰、姜允中、陈湄泉、贾馥茗、任以都、李亦园对男女长辈的感念,也同样能在他们的身上找到长辈的影子,而且男女皆同。至于罗友伦、袁同畴、于润生回馈母亲恩情,以及楚崧秋、汤铭新体恤妻子辛劳,述说的虽然是他者,从中却展现了自己的行谊风范。

总之,本文通过口述史料分析两性在家庭与婚姻生活中的性别建构，有部分可以和其他文献资料相互检证，有部分则提示我们新的研究方向。不过，无论如何，口述史料和其他史料一样，只呈现部分面向，当我们引用它们时，还是需要旁征博引，不能让口述史料成为孤证。

口述历史与性别：从建构到运用[*]

一、前　言

在缺乏女性声音的历史舞台，女性的日记、自传、传记、回忆录或口述历史，让我们听到女性的声音，也为史家提供撰写女性历史的素材；但不可否认的，这些呈现女性生命故事的史料多半经过选择而产生[①]；只不过，与其他门类相较，口述历史不是一个人的独白，是主访人与受访人合作的结晶，经过主访人的提醒与挖掘，早已被受访人遗忘或是刻意隐藏的陈年往事，才有机会浮现。最有意思的是，受访人与主访人往往相隔一代或数代，在跨时代的对话中，除了受访人不断和过去的我对话，主访人更是随着受访人游移在过去与现在之间。此外，与记主或传主自我表述的文类相较，女性口述历史有特殊价

---

[*] 本文原载于杨祥银：《口述史研究》第一辑，北京：社会科学文献出版社，2014年10月，第182—226页。

[①] 即使是日记，也不完全符合原貌，因为有的日记经由记主自行增删而出版，有的日记则由编者筛选后才出版。

值,因为访谈为无法书写自己历史的女性提供发声的舞台,相较于女性自我书写的文类,口述历史更加世俗化,贴近普通民众的生活形态。

口述史料不但具有补充历史的功能,还有改写历史的作用,因此,近年来,已经有越来越多的欧美学者或留学欧美的研究者,运用口述历史撰写论文或专书,特别是与女性或性别有关的体裁,而且这群学者不限于人类学或社会学界,历史学界也逐渐重视口述史料。就贺萧(Gail Hershatter)的《记忆的性别:农村妇女和中国集化历史》(*The Gender of Memory*: *Rural Women and China's Collective Past*)为例,这是贺萧与大陆学者高小贤合作访问而完成的书,并于2012年荣获琼·凯利纪念奖(Joan Kelly Memorial Prize)。这本书虽然是以72位女性的口述历史为主要史材,但该书能得到这项荣耀,充分说明在史料运用上,口述史料也是不能被轻忽的一种,它和其他史料一样重要,如果运用得当,将对史学研究带来贡献。

贺萧的访问是以女性为主轴,但在同一历史事件中,加入男性的访问,让研究更加饱满。张玉法曾说:

既要访问女性,也要访问男性;既要访问女学生,也要访问女学生的老师;既要访问女老板,也要访问女老板的属下。访问的角度愈多,愈容易接近历史的真相。①

而早在访问刘安祺时,张玉法就秉承这个概念访问刘安祺的弟弟、女儿以及与刘安祺相关的人物。②

坦白说,我所从事的口述历史也以访问女性为主轴,并运用这批史料去研究女性历史或受邀做演讲。但近年来我开始访问男性,也在

---

① 张玉法:《张序》,游鉴明:《倾听她们的声音:女性口述历史的方法与口述史料的运用》,第7—8页。
② 张玉法等访问:《刘安祺先生访问纪录》,第265—421页。

口述历史的演讲中加入男性的口述记录，并撰写《你中有我、我中有你？口述历史中的性别形象》（以下简称《你》文）一文，[①]试图通过男女两性的访问记录，扩大研究思维。在《你》文中，我以台湾"中研院"近代史研究所出版的61册访问记录以及7篇相关人物访问记录为探究对象；本文则以《你》文为基础，继续对近史所出版的96种106册口述历史丛书，做进一步分析。

台湾的口述历史始于"中研院"近代史研究所，该所的口述历史访问计划，是首任所长郭廷以所研拟，目的在"广泛搜集当代人物的有关史料，为民国史留一忠实而深入的记录，以备将来之研究。"[②]近史所口述历史丛书的《弁言》也表明：

> 口述历史资料，其重要性不亚于文献档案。民国以还，时局的变迁，更是剧烈而快速；内乱外患，交迭相乘，史料的损失，不可胜计。对历史真相的了解，须要参证当代人口述的地方很多。这些笔录，对中国近代史的研究，是有着极大的裨益的。[③]

1957年5月起，近史所积极推动口述历史计划，1982年出版了第一本口述历史专书《凌鸿勋先生访问纪录》。近史所的访问活动采取有计划、有规模的方式进行，并没有严格的规范，主访人可以自由设计访问方式。不过，就同撰写传记或自传一样，无论是个人或相关人物的访问，家世、学历、经历是访问时不可或缺的命题。事功或经历的访问记录，确实为国民革命史提供了重要的史料，也具有检证文献档案的功能，但不可讳言的是，受被访人的工作与事业背景影响，他们述说的历史聚焦在军事、政党、外交、经济、医疗等层面，无法完全

---

① 该文收入本书；也收入李贞德主编：《中国史新论·性别史分册》，台北：联经出版事业股份有限公司，2009年，第413—461页。
② 《弁言》，见近史所口述历史丛书各册，第1页。
③ 《弁言》，见近史所口述历史丛书。

满足宗教、艺术、性别等新兴历史研究领域的需求。

尽管如此，作为妇女与性别史研究者的我，却发现从家世背景、童年忆往、家庭婚姻等访问记录中，能挖掘不少与性别有关的议题；而在事功的叙述里，也可找到性别权力关系。因此，本文将从性别视角分析这106册口述历史丛书。首先，观察具有性别意识的口述史料是如何建构，建构者的性别是否是关键；其次，就文字与非文字两种口述史料的性别意涵，探究对女性与性别史研究能起何种作用，应该如何去运用具性别意涵的史料，并与女性主义的理论对话。[①]同时，也试图做跨越性别、世代、地区、阶级与族群的交叉比较。

二、性别与口述历史的建构

建构口述历史，可以分成有意建构与无意建构两种，有意建构通常是为了研究或某种目的而进行访问，无意建构则可能是一时兴起或因偶然机会而进行访问。而建构具有性别意识的口述历史，也有无意和有意两种，但不意味着主访人可以完全操控访问，受访人也扮演着重要角色。

（一）建构者的性别意识

口述史料的建构者主要是主访人与受访人，当我们从性别视角探究口述史料的建构时，首先，必须观察这两方是否都具备性别意识，或愿意把性别议题导入访谈中。

---

① 此处必须说明的是，我一向强调，访问女性耆老应该"站在女性立场"，以设身处地的方式去理解女性，不要刻意以"父权宰制""两性不平等"一类的话题，引导受访人；这与我运用女性主义理论去检证口述史料中的性别意涵，并没有冲突。

1. 主访人

以主访人来说，我认为主访人不必有性别区隔，也就是访问男性，可以是男性也可以是女性；访问女性，也不必设限于女性，男性同样能访问女性；只不过，无论男性或女性主访人，都要具备性别意识，才有办法，从受访人的记忆中得到性别概念，因为许多与性别相关的话题，是与受访人的事功无关，甚至只是琐细的个人日常生活感知、男女关系、情感宣泄或亲子互动等。例如，女性经验一向被认为是"个人的"或"私密的"不该在公共领域讨论，但其中却有不少性别话语，值得向受访人提问；相同的，男性经验也不必定调在事功上，如果扩大到受访人私领域的访问，会得到出人意表的结果。

通常会从性别视角切入访问的主访人，除了受时代观念影响外，大多是从事性别史研究者或女性主访人，在女性研究才起步的时代，近史所的第一位女研究员王萍[①]的访问记录，是最早带有性别意识的。1987年，她访问曾任政治系教授杭立武时，也兼访他的妻子陈櫆梅，让陈櫆梅从妻子的角色，述说杭立武的日常生活，以及杭立武和家人的互动关系等。因此，与专门述说个人事功的其他访问记录相较，杭立武的访问记录有着很大的不同。[②]

从1987年到1991年间，访问受访人的妻子或女儿，似乎成为近史所的一种范例，而且无论男性或女性主访人都注意到这一点，包括熊秉真的《魏火曜先生访问纪录》、张朋园的《龙绳武先生访问纪录》、张玉法、陈存恭的《刘安祺先生访问纪录》、陈慈玉的《蒋硕杰先生访问纪录》、张力、善德兴、李有成的《朱立民先生访问纪录》。其中，女研究员熊秉真在《魏火曜先生访问纪录》的《前言》

---

① 王萍于1970年11月1日应郭廷以所长聘请进入近史所为副研究员，曾于1974年代行所务。沈怀玉访问：《王萍女士访问纪录》，《郭廷以先生门生故旧忆往录》，第114—122页。

② 王萍访问：《杭立武先生访问纪录》，台北："中研院"近代史研究所，1990年，第97—109页。

中表明:"访问之末,特邀得魏夫人颜碧霞女士,略做访谈,作为一个专业医学工作者经历的另一个角度的侧影,也是为早期台湾受教育的女子留下若干人生踪迹。"[1]另一位女研究员陈慈玉也在《前言(一)》指出:"我们也领悟到蒋夫人马熙静女士对蒋先生及其三位小姐的情深与支持,了解到俗语所说'成功者的背后都有一位伟大的女性'这句话的真谛。"[2]较特别的是,14年后,罗久蓉访问幼教专家姜允中时,兼访了她的儿子王德威。这类由异性来补述受访人生命史的访问方法,让访问记录充满性别意义。

近史所的第一本访问记录出版后十年,才有女性人物专访的出版,这之前的39本访问记录,全以男性为主,而首开访问女性先例的,也是王萍。1990年访问女教育家贾馥茗时,王萍不只是关注贾馥茗对师范教育的贡献,还把受访人引到性别话题,例如,贾馥茗与父母的互动、母亲与嫂嫂的关系、大学时代与刚到台湾的住宿情形,甚至贾馥茗的婚姻,都列入访谈中。[3]这之后,张朋园、罗久蓉的《周美玉先生访问纪录》,张朋园、杨翠华、沈松侨的《任以都先生访问纪录》,游鉴明的《走过两个时代的台湾职业妇女访问纪录》《春蚕到死丝方尽:邵梦兰女士访问纪录》,游鉴明、罗久蓉的《烽火岁月下的中国妇女访问纪录》,陈三井、朱浤源的《女青年大队访问纪录》,许雪姬的《蓝敏先生访问纪录》《陈湄泉先生访问纪录》,罗久蓉的《姜允中女士访问纪录》,都是以女性为受访对象。值得一提的是,这10本专访女性的口述记录,主要建构自近史所的女性同仁或从事女性史的研究者;最早有男研究人员参与的是任以都和周美玉的

---

[1] 熊秉真:《前言》,熊秉真访问:《魏火曜先生访问纪录》,台北:"中研院"近代史研究所,1990年,第2页。
[2] 陈慈玉:《前言(一)》,陈慈玉访问:《蒋硕杰先生访问纪录》,台北:"中研院"近代史研究所,1992年,第2页。
[3] 王萍访问:《贾馥茗先生访问纪录》,台北:"中研院"近代史研究所,1992年,第2—5、30—31、44—45页。

访问，虽然他们是与女性同仁一起进行访问，不是"单枪匹马"，但在女性研究刚刚萌芽的阶段，算是十分难得的。此后，又有男研究员陈三井、朱浤源与女助理合作进行女性人物的访问，并完成了《女青年大队访问纪录》。

另外，自1995年以来，相关人物的专题访问也注意到女性角色，因此，有的专题采取男女兼有的访问方式。例如，许雪姬等的《民营唐荣公司相关人物访问纪录（1940—1962）》《高雄市"二二八"相关人物访问纪录》《日据时期在"满洲"的台湾人》、吕芳上等的《戒严时期台北地区政治案件口述历史》、陈仪深的《"九二一"震灾口述访问纪录》（上）、朱浤源的《孙立人案相关人物访问纪录》、罗久蓉的《从东北到台湾：道德会相关人物访问纪录》、游鉴明等的《台北荣民总医院半世纪：口述历史回顾》，都有女性接受专访。①有意思的是，由男性研究人员主持的相关人物专题访问中，虽然有女性受访人，却多由女研究人员或口述历史组的女性同仁完成。但随着思想的开放、女性研究的蓬勃发展，有男研究人员能抛开性别顾忌，独自访问女性，不再需要女性同仁"护航"。

还有一个有趣的现象，早年为尊重女性受访人，近史所人物专访的书名一律是"某某先生访问纪录"，读者无法从书名辨识受访人的性别。《走过两个时代的台湾职业妇女访问纪录》出版时，书中的女性受访人以"女士"现身，不再与男性受访人同称为"先生"；而此后冠上"先生"的女性访问记录，逐渐减少。至于专题式访问记录中的女性受访人，则全称为"女士"，没有被称为"先生"的。

严格来说，虽然在专题访问记录中，近史所男研究员并没有回避

---

① 《民营唐荣公司相关人物访问纪录（1940—1962）》有3位女性、《高雄市"二二八"相关人物访问纪录》有56位、《日据时期在"满洲"的台湾人》有7位、《戒严时期台北地区政治案件口述历史》有16位、《"九二一"震灾口述访问纪录》有14位、《孙立人案相关人物访问纪录》有1位、《从东北到台湾：道德会相关人物访问纪录》有10位、《台北荣民总医院半世纪：口述历史回顾》有6位。

对女性的访问,但自《女青年大队访问纪录》出版后,这18年间,该所男研究员对女性人物的专访,完全缺席。反观,近史所女性同仁的访问对象,无论在专题访问或相关人物访问上,始终没有性别区隔。另外,以女性为主轴的访问记录,是否能从女性特质或性别视角切入?其实在相关人物专访中,不注重女性经验,只聚焦在女性受访人事功或事件的例子,不时可见,但这就如前面所提,这有时不是主访人所能掌控的,必须得到受访人的配合。

2. 受访人

主访人若单方面挖掘性别议题,而另一位口述史料的建构者——受访人,不具备性别意识,或无意涉及性别话语,是无法达成具有性别意识的口述记录。就同主访人一样,受访人是否是男性或女性,并没有太大关系,换言之,建构有性别意涵的口述历史,不是取决于生物性的男女性别,而是建构者能否把性别议题带入双方的对话中。

具有性别意识的议题相当多,其中恋爱与婚姻最能呈现男女互动关系,也是访谈中经常碰触的话题,婚前交往通常是受访人比较愿意畅谈的部分,但不是每一位受访人都愿意公开婚前情史。此外,并不是所有的受访人都经历了美满婚姻,有时还会访问到失婚或再婚的受访人。为不让访问流于揭人隐私或造成再度伤害的情境,主访人必须谨慎处理,让受访人对个人婚恋问题能自然述说。我发现,婚恋的可说或不可说主要取决于受访人的态度与性格,即使是婚姻幸福,有的受访人因为含蓄或不以为然,只是蜻蜓点水地带过这段;但有的受访人因为事过境迁或不在意,就算失婚或曾遭遇不愉快的婚姻,也愿意侃侃而谈。王萍与贾馥茗关于婚姻的对话,便是后者的一个例子:

王:您何时结婚?

贾:我至今尚未结婚。原本全家是个和乐的家庭,我有两位哥哥、两位嫂嫂和两位姐姐。他们平常多在外面,只有放假或过年才回家，所以一回家，大家就十分亲蜜（密）。后来我独自一人离家来台，愈想愈痛苦，最后得到一个荒谬的结论：如果我的家庭不是这么和乐，或许我不致如此痛苦；如果我不那么爱我的家人，也许我的痛苦会轻一些，所以我认为少一个关心的人，痛苦就会减少一些。因此就不再想结婚这件事。①

我不知道访问之前，王萍是否得知贾馥茗不曾结婚，但无论如何，采用"您何时结婚"远较"您为何独身"来得适切，而受访者贾馥茗的率直回答，化解了可能出现的尴尬场面。

像贾馥茗这样，坦述自己婚姻观的受访人，在女性受访人之中还不少。例如，原本不打算结婚而最后却与已婚男士成亲的姜允中，并没有掩盖她的婚姻事实，反而把之所以结婚的无奈、纠结，以及如何帮丈夫和原配所生子女团聚的经过，做了清楚的述说。②台湾白色恐怖时期的一位受难者家属陈不缠，也不讳言丈夫去世后，她怎么维持自己和三岁女儿的生活，以及改嫁给山东籍杂货店老板的经过。③

还有受访人则不直接说出婚姻底蕴，以迂回方式，叙述自己对婚姻的不满或夫妻关系，我访问出生在北平的家庭主妇裴王志宏，她便以这样的方式表达她的婚姻。在两岸开放探亲之后，裴王志宏知道自己的家庭是"伪组织"④，对丈夫隐瞒已婚的事，愤恨不已。虽然在访问前我已经得知这段故事，基于访问伦理，正式访问到她的家庭婚姻时，我不做过多引导，但这位性格率真的老人，还是在言谈中不经

---

① 王萍访问：《贾馥茗先生访问纪录》，第5页。
② 罗久蓉访问：《姜允中女士访问纪录》，第101—104、113—122页。
③ 许雪姬访问：《陈不缠女士访问纪录》，《高雄市"二二八"相关人物访问纪录》，台北："中研院"近代史研究所，1995年，第321页。
④ 吕芳上把抗战时期背着原配在异乡另组的家庭，称作"伪组织"，吕芳上：《另一种"伪组织"：抗战时期的家庭与婚姻问题初探》，《近代中国妇女史研究》第3期，1995年8月，第97—121页。

意地流露她的幽怨、后悔,只是访谈时,她不直接说穿,而我也不追根究底。

根据我对106册口述历史丛书的探究,愿意倾诉婚姻的受访人,多半是女性,只有少数女性对自己的家庭或婚姻隐讳避谈,就如护理界精英周美玉绝口不提,教育界名人邵梦兰则选择性述说。[①]不过,男性受访人明显不同,有的受访人可以谈父母亲与其他家人的婚恋,或是笑谈别人的八卦情事,对自己的婚姻却有相当保留,甚至不提自己的妻子,例如,戢翼翘、石觉、王微先、汪崇屏、莫纪彭、白瑜等人的访问记录中,没有妻子的身影;而刘航琛、尹国祥、关德懋、丁治盘、金开英、傅秉常、万耀煌、袁同畴、徐启明、于达、盛文的访问记录[②],也仅浅谈他们的妻子。譬如,台湾石油工业创办人金开英只提到:"我在上海结婚的时候,女方从家乡来。""陆军"将领丁治盘说:"我始终未带家眷,所长也一样,家眷都在重庆。"曾任国民党党政要职的袁同畴则说:"我于1949年7月带着妻儿一家来到台湾。"[③]

然而,近年来主访人或受访人的访谈内容,越来越活泼、开放,不乏性别关怀。例如,当我对男性受访人在"丰功伟业"的陈述远超过对家庭婚姻的关心,感到失望时,出身"海军"的马顺义,以自己

---

① 详见张朋园等访问:《周美玉先生访问纪录》,台北:"中研院"近代史研究所,1993年;游鉴明访问:《春蚕到死丝方尽:邵梦兰女士访问纪录》,台北:"中研院"近代史研究所,2005年。
② 《刘航琛先生访问纪录》,第211、244、274、283页;《尹国祥先生访问纪录》,第39、110页;《关德懋先生访问纪录》,第74页;《傅秉常先生访问纪录》,第10—11、128页;《万耀煌先生访问纪录》,第179、245、369、370—372、379、465页;《徐启明先生访问纪录》,第157页;《于达先生访问纪录》,第114页;《盛文先生访问纪录》,第121页。
③ 陆宝千访问:《金开英先生访问纪录》,台北:"中研院"近代史研究所,1991年,第2页;刘凤翰访问:《丁治盘先生访问纪录》,台北:"中研院"近代史研究所,1991年,第154页;张朋园等访问:《袁同畴先生访问纪录》,台北:"中研院"近代史研究所,1991年,第161页。

有公务在身，无法照顾得乳腺炎妻子的感性口述，却给了另一种性别视野。而曾在台湾白色恐怖时期被捕入狱的陈海清，回顾入狱期间妻子受苦的过程：

  我被捕入狱，造成家庭剧变。太太为寻找我的行踪，耗尽家中金饰、钱财，她有护士及助产士执照，得以重返台北市立医院服务，以扶养三名稚子。身为政治犯的妻子，她不仅受尽歧视，职位的升迁亦颇受影响，她有护理主任的资格，但直到退休，仅当到护理督导员。我服刑十年期间，她尝尽苦头，晚年也没享过福，却不幸于1994年过世。①

  这样的描述不但让人唏嘘不已，也让人深刻感受到受访人在叙述自己冤屈时，并没有忽视妻子也同样经历身心折磨。
  除此之外，有少部分男性受访人愿意分享家人与自己的感情世界，例如，许丕楙、王世庆、温哈熊、顾应昌、楚崧秋、汤铭新、李亦园、杨文达等人。其中人类学家李亦园对父母和自己情感的表述，相当细致，读者除了能感受到他与妻子鹣鲽情深之外，他刻画父母以诗文唱和来传递彼此的思念，是"一种老式、传统的感情表达的方式，很委婉"，②更让读者领悟到时代与教育的不同，影响着男女感情的呈现。经济学专家顾应昌曾感性地表达对妻子的感情：

  我认为她把心力都奉献给家庭和孩子，以致（至）于没有多余的时间钻研学问。……为了家人牺牲自己的学术前途，这是我对她最大的亏欠。我可以肯定如果没有这些负担，又可以钻研自己有兴趣的数

---

① 沈怀玉访问：《陈海清先生访问纪录》，吕芳上等访问：《戒严时期台北地区政治案件口述历史（第一辑）》，台北："中研院"近代史研究所，1999年，第103页。
② 黄克武访问：《李亦园先生访问纪录》，台北："中研院"近代史研究所，2005年，第7—8、15—16页。

理科目，她后来的成就一定不可限量。人生有时候很无奈，难免有些缺憾，我一方面很庆幸自己一生衣食无忧，又可以做自己有兴趣的事；可是另一方面也对内人深感愧疚，她是我唯一亏欠的人。①

比较难得的是，对自己为何再婚的陈述，铁路界名人凌鸿勋是再婚男性受访人中，唯一细腻勾勒前妻去世与自己续弦过程的一位：

民国二十三年正在主持株韶段路工之际，发生了一件很不幸的事情，就是我的前妻石夫人去世。这次给我的打击非常大，因为那时候她遗留下来有五个小孩，小的不过一岁，而我一方面要负责粤汉铁路的路工，时刻不能放松。我把五个小孩子留在南京，由石夫人的至（挚）友苏凤平女士和她的母亲在南京为我照料，使我有全副精神完成粤汉铁路。这位苏女士毕业于苏州景海女中，念的是幼稚师范，和我的儿女熟悉，好像一家人一样。因为那时我在衡阳没有心情也没有工夫去交女朋友，于是一年之后由亲友的建议，我和苏女士订了婚姻，这样子使我们这个破碎的家庭能够维系。②

凌鸿勋的故事，虽然与前面白色恐怖受难家属陈不缠的故事不同，在再婚研究几乎空白下，他们的口述记录为我们研究不同性别对待再婚的态度提供了线索。

家庭婚姻经验之外，身体议题也涉及性别意识，由于这部分涉及个人身体私密，主访人和受访人通常不会主动提问，即使是同性间的访问，也多半会跳过不谈。不过，有的受访人愿意谈家人或自己的疾病，有的女性受访人还愿意述说自己的生理现象或生产过程。如孙立

---

① 刘素芬、庄树华：《一个经济小兵的故事：顾应昌先生访问纪录》，台北："中研院"近代史研究所，2000年，第164页。
② 沈云龙访问：《凌鸿勋先生访问纪录》，台北："中研院"近代史研究所，1982年，第116页。

人案的女性相关人物李献琨，在男性主访人陈存恭面前，坦述自己在女青年大队受训期间的生理困扰：

> 我们到屏东的第一个晚上，令我印象深刻的是洗澡……不论春夏秋冬，洗澡永远都是冷水。我们女孩子月经来时，也是用冷水洗澡。想来很可怜，我们当时都只是十几岁的女孩，又都是第一次离开父母，甚么也不懂，月经来时只能用粗纸，黑黑的粗纸，照旧出操，常常都磨破腿，又不敢让别人知道，既不知道要用什么方法处理，也不知道要要求甚么，如果在家里大概不会有这些问题。①

这段没有性别忌讳的道白，让读者对女性特质与军事训练有了更深一层的认识，特别是在性别身体尚未被重视的1940年代，关于女兵如何管理自己的生理问题，这个访谈给读者勾勒出部分轮廓。

家庭婚姻与身体文化只是性别的一部分，权力关系同样能让我们找到性别意涵，透过政治、经济、教育、文化、医疗、法律、宗教等活动，性别权力关系深植在每个人的日常生活中。也因此，近史所的口述历史丛书，并不缺乏各种性别权力关系的述说。例如，1954年，在中兴大学当教官的郭文萃，亲身体验到男女教官受到的差别待遇，她指出：

> 当时都还很重男轻女，许多男教官根本只管男生，女教官人数虽少，却要专管为数不少的女学生，工作量不但重，而且更辛苦，要上操练课，也要住校辅导。②

---

① 陈存恭访问：《李献琨女士访问纪录》，朱浤源等访问：《孙立人案相关人物访问纪录》，台北："中研院"近代史研究所，2007年，第63页。
② 吴美慧访问：《郭文萃女士访问纪录》，朱浤源访问：《女青年大队访问纪录》，台北："中研院"近代史研究所，1995年，第30页。

但值得注意的是，这种"上对下""男对女"的不对等关系或权力控制关系，随着社会民主化与女权意识的提高，开始松动，女性为自己争取权力的例子，在这106册口述历史丛书中，并不少见。

其实传统年代，女性也可以拥有与男性同等的位置，口述历史更进一步证实性别权力关系，并不是那么刻板，它可以是"男对女""女对男"，也可以是"男对男""女对女"，而这其中有上下、尊卑，也有平等、互惠。关于这部分，将于下节分析。

三、性别与口述历史的运用

无论是有意或无意建构口述历史，访问材料一旦在网上公开或出版，就有可能被引用，成为研究或撰写历史的素材。至于哪些史料可作为性别研究之用？其实是见仁见智，我将根据妇女与性别史理论与概念，对近史所的106册口述访问记录进行探究，寻找口述史料与性别研究的关系，也借此与性别理论进行对话。丛书不仅有文字记录，还附有受访人提供的照片、日记、证件、广告、手稿等非文字或非口述记录的史料，这些史料也同样带给我们性别思考，因此，我分成文字与非文字两类来讨论。

（一）文字记录中的性别

透过文字史料能从事许多研究课题，是众所周知的事，以近史所出版的106册口述历史丛书为例，性别课题除能在女性口述史料挖掘中得到之外，在男性口述史料里，也能寻得，以下分成四个主题探究。

1. 父权与赋权

父权（patriarchy）是指以男性为中心的权利，在父权体制下，男性为维持他们的优势地位，把女性视为他者或异类，让女性必须接受男性的威权。毫无疑问的,女性受父权或夫权宰制的现象,自传统以来就已经存在,也因此,父权体制深受女性主义者诟病;然而,女性主义也发现,父权没有绝对性,有的男性会赋予女性权利。以中国为例,女性的赋权不是在女权思潮萌芽后才出现,大家最熟知的是方志、文集、墓志铭或祭文中,经常有寡母持家的故事,近史所的口述史料同样不乏相关记录。从口述史料发现,女性权利的获得有来自群体也有个人,以邵梦兰的伯祖母为例,邵梦兰回忆:

> 先伯祖母有非常特殊的才干,她的娘家在淳安南乡的桑家源,直到后来,桑家源有什么地方上难以排解的纠纷,就会派轿子来请我伯祖母前去讲事——也就是居中调解。她做和事佬十回就有十回成功,因为她非常明白事理,讲出道理无人不服,必要时还拿点钱帮人家解决问题。所以她很忙,常有轿子来接她去讲事。伯祖母之所以那么受乡里重视,一是因为她书读得很多,谈起话来不让须眉;再则她对一切事理都分析得特别明白,什么事由她讲来都头头是道,没有人不口服心服,这些在我记忆中印象非常深刻。①

> 邵梦兰的伯祖母在家里的地位,也相当受尊重。自从她的曾祖父和伯祖父去世之后,家中没有男性的长辈,就由伯祖母和叔祖母当家,她们除了当家管理邵恒源盐栈之外,晚辈四家男性,全得听她们的话。②

邵梦兰伯祖母之所以受到重视,明显的是家族男性给予她权利。这种情形也发生在贾馥茗的母亲身上。贾馥茗指出,因为父亲经常外出,全部家务都由母亲操持,从做饭、缝纫、拔牙、帮人扎针放血,无所不能,因此:

---

① 游鉴明访问:《春蚕到死丝方尽:邵梦兰女士访问纪录》,第3—5、12—17页。
② 游鉴明访问:《春蚕到死丝方尽:邵梦兰女士访问纪录》,第3—5页。

母亲不但忙自己家里的事,还要管着附近许多的事,也是因为附近住的,都是从祖父以来的后裔,都是本家,而且是母亲的晚辈,连带的,他们家里大大小小的事,都来和母亲商量,请母亲替她们出个主意。①

除群体赋予女性权益之外,有时个人也可以主导女性权益,特别是女性的长辈或丈夫。例如,从事多项经建事业的赵正楷,他的父亲虽然比他母亲小5岁,却因为是知识分子,对没有受过教育的小脚妻子进行许多改造,包括放足、教她识字、安排到女师范学校就学,甚至还帮妻子改名字。②台大外文系教授朱立民的父亲也同样为妻子改头换面,朱立民的母亲嫁给他父亲时是文盲,而且缠小脚,但朱立民的父亲却做了两件事:

我父亲要她做的第一件事,就是把小脚解放,尽可能恢复自然。第二件事就是教她识字,而我母亲是个非常聪明的人,不久就可以看报了。俄文虽然没有学会讲,但听懂很多,后来她陪爸爸到歌剧院听俄国人的歌剧。③

严格来说,赵正楷、朱立民两人父亲的做法,很明显是透过男权与夫权控制女性;然而,从他们改造妻子以及妻子被改造后的脱胎换骨,或可以说,他们也开启了女性接受知识的权益。

还有一种赋权则是父亲为女儿或一般女性争取权益,好比李亦园的外祖父因为思想维新,曾创办两所新式学校。与女儿(李亦园

---

① 王萍访问:《贾馥茗先生访问纪录》,第4页。
② 赵正恺替妻子取名"悯时"、字"觉世"。陈存恭访问:《赵正楷先生访问纪录》,台北:"中研院"近代史研究所,1993年,第109页。
③ 单德兴等访问:《朱立民先生访问纪录》,台北:"中研院"近代史研究所,1996年,第9页。

的母亲)合办的竞新女校,不但是晋江的第一所女校,还以"男女平等,竞赴新潮"作为创校的目的。①而邵梦兰的父亲在尊重女权、讲求两性平等上,同样不落人后,更有他的定见,包括设立东陵女子小学、要求女性族人有宗祧继承权、坚决反对女儿邵梦兰缠足等。②

有趣的是,为了缠不缠脚这件事,邵梦兰的祖母曾抱怨:"不缠的话,将来成个大脚婆,是嫁不出去的。"但邵梦兰的父亲却答说:"嫁不出去,就娶一个进来!"③无独有偶的,台湾的士绅也有同样的识见,不愿意让陋俗旧规束缚女性。据曾在大陆就读大学并嫁给徐永昌次子的台籍女性蓝敏回忆,她的大姐订婚时,夫家送了一对钻石耳环,为此,蓝敏的大姐特别穿了耳洞,但蓝敏的父亲发现这件事后,当夜,就责怪妻子,于是两人斗起嘴来:

蓝父:你把女儿当作牵猪哥(闽南语,指"勾引男人")的吗?为什么要穿耳洞?
蓝母:人家送耳环来,不能不戴呀!
蓝父:不能戴就不要戴,为什么要穿耳洞?
蓝父:害她耳朵肿成那样,万一烂掉怎么办?
蓝母:女儿又不是我一个人的,你跟她说呀。④

女权思潮开放后,父亲给予女儿的权利更是宽泛。例如,曾在《国语日报》担任校对的张王铭心,她的父亲赋予女儿极大的"特权"。据张王铭心叙述,父亲曾熬不过她的要求,让她穿耳洞、帮她

---

① 黄克武访问:《李亦园先生访问纪录》,第5—6页。
② 游鉴明访问:《春蚕到死丝方尽:邵梦兰女士访问纪录》,第8—10页。
③ 游鉴明访问:《春蚕到死丝方尽:邵梦兰女士访问纪录》,第8—10页。
④ 许雪姬访问:《蓝敏先生访问纪录》,台北:"中研院"近代史研究所,1995年,第14页。

买耳环之外，①还准许她抽烟。虽然传统女性抽大烟、近代女性抽洋烟在当时不足为奇，即连报纸也刊登专卖给女性的香烟广告，但对张王铭心来说，是很特别的一段记忆：

> 我从高一就开始抽烟。我们家没有人吸鸦片，可是我爸爸妈妈都抽烟，哥哥们为了应酬也抽，四个嫂嫂跟着抽。因为家人和来往的亲戚朋友都抽烟，我觉得好玩，就偷偷坐在马桶上学着抽。有一次父亲到我房间，闻到烟味，觉得奇怪，我起先不敢吭声，出来后告诉他是我在抽，他问我为什么，我说看到哥哥嫂嫂抽，也想抽抽看。想不到他说："没有关系！你要抽就大大方方抽，不要偷着抽。"然后就出去买了一听单刀牌的英国卷烟给我。因为我的个性很强，父亲把我当男孩子看待，所以他平常都不叫我"铭心"，而是叫我"小儿"，就是小儿子的意思。还记得他拿烟给我时说："小儿！给你买了一听，你慢慢抽，一天抽两根，不要抽多。"单刀牌的卷烟是当时最高级的烟，我们家都抽这个牌子。不过当年学校禁烟，所以我都是在家才抽。婚后，我先生并不反对我抽烟，因为他自己也抽，所以我这个习惯维持到现在。②

前面三位父亲分别为了反对女儿缠足、穿耳洞，满足其抽烟，不惜与母权、妻权抗争，甚至挑战学校校规，尽管这或许是特例，却提醒我们注意父权与赋权之间的吊诡关系。

2. 从展现能动性到争取两性平权

女性研究者最常讨论的是女性主体性问题，从近史所的访问记录

---

① 游鉴明访问：《张王铭心女士访问纪录》，《烽火岁月下中国妇女访问纪录》，第67—68页。
② 游鉴明访问：《张王铭心女士访问纪录》，第70—71页。

中，不难找到这类例子。在女性较少出现在公领域的传统时代，具有能动性的女性不是守寡，便是丈夫长期在外工作，以至于治理家政、操持家务、教育子弟、家庭生计，全落在她们的身上，就如前面提到邵梦兰的伯、叔祖母与贾馥茗的母亲。不过，她们的自主能力主要由于有家族和家产作为后盾，并赋予她们治家的权利。孤儿寡母或出身贫困家庭的女性又何如？她们如何展现能动性？

就郭廷以的祖母为例，他的祖母虽然缠足，为了家计，仍得经常下田工作。①郭廷以简短的叙述，说明了中国缠足女性不是足不出户，她们甚至有经济生产能力。另外，曾在日据时期担任教师与医师的许丕樵，他的祖母马月也是值得注意的例子。据许丕樵陈述，马月的丈夫过世后，公公留给丈夫的田产一度被侵占，对方虽然每年分期给马月几担米，但为了抚养孤子，她做过纺纱、养猪等工作。由于马月对田产被霸占的事始终耿耿于怀，不断设法与对方交涉，最后经由诉讼，才取回五六甲田地。然而，亲友们却觊觎这笔财产，千方百计地想赶走马月母子，曾两度派蒙面人利用深夜潜入许家，勇气十足的马月先后以短铳、尿桶击退蒙面人。在马月的辛劳治家下，许家的田地增加到八甲以上。马月也因此被台中州州知事封为节妇。②

曾担任国民党"陆军"装甲兵司令部中将司令的罗友伦，他的母亲也是寡妇，能动性不在马月之下，从罗友伦的回忆中，我们感受到她母亲强烈的自主力量：

母心性坚忍，不畏艰难，不怕劳苦，节俭持家，上侍婆婆，下抚独子，上山打柴，下田插秧，一肩挑尽，从无怨尤。我被送到离家三十华里的瑶上公学就读，来年又把我送到离家六十华里县城高等小学，接着

---

① 张朋园等访问：《郭廷以先生访问纪录》，台北："中研院"近代史研究所，1987年，第30页。
② 许雪姬、丘慧君访问：《许丕樵先生访问纪录》，台北："中研院"近代史研究所，2003年，第4—6页。

她们的声音

我又进了梅洲中学。母亲每月背负柴、米、油、盐、菜干送来给我,自炊自煮自洗,月复一月,年复一年,母亲肩挑步行,来回一百二十华里,不避风雨,不问寒暑,为的是要培养这个儿子长大成人。①

值得一提的,前面三位女性,都出身贫困家庭,她们为改变家庭经济,充分展现能动性;而且这些真实故事,不只来自大陆,也出现在台湾女性身上。

随着女权思潮兴起以及出入公领域女性的增加,追求自主或展现能动性的女性愈发普遍,特别是抗战时期,不少女性主动走向社会甚至战区。周美玉记得:"总队部每次征召队员前往某战区服务时,自告奋勇的人之中,女孩子特别多。"②其中一位叫畅革新的年轻女学生,更让她印象深刻:

为人爽朗豪迈,颇有男子之风。一次,她的队伍给日本兵冲散了。她一人骑着一匹马,还带着两匹马,上面满载敷料,与日本人兜圈子;日本人从这边来,她就往那边跑,这样过了两天两夜,才找到原来的队伍,敷料均安全送到,真是很有本事。③

除此之外,还有一种自主的表现是对自己婚姻的选择。在媒妁之言还存在的1920-1930年代,因为男女双方互不认识,一旦说媒成功,彼此都期待能看到对方的庐山真面目,却又不敢直接会面,只好借"偷看"来满足好奇,特别是男性,但不是所有女性都愿意被看。例如,1926年在嘉义女子公学校教书的邱鸳鸯,她的丈夫在与她订婚前,听说邱鸳鸯得了眼疾,而且可能装了假眼球,于是千方百计地想

---

① 朱浤源等访问:《罗友伦先生访问纪录》,台北:"中研院"近代史研究所,1994年,第1—2页。
② 张朋园等访问:《周美玉先生访问纪录》,第46、49页。
③ 张朋园等访问:《周美玉先生访问纪录》,第49页。

看邱鸳鸯一眼,先是到她任教的嘉义蒜头公学校偷看,却只看到她批改的学生作业;接着又到邱鸳鸯的家看她,由于事前得知男方将去看她,邱鸳鸯故意躲在屋里,不让男方看。接受我访问时,她很认真地告诉我:"我认为我并不是要出售的物品,当然不轻易让他看。"①这段充满着女性的自尊、自信的话语,我一直印象深刻。

1930年,在上海复旦实验中学就学的邵梦兰,对异性的追求,也不是唯唯诺诺,而是机智的回应。有一次,一位男同学写纸条给她,约她看电影,邵梦兰回宿舍后,就告诉大家:"有人要请我们看电影,你们要不要去?"结果有八个人一同前往,其中一位还是那位男同学的表妹。②邵梦兰这一招棋,除了为自己解套外,充分呈现女性在感情抉择上的自主。

到男女社交日渐公开、相亲和自由恋爱日趋普遍的年代,一般认为,追求异性多由男性主动出击,女性通常是被动的一方。不过,口述史料给了我们不一样的答案,其实,勇于向异性表露感情的,不仅是男性,女性也不落男性之后。罗友伦指出,和妻子的相识,是在女方主动邀约下,展开戏剧性的恋情。③曾任女警官与"国大代表"的陈湄泉,则详细地说出自己和丈夫相恋时,如何"七擒七纵"对方。④这种毫不掩饰地口述,提供了从事民国时期家庭婚姻史研究的不同视角。

追求自主或展现能动性的女性,随着女权思潮兴起以及各个职场开放给女性之后,更为增加;而女性意识也相对提升,不少女性为了争取两性平等,不惜挑战男权。对个人隐私极为保留的周美玉,提到升迁问题时,则直言不讳:

---

① 游鉴明访问:《邱鸳鸯女士访问纪录》,《走过两个时代的台湾职业妇女访问纪录》,第80—81页。
② 游鉴明访问:《春蚕到死丝方尽:邵梦兰女士访问纪录》,第68—69页。
③ 朱浤源等访问:《罗友伦先生访问纪录》,第3页。
④ 许雪姬访问:《陈湄泉先生访问纪录》,台北:"中研院"近代史研究所,1996年,第26—28页。

目前军中大护最高只可晋升至"上校"。为了这件事,我曾经努力争取,国防医学院有五个教务主任,牙、医、药、护、卫生勤务,除了护理以外的四个教务主任都是少将编阶,唯独护理主任最高只能到上校。论学历,论资历,我都不输给其他四科主任,只因是护理学科,只因是女子,就有此差别待遇,理由何在?我为此每年上报告力争,他们劝我干脆退役算了,我不答应,总要问个道理出来。①

周美玉女士于1958年升"少将",是第一个"护理少将"。周美玉不仅为自己的工作争取男女平权,也注意到护理人员遭受的不平等待遇,她指出:"初到台湾时,各大医院都不大愿意用女护士,主要牵涉到一些观念上的差异。就拿安排护士住的问题来说,又如厕所问题,他们没有女厕所。"②

陈湄泉对女警官的不受重视,更是多有指责。从女警发展史来说,陈湄泉指出,1929年上海首设女警,1931年警官高等学校第15期开始酌收女生,但根据陈湄泉的经验,1936年与她同时从警高毕业的17名女警官,因为抗日战争关系,并没有特别作为;而随着"中央"政府迁台的十数名女警,只有两位服务警界,其他人则另谋他职或当家庭主妇。③针对女警不被重视、缺乏成就的问题,陈湄泉认为是出于"没有制度",但她也强调,妇女的事必须妇女自己努力,才会收到实效。④这段话,很清楚地说明在父权结构严密的警界,女警的发展空间是很微弱的。也因此,激发陈湄泉主动求职。

无法接受女性在职业上超越性别藩篱的观念,其实到1970年代前后仍存在。虽然与周美玉、陈湄泉相隔一代,曾服务台北荣民总医院(以下简称"台北荣总")的女医师刘秀枝,同样遭到性别排挤。回

---

① 张朋园等访问:《周美玉先生访问纪录》,第82—83页。
② 张朋园等访问:《周美玉先生访问纪录》,第90页。
③ 许雪姬访问:《陈湄泉先生访问纪录》,第68页。
④ 许雪姬访问:《陈湄泉先生访问纪录》,第69页。

忆刚考上医科时，前来家中道贺的客人，七嘴八舌地建议刘秀枝当小儿科医师或妇产科医师，当时刘秀枝非常不服气，认为"为什么女孩子一定要做小儿科""为什么女孩子就适合念比较轻巧、比较简单的科目女孩子为什么最好不要念医学院"。①不服输的个性，激励了她在医师生涯里，一再挑战不对等的性别位置。

刘秀枝结束实习医师的工作后，虽然当时"许多大医院的科别都有不成文的规定——不收女生"，她还是和另一位女实习医师陈映雪，向她们曾实习的台北荣总求职，结果两人顺利进入荣总。②之后，为了争取深造的机会，她也不惜力争，原本她不知道有个深造机会，经同仁提醒而向负责的医师询问，不料对方竟说："你是女孩子嘛，还没有结婚，告诉你做什么呢？"于是刘秀枝告诉他：

第一，我留在这里，不见得结得了婚；第二，我去深造，也不代表不能结婚，深造跟结婚根本是两回事。有这个机会，放着很可惜，能够接的都不接，干脆给我好了！③

同住在荣总宿舍的女医师，一听到有这么好的机会，立刻群起亢奋，并激励她："打破头也要去争取！"④最后，刘秀枝终于取得赴美深造的机会。

周美玉、陈湄泉、刘秀枝三人以女性身份，在职场中不断冲撞父权观念与体制的例子，其实在其他受访人的访问记录中，并不少见，

---

① 游鉴明访问：《刘秀枝女士访问纪录》，游鉴明等访问：《台北荣民总医院半世纪——口述历史回顾》（下篇），台北："中研院"近代史研究所，2011年，第448页。
② 游鉴明访问：《刘秀枝女士访问纪录》，第450—451页。
③ 游鉴明访问：《刘秀枝女士访问纪录》，第454页。
④ 游鉴明访问：《刘秀枝女士访问纪录》，第454页。

除了女性受访人自述之外，也有男性受访人转述。①

然而，女性追求自主的同时，也潜藏矛盾与不安。前文提到，新文化运动时期的著名女学者陈衡哲，曾为了赶书稿，而与吵闹她的女儿任以都出现紧张关系，若不是任以都的口述，我们无法知道这位五四时期的新女性一度面临学术与家庭的焦虑。姜允中也提到，为了实现幼教工作的理想，有时不免疏忽家庭或小孩，让她十分歉疚。

曾在台北荣总担任放射科主任的管玉贞，回忆自己为到美国进修而堕胎的往事，更是深感罪恶：

> 我只有一个儿子。其实，我有过几次怀孕，打过三次胎，刚好发生在我准备要前往美国进修以前。当时找医生做堕胎手术都是秘密进行，不能在医院里做，这是非法的行为，我在不得已情况下，透过私人管道，找到密医，处理掉胎儿，这件事也只有我跟我先生知道。我现在是尽心奉献的传道人，这件事对我来说，始终是个挥之不去的阴影，万分忏悔。②

3. 男女权力关系的多样化

前面提到，性别之间的权力关系其实有很大的变动性，不是那么刻板，可以是"男对女""女对男"，也可以是"男对男""女对女"，近史所的口述历史丛书便潜藏着一些不规律的互动关系。

从家庭婚姻来看，在《你》文中，我提到许多男性受访人与祖母辈或母亲的关系相当密切，这群女性长辈对他们的教育、行为、生活或事业有很大影响。这是"母爱"的展现，却也是母权（matriarchy）的伸张，母权的过度发展，有时与父权一样，有强大的控制性。例

---

① 例如，林继庸的访问记录曾对女性在工业界的贡献做了一些叙述，张朋园访问：《林继庸先生访问纪录》，台北："中研院"近代史研究所，1993年，第142—145页。
② 游鉴明访问：《管玉贞女士访问纪录》，《台北荣民总医院半世纪——口述历史回顾》（下篇），第106页。

如，曾担任侨务与国民党党务工作的周雍能，回忆童年时母亲因为父亲早逝，顿失所依，不但不希望周雍能离开自己，还不让他入学念书：

> 我的母亲是旧式乡下人，家政由我叔婶操持时，她忍让不争，与我相依为命，不许我离开她，是以八岁以前我竟未能入学。到九岁时，我痛失慈母，为诵《血盆经》，才因此启蒙。①

这种情形同样发生在曾任职中纺公司的关德懋父亲身上，当时关父的祖母非常重视孙子的教育，而受革命思想熏陶的关父，想和其他革命党人一样赴日留学，却因祖母反对，留日愿望因此而落空。②

家庭之外，父母对子女的婚姻也有很大的决定权。五四时期，知识分子为了婚姻自主，在思想与行动上闹得沸沸扬扬，可见两性在婚姻上的缺乏自主是存在很久的问题。在口述记录中，更可以看到各式各样的婚配，其中朱立民父亲的婚姻最为曲折，根据朱立民的口述，我在《你》文中提到，在长辈决定下，婚姻自主权在朱立民的父亲、朱立民的母亲与朱父的侧室之间并不存在，也呈现婚姻缺乏自主的情形，是没有性别差异。

从教育与职场来看，为了维持学校、职场的规范与秩序，上者与下者的态势极为分明，上者总是站在威权与管理的角度，下者则得遵从与顺服。但这样的关系，并不是绝对的，从贾馥茗的自述，可以看到一位大学女生为洗刷冤枉，如何反抗威权。她回忆刚来到台湾、进师大读书时，学校规定转学生必须在升旗典礼后，上台做三分钟的读书报告，当时她选了《商君列传》做报告，并以"商鞅变法虽然使秦

---

① 沈云龙访问：《周雍能先生访问纪录》，台北："中研院"近代史研究所，1984年，第1—2页。
② 沈云龙访问：《关德懋先生访问纪录》，台北："中研院"近代史研究所，1997年，第1—2页。

国富强,但是他使用严刑峻法的手段,终至作茧自缚"为结语,结果这段话被解读是在讽刺训导主任,于是院长秘书、宿舍指导员先后要贾馥茗写悔过书道歉,贾馥茗非常不服气,直接向院长说明,自己没有讽刺训导主任,而且宁可被开除,也不愿意写悔过书,最后由院长平息这件事。据贾馥茗表示,她之所以积极为自己辩护,是因为:"一个只身在台的女孩,无故受到冤屈,真是难过极了!"①

至于工作场所的上下关系,不但明确,上者的威权更是不容冲撞。早期近史所在郭廷以的领导下,充满着紧张的氛围,由于郭廷以平时给人一种"不苟言笑、严肃冷漠"的感觉,②他的门生或同仁非常敬畏他。回忆这位长官对属下的管理方式,近史所资深同仁们的说法颇为雷同,例如王萍回忆:

只要他没来上班,大家的心情就轻松许多,但郭先生一来就要查堂,他因为鼻子过敏,未见其人先闻其声,大家马上做规矩状;有些偶到别的同事房间(此处指研究室)闲聊的,一听到郭先生的声音,拼命往自己房间跑,甚至跌倒。③

郭廷以的威权并没有男女区隔,除王萍之外,该所的女性同仁魏秀梅的访问记录也感同身受。④但长官的威权有时是表象,是郭廷以学生也是郭廷以同仁的陈三井,在访问郭廷以时就发现:"谈到童年趣事和求学情形时,常常露出幽默风趣的一面,兴奋时也会哈哈大笑。"⑤

---

① 王萍:《贾馥茗先生访问纪录》,第47—48页。
② 陈三井:《出版后记》,陈三井、陈存恭访问:《郭廷以先生访问纪录》,台北:"中研院"近代史研究所,1994年,第300页。
③ 沈怀玉访问:《王萍女士访问纪录》,《郭廷以先生门生故旧忆往录》,第120页。
④ 沈怀玉访问:《魏秀梅女士访问纪录》,《郭廷以先生门生故旧忆往录》,第323页。
⑤ 陈三井:《出版后记》,《郭廷以先生访问纪录》,第300页。

相较于郭廷以，身为将领的孙立人，更加严厉，但却有性别区隔，郭文萃很坦白地说：

孙将军对男学员非常严厉，立正站好就骂，手没贴紧、头动一动都是马上骂人。但他对女学员都非常客气，女学员到司令部去打靶，如果这是男生，早臭骂一顿、罚晒太阳，结果他只是笑了笑，继续点名，点完就走了。①

随着女性能动力的提升，有不少女性成为职场主管，"牝鸡司晨"的情形不时可见，这群女性主管是否能有效管理下属？以前述的邵梦兰为例，无论在学生管理、教师延揽、学校发展，或是与教育界官员、地方民意代表的往来，她都极为精明、睿智，应对得当，因此，她在教育界颇负盛名。②然而，作为主管原本就很不容易，特别是在女性主管不多的时代，如何让男性属下折服，需要有极大耐性，也要懂得管理艺术。

回顾在台北荣总当放射科主任时的管玉贞，便有不少甘苦经验。早期到北荣就医的达官贵人不少，而放射科技术员对待病人的态度不是很好，再因为有些人天生就是粗声粗气，根本不知道病人的身份，一不小心得罪高官。管玉贞就得带着当时的主任秘书，去向他们道歉，深恐他们告到退除役官兵辅导委员会。③但有些同仁的行为不能轻易处理，管玉贞曾遇到两位麻烦同仁，一位是行径嚣张、经常打架闹事，并不时口出秽言的男技术员，管玉贞想起这位技术员粗暴的行为，便十分生气：

---

① 吴美慧访问：《郭文萃女士访问纪录》，《女青年大队访问纪录》，第37页。
② 游鉴明访问：《春蚕到死丝方尽：邵梦兰女士访问纪录》，第59—62、111—245页。
③ 游鉴明访问：《管玉贞女士访问纪录》，《台北荣民总医院半世纪——口述历史回顾》（下篇），第94页。

动不动就拿着很重的X光片,"砰、砰、砰",用力往我桌上砸。我后来实在是受不了,只好求助于荣总一名专责处理荣民与院方医疗纠纷的"退役上校军人",我把这个太保的恶行恶状告诉他,由他出面请太保离职。这个太保居然回头找我兴师问罪。①

由于主管要员工"走路",通常有一定程序,不能随便炒员工"鱿鱼",这件事让管玉贞体会到"主管要开除一个人,比登天还难"②。

另一位技术员则是嗜爱喝酒,只要黄汤下肚,就迷迷糊糊,曾经把X片张冠李戴;又有一次喝完酒后,竟然忘了关上水龙头,结果水就从二楼流到一楼,幸而当时管玉贞就住在医院里,能及时掌握突发状况。为此,管玉贞喟叹主管难为,因为发生任何事,主管都要全权负责到底。③

陈湄泉出任主管时,更是困难重重,备受刁难。前面提到,为了替女警争取一席之地,陈湄泉不惜主动求职,最后获得"台北市警察局女子警察队长"职位,因为是初创,既无编制也无预算,只有队长一人。刚到职的第一天,台北市警察局局长李德洋,就要求陈湄泉:"你做女警队长,应如何做法,先拟具计划给我看",但因为她没有办公室,只能借用督察室,而且要等督察员外出,才能暂借一处写计划;陈湄泉还发现男警官对这个"长"字号的"老太太"颇不以为然,不但遇事不帮忙,也不让其他人帮忙。④面对这些委屈,晚上回到宿舍的陈湄泉,经常伤心得不能自已,最后只得安慰自己:"我是来做事的,为妇女开条路,看看女的能不能做警察!"⑤

---

① 游鉴明访问:《管玉贞女士访问纪录》,第95—96页。
② 游鉴明访问:《管玉贞女士访问纪录》,第96页。
③ 游鉴明访问:《管玉贞女士访问纪录》,第96页。
④ 许雪姬访问:《陈湄泉先生访问纪录》,第72—74页。
⑤ 许雪姬访问:《陈湄泉先生访问纪录》,第74页。

就因为这股毅力支持着陈湄泉，当计划拟好后，她立刻组织妇女服务大队，担任女义警、女民防队员的工作。但在为她们编队时，男警官存心让陈湄泉出洋相，特别安排这群没有受过训练的女性，在众目睽睽的中山堂广场编组，所幸陈湄泉预先准备，不但没有自乱阵脚，还在一个小时内编队完成。①之后，陈湄泉不仅在1952年负责三八妇女节的妇女大校阅，还建立女警队的制度等，为女警察开辟出一片天地。②

除了管理部属之外，身为主管还需要与外界往来，包括社交、折冲、沟通等，例如，邵梦兰从18岁就当小学校长，一共当了47年的中、小学校长，为了拓展校务，曾遭逢各种艰困，即使受到毁谤、中伤，仍以公正不阿、不屈不挠的态度"迎战"；罗久蓉也深刻地感受到，她访问的姜允中为民间教化团体奉献、奋斗的心路历程，是"很难用女性主义论述常见的传统、现代或性别二分模式，来概括姜女士的行事与风格"③。

至于处在女性主管属下，男性是否能完全服从？就如管玉贞提到的技术员，不但不服气，还兴师问罪。但也有男性下属对女性主管虚与委蛇或委曲求全，以被尊称为"孔二小姐"或"总经理"的孔令伟④为例，因为她是宋美龄的侄女，个性又较古怪，蒋介石的侍从人员都对她敬畏三分，甚至尽量避免和她打交道。⑤当过侍卫的楼文渊表示：

---

① 许雪姬访问：《陈湄泉先生访问纪录》，第74—75页。
② 许雪姬访问：《陈湄泉先生访问纪录》，第75—82页。
③ 罗久蓉：《后记》，罗久蓉访问：《姜允中女士访问纪录》，第210页。
④ 曾担任蒋介石医官的熊丸，因为长期与蒋家人相处，对孔令伟有较多认识，在他的口述记录中，提到不少孔令伟的故事。详见陈三井访问：《熊丸先生访问纪录》，台北："中研院"近代史研究所，1998年，第147—162页。
⑤ 黄克武访问：《郝柏村先生访问纪录》，黄克虎等访问、周维朋等记录：《蒋中正"总统"侍从人员访问纪录（上篇）》，台北："中研院"近代史研究所，2012年，第44页；黄自进访问：《汪希苓先生访问纪录》，《蒋中正"总统"侍从人员访问纪录（上篇）》，第226—227页。

她有点怪里怪气，对她稍微有点不客气，她就不高兴，跑去告状……讲难听一点，她比较难伺候，让人感觉好像有什么了不起，所以我们对她都敬而远之。①

曾任内卫组组长的钱义芳，和孔令伟有过一段不愉快的记忆，为了属下中校侍卫的退休问题，钱义芳得罪了孔令伟。将近有八个月，孔令伟对钱义芳不理不睬，她交代的所有公事，都是叫钱义芳的部属转达。这期间，钱义芳一直忍气吞声，连他的下属都替他抱屈，有位朱副官对他说："钱主任，'总经理'这个气你受得了啊？侬（指"你"）为什么要用热脸去贴人家的冷屁股？"②接受访问时，钱义芳道出内心的苦衷：

这八个月真的很苦，眼泪只能往肚里流，回家也不能向内人或孩子讲，看到同仁士气低落，心里又很煎熬，我每见"总经理"一次，就流一次眼泪。但为了服侍夫人，我不能让她伤脑筋，毕竟孔二小姐是夫人身边最亲近的人，所以我忍着。③

此外，最有意思的是，蒋介石的机要秘书蒋孝肃与宋美龄的互动。有一次，他和宋美龄一起下棋，蒋孝肃不仅不让棋给宋美龄，两人还因此"翻盘"。蒋孝肃记得：

---

① 沈怀玉访问：《楼文渊先生访问纪录》，《蒋中正"总统"侍从人员访问纪录（下篇）》，第165页。此外，朱长泰也说："我对孔二小姐是'保持距离以策安全'，她也不是很凶，而是啰唆。"游鉴明访问：《朱长泰先生访问纪录》，《蒋中正"总统"侍从人员访问纪录（上篇）》，第667页。
② 游鉴明访问：《钱义芳先生访问纪录》，《蒋中正侍从人员访问纪录（上篇）》，第345—435页。
③ 游鉴明访问：《钱义芳先生访问纪录》，第388页。

老实说，我棋下得并不怎么样。当时，她吃我车，我也吃她车，下到后来她剩下一个帅、一个兵，我剩下一个将、两个卒，那我多一个卒，再一步一步下，她一定输。结果夫人棋盘一翻，回身就进去了，我当下也走人。熊丸追出来说："孝肃你怎么不懂事啊？应该要下和棋啊！"我说："你为什么事先不讲？我怎么知道！"①

当然蒋孝肃的故事是一种特例，但无论如何，两性之间的权力互动关系是浮动的，也是可以被颠覆的。

4.吊诡的"姊妹情谊"

女性主义曾提出"姊妹情谊"，认为私领域的共同经验，让女性之间形成一个社会网络，并构成相互合作的姊妹情，但史家发现女性之间存在着种族、阶级的差异，并没有普遍的姊妹情存在。②

这种吊诡的现象，在女性受访人的口中清楚可见。戒严时期被冤枉而入狱的陈勤，回忆1950年台北监狱女看守对她的羞辱，甚感无奈。这位女看守虽然是她过去的同事，却对她很苛刻，只要她当班，就找她碴，骂她是"垃圾桶、卖国贼"，陈勤家中送来的饭菜、棉被，更被女看守破坏、糟蹋。③

而种族或族群间确实也存在着不利姊妹情谊的因子。战后在台大医院当护理主任的尹喜妹，回忆起殖民时期日籍护士和台籍护士的差别待遇，便有满腹委屈。因为太平洋战争发生后，她为了达成像南丁格尔一样当战地护士的梦想，向台大医院申请参加海南岛的医疗队，

---

① 沈怀玉访问：《蒋孝肃先生访问纪录》，《蒋中正"总统"侍从人员访问纪录（上篇）》，第87—122页。
② 俞彦娟：《从妇女史和性别史的争议谈美国妇女史研究之发展》，《近代中国妇女史研究》第9期，2001年8月，第218—219、224—225页。
③ 沈怀玉访问：《陈勤女士访问纪录》，《戒严时期台北地区政治案件口述历史（第一辑）》，第63页。

却不料"院方规定凡是参加医疗队的日籍护理人员都可以留职停薪，可是台湾人却必须办理离职手续"，而且护理长的职位向来又只属于日本籍护士，于是她毅然决然放弃工作，先到海南岛实现梦想。

其实种族差别待遇在日本占据台湾期间深植在各方面，尹喜妹与日籍护士的姊妹情谊，就因为护士待遇的落差而被撕裂。不过，不同族群之间是否真的无法建立姊妹情谊？从外省籍女性的口述历史中发现，有不少受访人跳脱族群文化的差异，和台湾人建立了感人的姊妹情。例如，湖北籍的张王铭心，来台湾后，因生产而认识妇幼医院的台籍护理长戴金叶，戴金叶不仅成为张王铭心儿子的"干爸爸"，她们两人更建立深厚感情，张王铭心形容她们"混得像姊妹一样"。①另外，安徽籍的余文秀，随着丈夫工作的异动，经常迁居，由于她的左右邻居主要是本省籍女性，她和邻居互动甚欢，不但能听懂闽南语，还学会做台湾菜和客家菜，甚至到老年，余文秀迁居台北，还和住在台中的台籍朋友保持联络。②

至于阶层的差距，是否一定阻扰姊妹情的产生？邱鸳鸯对她的陪嫁婢女便十分疼爱，这名婢女出身贫苦人家，因为得过眼疾，以至于眼睛泛红，当她的一位朋友要嫁给医生时，她将这个婢女送给了她当陪嫁，主要是希望他们能治好婢女的眼睛；后来，这对夫妇还将婢女嫁了出去，对她相当不错。③张王铭心也同样和女佣缔结深厚感情，来台后，她曾雇用女佣何妈帮忙家务，也让女佣的童养媳住进他们家，因为童养媳认识字，张王铭心和女佣的沟通，全仰仗这个童养媳。为让彼此能充分听懂对方方言，张王铭心记得：

后来我利用时间教童养媳念书、讲国语，再由她翻译给何妈听，

---

① 游鉴明访问：《张王铭心女士访问纪录》，第103页。
② 游鉴明访问：《余文秀女士访问纪录》，《烽火岁月下的中国妇女访问纪录》，第144—146页。
③ 游鉴明访问：《邱鸳鸯女士访问纪录》，第81—82页。

同时我也跟着她们学闽南语,不到一个体拜,我自己就可以用闽南语和何妈交谈了。慢慢地,何妈也学会国语。①

何妈在她家工作七年,对张王铭心忠心耿耿,让张王铭心能放心地把整个家和孩子完全交给何妈,彼此相处得像一家人一样。到何妈离职回家后,她们还继续来往,直到何妈去世。②

从邱鸳鸯和张王铭心的例子,我们不难看出她们与婢女或女佣之间,虽仍有主从的上下关系,但也同时存在着姊妹情谊,特别是张王铭心的姊妹情跨越了族群和阶层。

(二)非文字或非口述记录中的性别

在口述史料中,非文字或非口述记录的史料,到目前为止,尚未被讨论。就老照片为例,近史所的口述历史丛书,早在第二本口述记录《林继庸先生访问纪录》出版时,就附有受访人提供的照片,因此,向受访人征集照片,成为近史所同仁访问时的一项附带工作。事实上在访问文字与照片交融下,访问内容更具历史价值,特别是口述史料原本就可能因为受访人记忆的断裂、不足或夸张,出现虚构、不确定,但老照片可以填补这项缺憾。当然,更重要的是,借由老照片可以进行研究或分析,探究老照片可以从照片的技术层面着手,但我要分析的是照片背后的诠释,也就是受访人如何述说照片中的故事;还有通过我的直观感受,去比较这些老照片,而我观察的重点在于照片带给我们何种性别意义。

环观106册访问记录中的照片,最常见的莫过于结婚照,即使在访问记录中不提妻子或浅谈妻子的受访人,也会用照片来呈现他的另一

---

① 游鉴明访问:《张王铭心女士访问纪录》,第91页。
② 游鉴明访问:《张王铭心女士访问纪录》,第91—92页。

半；相较于男性受访人，女性受访人更注重结婚照。在五花八门的结婚照中，我发现日本殖民时期的结婚照最有意思，以下面这张照片为例。这张照片的主人翁林庄季春，是一位药剂师，曾在日据时期到日本留学，中日战争后期返台，在嘉义开设仁德药局，照片中她与新郎穿着西式礼服，这是当时台湾上层家庭的典型结婚礼服。

图23　林庄季春女士新婚照

下面的两张结婚照分别拍摄于1937年的天津和战后的北京，男女新人都穿着西式礼服，礼服款式与台湾新人并没有太大差别，唯一不同的是，曾任医疗卫生工作的杨文达走在新娘后面、提着新娘婚纱的这张照片，相当写实，让我们看到当时新人结婚的部分情景。杨文达的结婚照也带给我们对婚后夫妻是否存在对等关系的思考，其实新郎跟随新娘的这一幕，在结婚之后，往往不复存在，而是妻子追随丈夫。这种现象有出于丈夫或夫家的要求，也有来自妻子的自愿，杨文达的妻子便属于后者，据杨文达表示：

　　内人张寄尘婚前原本是铁路医院妇产科主任，她自中学毕业后就当助产士，之后在燕京大学读乡村教育，我们因为志向相同而结为夫妇。内人也喜欢工作，虽然婚前我们就讲好婚后要分工，由她管家，我做公共卫生，但是到现在她还是一直觉得没外出做事很委屈。我能够专心工作，功劳一半是她的，因为她理家照顾孩子，使我无后顾之忧。①

另一张是裴王志宏所提供的照片，虽然前面提到，她对丈夫隐瞒已婚的事，耿耿于怀，却还是给了我们她的结婚照。在抗战政局不稳的时代，这张泛黄的照片格外珍贵，一方面，和前面几张上流社会的结婚照相较，它反映的是北京一般老百姓的结婚照；另一方面，它呈现出生活拮据下，有的新人还是很重视结婚仪式，举凡结婚时新人穿着的婚纱礼服、伴娘、傧相、花童，乃至在饭馆宴客，无一不缺。此外，这张照片是研究抗战胜利后，民众结婚服装和仪式的重要史料，甚至可以和抗战胜利后台湾的结婚照相互比较。

图24　1937年7月10日，杨文达先生与张寄尘女士在天津结婚

图25　1946年，裴王志宏女士于归（出嫁）裴永恒

在裴王志宏的照片里，还看到两张颇为难得的照片，前一张是她在北京眷区与军眷的合照，后一张是来台后她与其他眷属在台南崇海

---

① 熊秉真访问：《杨文达先生访问纪录》，台北："中研院"近代史研究所，1991年，第109—110页。

新村的合影。这两张照片除了提供眷村住屋的参照比较之外,经由裴王志宏的叙述,我们对竹篱笆内的日常生活,有了进一步认识,也颠覆部分人对外省籍女性穿金戴银的误解。根据裴王志宏的形容,我们看到当时的眷村竟如此复杂而简陋:

> 眷区的环境很复杂,各省人士都有,生活习惯不同,但都能彼此照应、相互帮忙。以前在北京就算是大杂院,也还很单纯,最多住着五六家,不像台湾的眷区,一个方块就是十家,房子一方块挨着一方块地盖,非常密集。屋子的墙是泥巴糊的,上面是空的,隔壁讲话都听得一清二楚,所以眷村里没什么秘密。那时候家里没有电话,村子里头有一间办公室专门接待人,只有那里有电话,而我们的厕所也都是公共厕所,环境十分简陋。①

图26 1947年身怀六甲的裴王志宏女士(前排左一)在军眷北京眷区(张学良宅)前

图27 裴王志宏女士(左一)与眷村太太们合影于1963年眷村竹篱笆前

---

① 游鉴明访问:《裴王志宏女士访问纪录》,第218—219页。

竹篱笆内住了眷属之外，还有单身的军人，曾有一幕情景让裴王志宏印象深刻：

> 那时我带着小孩到机场找军医看病，结束之后等我先生下班一起坐军用车回家，我们从光杆宿舍经过，就看见一整排年轻的军人光着身子站在池子边，我笑了起来，问说："干嘛？表演啊？"我先生解释说他们在洗澡，人多就一个挨一个，我那时还觉得挺热闹的，很好玩。①

图28　1950年元旦，余文秀女士(后立右一)与丈夫李朝一、三名子女和公公李良才、婆婆朱紫贵合影于基隆

虽然裴王志宏把这情景当笑话说，却也感叹眷村的光杆人数太多，娶妻不易。②

民国时期的上海在全国引领时尚风骚，不少女性梳着短发或烫发，因此，有人以为来台湾的外省女性都梳着这种发型。其实当时到台湾的外省女性来自大江南北，有城市也有乡村，她们的发型不尽然跟着流行走。来自安徽、曾在抗战期间与未婚夫一起接受军事训练的余文秀，原本发式与穿着都非常保守，从1950年元旦的全家福，即可看到她梳双辫、穿长袍的保守形象。但到台湾的第二年，比她先到台湾的公公，因为受台湾风气影响，要她去烫发，于是她改头换面，上图虽然不是刚烫发时的写

图29　1959年的余文秀女士

---

① 游鉴明访问：《裴王志宏女士访问纪录》，第220页。
② 游鉴明访问：《裴王志宏女士访问纪录》，第220页。

真照，还是可以看到她跟随时尚的装扮。①这两张照片，值得我们与1950到1960年代台湾女性的发式做比较研究。同时，值得一提的是，一般认为掌握流行时尚的是女性，而余文秀公公要求媳妇走向时髦的例子，让我们对时尚与男女的关系有再诠释的空间。

  非口述记录的史料还包括前面提到的日记、书信等，在这里，我特别以受访人提供的药品使用说明书和墨宝为例。前面提到的林庄季春，除开设药局之外，还设置一所药厂，制造一种专治腹泻的药"调痢宁"，治好不少腹泻病人，甚至还销售到花莲一带。②事实上，林庄季春接受访问时，原本没有提及这件事，而我也是基于好奇试图询问她可曾自制药剂，没想到竟然勾起她的回忆，并给了我"调痢宁"的说明书，说明书上清楚呈现药的成分、作用、用途和副作用

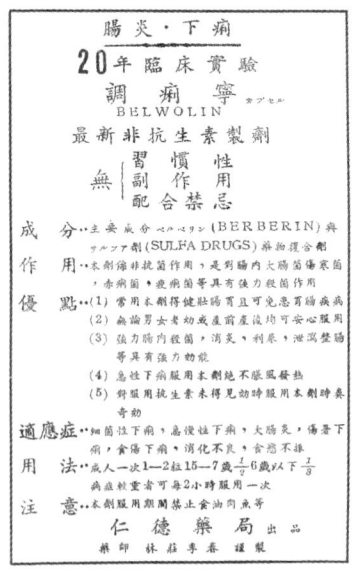
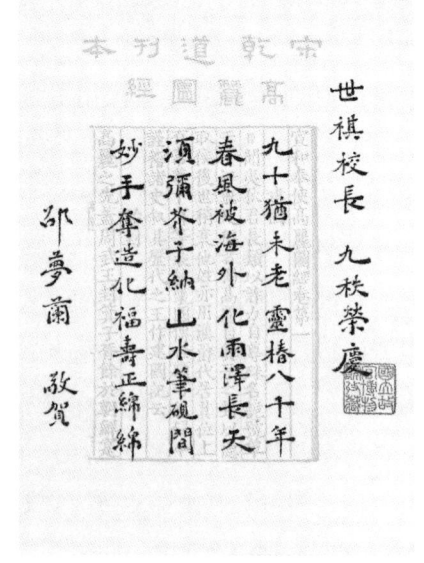

图30　仁德药局制作的"调痢宁"说明书　　图31　邵梦兰女士墨宝（2000年）

---

① 游鉴明访问：《余文秀女士访问纪录》，第139页。
② 游鉴明访问：《林庄季春女士访问纪录》，《走过两个时代的台湾职业妇女访问纪录》，第114页。

等,与当前的药物说明书并无不同。这条史料反映出女性在药剂工作上不落后于男性,为台湾医药史研究提供了重要史料。

这张字迹工整的墨宝来自邵梦兰,前章提到邵梦兰深受她公公疼爱,公公曾教她书法和八段锦,后来公公去世,婆婆和族人等长辈,请她为公公捧牌位。从她的口述,或许读者会有些质疑,而她提供的墨宝,验证她的确从公公那里得到真传。结合邵梦兰的口述及其墨宝,除让读者看到与传统时代不同的媳妇角色之外,也提醒我们关注婆媳关系,同样不能忽略翁媳研究。

透过照片所呈现的女性能动性,更加具体而真切。例如日据时期的第一所公立女学校——台北第三高等女学校,培育了不少优秀女性。其中留学日本后在医院当药剂师的林蔡婉,不但具备药剂方面专长,还擅长攀登高山,从她提供1927年与三高女师生一起登上玉山(当时称新高登山)以及1967年攀登大霸尖山的三张照片,显示女性的体能并不输于男性。据她回忆,1927年,她和三高女的11位同学,在校长、3位老师、10位原住民与3位警察陪同下,登上玉山,创下台湾女学生首登玉山的先例,这整个过程,不但在报纸上大幅报道,也被拍成电影,在今天的万华龙山寺公开放映。①学生时代的登山训练,成为林蔡婉生活中的最大乐趣,负笈

图32 1927年,台北第三高等女学校学生首开台湾女性攀登玉山的创举(前排右一为林蔡婉女士)

---

① 游鉴明访问:《林蔡婉女士访问纪录》,《走过两个时代的台湾职业妇女访问纪录》,第183—184页。

图33 登上玉山后准备进食,左二蹲坐者为林蔡娩女士,其他或坐或站者有台北第三高等女学校的老师、学生以及陪同上山的警察和山胞

图34 1967年5月,林蔡娩女士登上大坝尖山树干云梯顶端的惊险镜头

回国后,她参加了台北市登山会,工作之余就到各地爬山。① 而攀登大霸尖山,只是她所爬过无数座山中的一座。

女性进入职场,在工作上的表现处处不落男性之后,特别是她们必须与男性一起工作,甚至超越男性,林蔡素女就是这样令人折服的女性。日据时期,她曾在北港公学校任教;抗战结束后,林蔡素女积极致力妇女工作,担任过地方妇女会与省妇

---

① 游鉴明访问:《林蔡娩女士访问纪录》,第200页。

女会理事长,又参加妇联会。在这同时,她还当过县议员、省议员、监察委员、北港建筑信用合作社经理等职务,光是省议员的职务就当了15年又8个月。①以下就是她工作时拍摄的照片,在第一张照片中,她正低头处理公事,周边除有两位女性职员之外,其他全是男性下属。另外,她以监委身份巡视麦寮农牧区和在省议会的写真照,都给人英气逼人的干练形象。更重要的是,前面提到男女权力关系的翻转,在这三张照片中再次得到验证,也就是工作职位让男女之间不完全是"上对下",有可能是"下对上",打破男女地位不对等的迷思。

图35 1954年,林蔡素女女士(着深色旗袍者)出任北港建筑信用合作社经理时办公情形

图36 林蔡素女女士于"省议会"开会时留影麦寮农牧区

另外,早期很少有议员会讲国语,问政时,他们都以闽南语发言,只有官员才用国语做例行报告,而林蔡素女也是以闽南语问政。但1966年她当上省妇女会理事长时,因为被嘲笑她不会讲国语,于是她每天对着电视学国语,一直到会说、敢说。②她

图37 1973年10月,监察委员林蔡素女女士巡察

---

① 游鉴明访问:《林蔡素女女士访问纪录》,第140—171页。
② 游鉴明访问:《林蔡素女女士访问纪录》,第158页。

特别表示，学国语是与她不服输的个性有关，她认为：

> 妇女出来做事不容易，所以在问政期间不愿输人；而且妇女在以男性为主的场合中做事，更要注意自己的行为举止，才不会让人看轻。①

这段语重心长的话，其实道出与林蔡素女同时代职业女性的心声。附带一提的是，可能是经常与外省籍女性接触，林蔡素女的这三张写真照，都穿着旗袍，因此，台湾女性穿旗袍的风气是否在战后开始流行，似值得探讨。

紧接着的两张照片，分别是前面提到的管玉贞与王萍的工作照，右边照片的管玉贞正带领男性属下，执行X光透视镜检查；左边照片中背对而坐的王萍，则在C.Martin Wilbur教授演讲会中担任翻译，讲者与听众全系男性。与林蔡素女一样的是，她们的工作伙伴全是男性，但她们却无所畏惧，还分别以医疗技术、外语专长超越性别藩篱。

图38　1962年4月，C. Martin Wilbur教授在近史所演讲

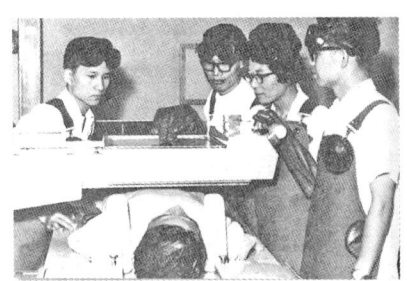

图39　管玉贞主任（右二）正在执行X光透视镜检查

以下两张照片中的女性呈现着英姿焕发的样貌。一张是1933年陈湄泉在警察高校与东北籍同学的合影，有意思的是，其中中立的丁克

---

① 游鉴明访问：《林蔡素女女士访问纪录》，第157—158页。

勋是唯一的男性,另外一张是女青年大队在1949年间的出操情景。至于穿着长、短旗袍或站或坐的女性群体照,虽然各个看来婀娜多姿,她们却曾是抗日除奸的地下工作人员,据菲律宾华侨林作梅回忆,抗日战争时期,他们组织特工总队,有一支属于女青年的女子独立中队,称作"松花江中队",照片中的这群女性便来自松花江中队。当时林作梅征求入队同志的要求极为严格,经过考查合格的人,才准许宣誓入队。有一位后来化名"方正"的林淑慧,让他印象深刻。当时林淑慧只有十几岁,林作梅以年纪太小、不适合参加地下工作为由,劝林淑慧知难而退,但林淑慧却回应:"难道爱国要论年龄?"林作梅被她的这股豪气感动,终于让林淑慧参加了特工总队,而林淑慧的表

图40　1933年初入警高时,与东北籍同学合影(前排右起黄楹璞、师志琛、霍淑芳、陈湄泉,后排右起高曦、王雅贞、丁克勋、马芳庭、何坚)

图41　1949—1950年,屏东阿猴寮女青年大队出操时摄

图42　特工总队松花江中队的同志战后与林夫人陈志浩(前排中)合影

现也的确有条有理、临危不乱。①

然而，这群来自不同组织或单位的女性，她们的心智与体能是经过千锤百炼，才能成为警界、军界、情报界的英雄，因此，追求男女平权，并不是轻而易举、唾手可得的。透过照片，再去解读口述记录，即可揭开不为人知的艰辛面纱。②

最后的这张照片，看来没有什么特色，只是一般的全家生活照，但前面提过的张王铭心却告诉我以下故事：

我年轻的时候很爱买鞋，不过我不爱穿高跟鞋。来台以后我还是喜欢穿平底鞋，活动比较方便。此外，我也会穿木屐，以前还穿着到处走，非但不觉得难看，还觉得挺好玩的，邻居也有不少人如此。我知道有人觉得穿木屐很别扭，像我先生出门就一定穿鞋，从不穿木屐。③

图43 1946年，张王铭心女士全家摄于在住家门口

这个故事的背后其实有着值得关注的性别与认同问题，前述已经说到张王铭心和余文秀如何和台湾女性建立姊妹情，让自己融入台湾文化中。但我发现外省籍的男性受访人极少述说族群与文化的认同问题，或许是这类话题没有被列

---

① 张存武等访问：《林作梅先生访问纪录》，《菲律宾华侨华人访问纪录》，台北："中研院"近代史研究所，1996年，第43—44页。
② 详见《陈湄泉先生访问纪录》《女青年大队访问纪录》《菲律宾华侨华人访问纪录》。
③ 游鉴明访问：《张王铭心女士访问纪录》，第106页。

入主访人与受访人的对话中,但从外省籍女性受访人的记忆里找到一些端倪。例如,从张王铭心的叙述,看到她与丈夫对是否穿台湾木屐的态度明显不同,她的丈夫显然无法像张王铭心一样,自在地接受台湾木屐。

另外,从声乐家张蓉珍叙述她如何学闽南语以及充当丈夫翻译的过程,进一步说明在不同族群与文化上,女性比男性更容易认同:

我刚到的时候,也学了一些台湾话。台湾话我不只会讲,而且很会讲,秉孙在工厂里和工人讲话有问题的时候,经常找人来叫我去翻译,因为我的台湾话讲得比他好,有人还以为张科长的太太是"台湾人"(闽南语发音)呢。我学会闽南语,一方面因为家里请的女工不会说国语,和她搞搞弄弄,慢慢就会说了。学校里好多小孩子都是台湾的,不会说国语,我教他们国语,他们教我台湾话,这样开始有点接触。①

除了认同台湾人的生活与文化之外,张王铭心和张蓉珍都提到在"二二八"事件中,曾受到台湾人保护。张王铭心告诉我们,刚到台湾时,住家附近的一位台籍小脚老太太,因为怀念远在大陆的女儿,要长得神似她女儿的张王铭心当她的干女儿,张王铭心原本不愿意,后来想到娘家离台湾那么远,老太太和她母亲同年,她又和老太太家同姓,就答应认老太太为干妈。从此,两家相处的如同一家人,老太太过世后,张王铭心还为她披麻戴孝。②对于与台湾人的这段情缘,张王铭心很有感触:

---

① 罗久蓉访问:《张蓉珍女士访问纪录》,《烽火岁月下的中国妇女访问纪录》,第26—27页。
② 游鉴明访问:《张王铭心女士访问纪录》,第99—100页。

或许有一些本省人会因为和外省人交朋友而觉得很荣幸，可是我并不因为自己是大陆人，就觉得和他们不同。而且以干妈一家为例，他们非但不曾因任何事来拜托我们，反而是"二二八"期间，我们全家都在他们的保护下毫发无损。①

张蓉珍也同样感念台湾人，强调他们一家人与台湾人相处融洽：

1947年"二二八"事变的时候，我们都被关在自己的房子里，不让出来，所以外面发生什么事情，我们一点不知道，只知道糖厂里有人保护我们。几天之后放出来，才知道外面乱得一塌糊涂。保护我们的都是台湾人，台湾人跟秉孙和我都很好。②

事实上，不是所有外省籍女性都有机会与台湾人深入交往，特别是住在眷村的女性。裴王志宏就指出："我的生活圈很单纯，相处的多半是眷区的人，很少跟台湾人接触，因此一直不会说闽南语。"③然而，张王铭心、张蓉珍以及早先提到的余文秀三人的例子，说明在"性别与认同"这个议题上，女性愿意也较容易与不同族群融为一片，而这多少与不同族群女性经常在日常生活中互动有关。

四、结　论

无疑的，以女性人物为主轴的口述记录，在106册口述历史丛书中，仅占十分之一，但由于"中研院"近史所的访问记录着受访人完整的生命历史，把受访人的家世背景、童年记忆、教育过程、工作经

---

① 游鉴明访问：《张王铭心女士访问纪录》，第100—101页。
② 罗久蓉访问：《张蓉珍女士访问纪录》，第26—27页。
③ 游鉴明访问：《裴王志宏女士访问纪录》，第220页。

验乃至家庭婚姻、居家生活、晚年活动,都涵括在访问过程中,读者因此也能在男性人物的专访中,找到性别议题。

口述历史的建构是取决于主访人与受访人,如何让双方的对话带有性别意识,这不是单方面所能掌握的。就我的经验为例,女性史是我的主要研究领域,因此,在访问中,我会特别关心女性主体性与性别概念,即使我访问男医师或男性侍从人员,也不忽略性别议题。问题是,不是所有的受访女性认为自己具有女性意识,她们认为自己只是在做"人"的本分,她们甚至强调个人事功;而男性受访人也不完全愿意回答性别议题,他们更关心的是事业生涯。然而,如果主访人能技巧性地带入性别观念,或让受访人在性别话语上多做发挥,具有性别意识的口述历史还是可以呈现的,就如同我在前面提到的例子。

过去的历史书写忽视女性,把女性孤立在历史之外,于是女性史研究者积极寻找女性被压迫的历史,并探讨妇女运动的贡献,但到1970、1980年代,女性史研究者认为,视女性为被压迫的受害者或视女性是被动的,都忽略了女性主动积极的一面,她们开始注重倾听女性的声音,透过女人的书信、日记、自传、口述历史,去挖掘女性的真正经验,包括以女性为中心的女性文化、女性团体、女性活动、女性的性、独身女性、女子间的情谊、女同性恋者、女性的私生活传记等。[1]然而,历史是在男女两性互动下产生,如果只把女性放在女性活动的范畴里,不关心女性能动性的产生是否与男性有关,依然孤立了女性,因此,性别研究成为探讨女性史的重要指标。

近年来,与性别有关的史料不断浮现,包括口述历史,但近史所的口述历史丛书,始终没有被特别注意。其实,从我前面的分析,可以清楚地看到这套丛书潜藏着丰富的性别史料,足以丰厚妇女与性别史研究,甚至能与其他史料互相参照。然而,这套丛书到底为性别研

---

[1] 成令方:《女性主义历史的挑战:概念和理论》,《近代中国妇女史研究》第1期,1993年6月,第219—220页。

究带来哪些特点？首先，在性别理论推出的同时，研究者也注意到阶级、族群、宗教、地域等观念是否影响性别，而这106册口述记录的受访人因为来自不同世代、行业、地区与阶层，可以给予研究者充分的比较视野，也因此我运用口述史料分析性别议题时，出现多重、多变的论述，不是褊狭的单一结论；其次，就因为口述史料的多样化，在我试图与女性主义的理论对话时，发现不少史料颠覆这些理论；再次，这套丛书不只在文字记录上深具意义，非文字或非口述记录的史料也提供了不少性别研究的课题，特别是这些史料尚未被运用，深具研究空间；最后，除了女性史研究之外，这套丛书还为男性史研究带来丰富的素材。

然而，口述历史毕竟是史料的一种，而且是主访人和受访人共同建构的史料，它与书信、日记、自传、传记、回忆录这些有意建构的文类一样，都存在着虚构、夸张、不确定等的问题。只不过，不是所有的话题都模糊不清，刘素芬的《顾应昌先生访问纪录》便指出："顾应昌先生的访问记录，最难能可贵之处在于真。唯其真，所以感人，所以深具历史价值"；① 罗久蓉也在《姜允中女士访问纪录》中提到，姜允中是一位有定见、不轻易让步或放弃自己坚持的女性，因此在："多达二十次的访问中，通过各式角力，她毫不做作地向我们展现这部分的人格特质。这本书中当然也有她一贯的坚持。"② 受访人的"真"与"毫不做作"，就值得读者去推敲与运用。

总之，尽管口述历史有本质上无法避免的问题，而被认为可信度较高的机关档案文献，也同样有造假、窜改的可能。③ 问题在于，面对这种由主访人和受访人构筑出来的历史史料，主访人应该背负使命，

---

① 刘素芬：《前言》，刘素芬访问：《一个经济小兵的故事——顾应昌先生访问纪录》，台北："中研院"近代史研究所，2000年，第Ⅷ页。
② 罗久蓉：《后记》，罗久蓉访问：《姜允中女士访问纪录》，第210页。
③ 有关档案虚构的讨论，可参考［美］娜塔莉·泽蒙·戴维斯（Natalie Zemon Davis）：《档案中的虚构》（Fiction in the Archives），杨逸鸿译，台北：麦田出版社，2001年。

谨慎小心地处理口访资料；而运用口述史料的研究者，和运用所有历史史料一样，必须提高警觉地运用它，而且无论是男性或女性的口述记录，不管是文字或非文字口述史料，都值得运用，特别是女性与性别史研究者，运用女性口述史料时，不要忽略男性的口述史料，才能让女性史研究更为丰厚。

从区域、阶级比较女性的口述历史*

透过口述历史，可以看到不同性别、阶层、区域人们的生命故事，其中不少故事深植人心，因为他们述说着许多我们不知道的历史记忆。为追寻失落的历史记忆，近年来，不少华人投入口述历史的研究工作。因此，累积了浩瀚的访问成果，口述记录专书也不断问世，有个人专访亦有相关人物的合访，但我们不禁想问，这些记录除了有趣、生动具有卖点之外，是否有其他意义？其实从事或筹划口述访问的人都知道经由主访人和受访人共同完成的口访记录，虽然穿梭在过去与现在，却潜藏着弥足珍贵的史料，不但可修补断裂的历史，还可重写历史。然而，早期因为学者对口述史料的确定性有诸多怀疑，不少口述记录的出版物被当成故事阅读或束之高阁，甚少有学者把口述

---

* 本文原发表于2016年12月25—27日中华口述历史研究会、中山大学举办的"本土经验与国际口述历史的多元发展"国际学术研讨会；经修改增补后刊载《史林（增刊）》，2018年，第167—181页。

史料运用在学术论著上，近年来，口述历史逐渐受到的重视，以口述史料完成学术论著的研究也较过去增多，但仍然有限。

本文便力图思考如何突破我过去的研究，让口述历史带给妇女史研究更多的思考空间。就史料来说，以往我以个人和"中研院"近史所出版的口述访问记录为研究主轴，此处将试图运用其他口述史料，进行分析；就研究方法来说，前面提到，口述史料的出版物如雨后春笋般地快速增加，如果能把不同区域和阶层的妇女访谈的史料互作比较，或许能建构出更完整的华人女性生命史，这就是本文研究的旨意。本文分成女性长辈、女性童年、女性教育、女性就业、女性婚姻与战争经历等主题，观看20世纪中国女性的多元历史记忆，借此分析其中的相同与差异。

一、从她们的女性长辈说起

一般认为，传统女性不事生产，经济必须仰赖男性。唯有客家女性因为没有缠足，勤于劳动，对家务劳动有不小贡献。透过口述史料，我在受访人尹喜妹（台湾桃园人，1913年生，曾是台大医院护士主任）的访谈中，确实看到这一幕：她的母亲是客家人，没有缠足，最主要的日常工作是处理各种家务，买菜、料理，还要养猪、养鸡、种菜，早年常和祖母外出采茶。母亲早年还常常利用农闲时节和祖母一起外出采茶，她提到：

农事方面，我们家的妇女基本上并不下田，只有收割时要帮忙晒谷子，以及插秧时帮忙把秧苗从秧地送到田里去。夏天对妇女来讲，最重要的农事就是晒谷子，晒谷子时最怕西北雨，一下雨就要赶快把谷子收起来，以免淋湿，所以我们不只是忙碌，也很紧张。①

除了台湾客家女性之外，广东梅县的客家女性也有相同记载，如前章提到，曾担任"陆军"装甲兵司令部中将司令的罗友伦（1912年生，广东梅县人），回忆他的母亲时，曾说："母心性坚忍，不畏艰难，不怕劳苦，节俭持家，上侍婆婆，下抚独子，上山打柴，下田插秧，一肩挑尽，从无怨尤。"为的是要培养这个儿子长大成人。

其实女性操持家务的记载，早已出现在各地方的方志、墓志铭或各类文集等文献中。因此，忙于家务的华人女性不只是客家女性，是普遍存在的现象，特别是农村妇女。出生江苏盐城的裔式娟（1929年生）叙述了母亲如何艰苦地承担家务：

父亲死后，里里外外就靠一个人。养活七口之家，偿还大笔债务的重任落到了她的肩上。母亲咬紧牙关挑起了生活的重担，带领全家拼命苦干。她既要种田又要管家里，既当爹又当娘，日子太艰难了，所以有时晚上听到她躲在家里哭。母亲在经历了丧偶的痛苦煎熬后，后来又受到了失去子女的沉重打击。虽然受了很多磨难，仍然挺直腰杆做人。②

广东珠海林兰珠（1926年生）的母亲更是悲惨：

我们家没有田，只能想别的办法。那时泥湾村还有海，可以去挖

---

① 游鉴明访问，黄明铭记录：《尹喜妹女士访问纪录》，《走过两个时代的台湾职业妇女访问纪录》，第10页。
② 王立、程郁访问：《盐城飞来金凤凰——原国营纱厂养成工裔式娟女士口述史》，程郁、朱易安：《上海职业妇女口述史：1949年以前就业的群体》，桂林：广西师范大学出版社，2013年，第110页。

蚬仔，挖螃蜞，挖小鱼。……我们家里阿妈负责挖这些东西，她一天到晚在水里泡着，日子长了就开始水肿，不久就死了。我阿妈从发病到死，都没看过医生。那时泥湾村没有医生，穷人生病了，煮点凉茶吃吃，命好的就好了，命不好的就死了。①

从口述的各种记录中可看到，贫困的生活环境提高了女性的能动性，让她们变得独立自主，并成为家庭经济的主要支柱。

然而，还有一群女性，她们既无须亲自操持家事，还掌管着家庭经济，她们主要来自上层家庭。浙江淳安的邵梦兰（1910年出生，复旦大学政治系毕业，曾在大陆和台湾当过中学校长），她的先伯祖母就是一位相当干练的女性，除管理家业之外，还备受地方敬重，经常被邀请去排解纷争，这段历史在她记忆中始终鲜明，也因此述说先伯祖母的故事能丝丝入扣。

换言之，女性长者在家庭或社会的角色不是传统社会所说的"大门不出、二门不迈"。

二、她们的童年

许多受访人对童年有着深刻的记忆，但因为家庭境遇的不同，她们的叙述随之有别。裔式娟指出，母亲的辛劳影响着她和姐姐的童年，她们的童年是在田里度过的：

那时我和姐姐已能帮忙种田，插秧、拔草什么都干，好不容易家里忙完了，人家看我们家小孩蛮能干的，又要我们去地主家干活，赚

---

① 何丽苑、陈晨访问：《生活的苦难与希望——林兰珠女士访问纪录》，汕头大学妇女研究中心主编：《用自己的脚丈量历史——潮汕地区女性口述访谈记录》，汕头：汕头大学出版社，2014年，第166页。

点小钱。一年忙到头,只有年初一的上半天我们可以稍微玩一会儿,但下午又要干活了。①

以捕鱼为生的黄惠子(台湾宜兰人,1943年生),她的童年也需要参与劳动生产,据她追忆:

因为妈妈爱赌博,常常把我们放下不管,跟朋友相约小赌,爸爸对于妈妈这种行为非常厌恶,常常和妈妈吵架并且出手打妈妈。妈妈被打之后就离家出走,家里的工作就没有人可以做,我是家中长女,尚有两个弟弟四个妹妹要照顾,只好常常跟学校请假,三天两头就得留在家里照顾弟弟妹妹,煮饭给他们吃,整理家里,因此无法持续上学。②

前述的尹喜妹虽然家庭美满,但因为母亲需要帮助家务,她的童年也未能快乐地度过,她埋怨地说道:

除了养猪和养鸡是我母亲独力负责外,各种农事和家务我都要帮忙,所以每逢学校"夏休",一般同学都很开心,我却只要想到繁重的工作,就一点也高兴不起来。③

前面提到,林兰珠的母亲长期在水里挖蚬仔等,造成两腿水肿而亡,她本人也因为家里贫困,必须工作养家,从她的记忆中,我们看

---

① 王立、程郁访问:《盐城飞来金凤凰——原国营纱厂养成工裔式娟女士口述史》,《上海职业妇女口述史:1949年以前就业的群体》,第110页。
② 张美凤、林雅芬等访谈整理:《曾黄惠子女士访问纪录》,李素月主编:《宜兰女声——阿妈的故事》(行业篇),台湾:宜兰县史馆,2015年,第350页。
③ 游鉴明访问,黄明铭记录:《尹喜妹女士访问纪录》,《走过两个时代的台湾职业妇女访问纪录》,第10页。

到一个贫穷女孩的无奈:

> 我阿妈死的时候,我13岁,哥哥参军了,弟弟死了,我只好去打工,村里人就介绍我去了一户人家做"妹仔"。主人家叫"锦姨",她们家在泥湾村一直都是有钱人家,靠走私起家的,我做了3年"妹仔",懂点事了以后,就开始带货。……带货是很危险的,如果被人捉到会没命的,要砍头,我当时16岁了,这个道理我已经懂得。但是没办法,不做我阿爸在家就得饿死。锦姨当然也会教我办法躲过去,出发前她给我吃得很饱很饱,杂七杂八的东西都塞给你吃,然后船一开我就开始拼命吐,吐到身边都是脏东西,就没有人敢靠近我,这样也就没有能查到我的货。我带货不久,有一段时间刮台风,船不能走了,也就没有货带了,锦姨当然也就没有米给我了。我阿爸在家里没得吃,终于受不了,上吊死了。①

以上来自江苏、广东与台湾等不同区域女性的故事,如果没有通过访谈,它将永远被淹没,最重要的是,这其实是许多穷苦华人女性真实的童年,她们生命里曾是如此悲苦,但为了解决家人和自己的饥饿,她们被迫提前长大。

除了农村之外,城市穷苦家庭的女童又是如何生活的?以上海为例,该地工商业的发展较其他城市繁荣,大小工厂林立,因此,当地的贫困女童有的不是到田里工作,而是走入工厂。生于上海的杨秀英(1930年),11岁就去当童工。据她口述:

> 有一天,我们三个小姑娘正在玩,一个山东男子骑着自行车进来,他说:"嗨,小姑娘,不要跳了,来来来,我带你们去做工赚钱

---

① 何丽苑、陈晨访问:《生活的苦难与希望——林兰珠女士访问记录》,《用自己的脚丈量历史——潮汕地区女性口述访谈记录》,第167页。

吧。"我问:"去干吗?"那个男人做着包东西的手势说:"包糖果呀。"我们很想去,但又害怕他是骗人的。其中一个小姑娘的妈妈是苏州人,我们都叫她妹妹妈,她是大脚能走路,大人商量下来让她陪我们去。后来才知道,那个男人是老板的亲戚,秋天以后节日很多,便进入糖果的热销旺季,而且越靠近过年越忙,工作来不及做,就到处招临时工。那个厂名叫华记糖果厂,就设在石库门房子的三层楼上。工作非常辛苦,我们早上5点上班,晚上却没有固定的下班时间,要把机器加工出来的糖全都包完才能走,常常要做到晚上10点以后。早上我带一个多层的搪瓷饭盒子上班,两层装饭,另两层装咸小菜,中饭、晚饭都在厂里吃。那时我还小,对我来说工作台太高了,别人都坐着做,我只能站着做,晚上回到家脚肿得像馒头,我妈看到很心疼。爸妈都说不要做了,但想到家里困难,我还要去做。后来我妈想了个办法,在椅子上加个垫子,我才能坐下来做工。①

这个工作是临时性的,每年9月底开始到2月是糖果厂旺季,春夏时,因为糖的销路不旺,厂里只留下几个山东籍的老工人,其他人都回家。杨秀英在糖果厂一直工作到15岁。②

不过,有的人却把童年的劳动生活,当成游戏,儿时的劳动经验甚至有助于她往后的事业。台湾宜兰的林淑芬(1941年生),小时为养家做很多杂工,她回忆:

我印象比较深的就是,家里的田到了要整地、松土的时候,要是现在的年轻人不要说看啦,连听都没听过的"割耙"和"磟碡"等农具,再通过牛来拖,那时候完全没有机械,都是纯人工;当时我们家

---

① 程郁、王立访问:《家和生计缘为勤——原糖厂同工杨秀英女士口述史》,《上海职业妇女口述史:1949年以前就业的群体》,第244—245页。
② 程郁、王立访问:《家和生计缘为勤——原糖厂同工杨秀英女士口述史》,第246页。

中没养牛,老爸都会去跟人家借牛来整地,然后要我帮忙,说是因为小孩子重量轻,比较刚好,适合踩在"割耙"的板子上,一脚踩前,一脚踩后,我老爸在前面拉着牛慢慢前进,田土就翻啊翻,会比较松软。踩完"割耙"之后……就是"打碌碡"来摵土(均土),这个部分的意思和刚刚说的"踏割耙"一样,我是小孩子比较轻,重量刚好,也是两只脚踩啊踩的,老爸在前面拉着牛,我在后面好像玩游戏一样,很有趣,现在想起来也是个不错的回忆。①

此外,林淑芬还会摸蚬仔、割林投叶、种土豆等,并且向养父学习用竹篾仔编制日常生活器具和制作神明灯,这些技术在她成为糊纸店的媳妇后,都派上用场。②这是她料想不到的。

至于上中层家庭女孩的童年又如何?邵梦兰告诉我:

大约在我八九岁的时候,有一回我们家乡不知是有什么大会,不仅请安徽的戏班子来表演,还把远方的族亲都接来,场面非常盛大。有个六七十岁的姑婆想带我去看戏,刚刚要出门的时候,我父亲说:"慢慢地!坐下来。我出个题目给你,作篇文章再去!"等我作好,他说:"你没有用心作!重新再作过!"等我作了第二次,你说我还想去吗?③

显然不快乐的童年不是底层女童的专利,上中层女孩也有另一种苦闷,但严格来说,她们不需要参与劳动生产,远比来自穷苦人家的女孩幸福。

缠足是另一个让女性深刻难忘的事,无论是来自富有或贫困家庭

---

① 张美凤、林雅芬等访谈整理:《林淑芬口述访问纪录》,李素月主编:《宜兰女声——阿妈的故事》(行业篇),第280—281页。
② 张美凤、林雅芬等访谈整理:《林淑芬口述访问纪录》,第280—281页。
③ 游鉴明访问,黄铭明等记录:《春蚕到死丝方尽:邵梦兰女士访问纪录》,第35页。

的女童，多半都有被缠足的肌肤之痛。尽管如此，也有女童避免了这种"酷刑"，但究竟是谁让她们不被缠足？河南神桥的刘玉平（1933年生）陈述她的脚从缠到放的过程：

> 到七八岁时，俺娘给俺裹脚，她亲自给撕的裹脚布，一尺布一节一节撕开，总共七八尺，把脚缠得结结实实的，穿上提前做好的新套鞋，里面的鞋包着裹脚布，外面再穿一双。裹一上午，我哭一上午，疼得我坐在石榴树下直哭。等到俺爹赶集回来，俺爹骂她：谁叫你给裹的脚？你看人家都是大脚，我闺女裹小脚？俺裹脚那会儿都说好婆家了，男方的姐姐和他娘都是大脚，俺爹也就不叫我裹。俺爹给俺买的小牛犊喂着，下地、砍草、打水都是我，别人问我：你的脚裹啥样？一听这么问，俺爹就更不叫裹了。我周围的女孩儿也有裹脚的，不过我放脚之后很多人也开始放，慢慢地都不让裹了。[①]

这段回忆清楚地说明，为迎合缠足的社会习俗，刘玉平的母亲成为女儿痛楚的加害者，而刘玉平的父亲不准女儿缠足，除因为刘玉平夫家的女孩没有缠足之外，也为了方便女儿能帮忙自家农事。

其实，受西方传教士的影响，早在清末民初就倡导放足，因为中国幅员太广，刘玉平居住的农村到1940年才开始重视放足。鼓吹放足的人主要是接受新式思想的知识分子，为身先士卒，他们大多从自家眷属开始规劝，例如，前文《你中有我，我中有你》中提到邵梦兰的父亲坚持不让女儿缠足，并不惜顶撞长辈。

值得注意的是，同时期的台湾，在日本殖民政府的强制禁止下，

---

① 殷丽娜访问：《贤良母仪昭远近——刘玉平访谈录》，张李玺主编：《妇女口述历史丛书（1）农村妇女卷》，北京：中国妇女出版社，2015年，第252页。

严禁女性绑脚。①台湾的知识分子也桴鼓相应,例如,台湾嘉义的林蔡素女(1903年生,曾任老师、省议员)表示:

父亲受过新式教育,看法较为开明,姐姐和我便在开通的环境下成长,例如父亲反对女性缠足,小时候,母亲曾自制漂亮的小鞋,准备作为姐姐和我裹脚后穿用,父亲见了,便把那些鞋子烧掉,因此我们姐妹俩都是天足。②

台湾宜兰的女医师陈石满(1909年生)也有相同的记忆:"我父亲是一个很开明的人,举个例子来讲,他认为缠足是落伍的行为,当我母亲要为我姊姊缠足时,他就反对;穿耳洞也是一样。"③

更值得一提的是,同为台湾宜兰的陈爱珠(1914年生,曾任老师、托儿所主任),她的父亲对女孩的教育不是很积极,却很关心家里女辈是否放足,陈爱珠说道:

奇怪的是我父亲虽然不鼓励女孩子念书,但在其他方面却又很开明,以缠足为例,我们三姊妹都没有缠足。当年我父亲说不用缠足,她(大姐)就不曾缠足,这在当时是很少见的,她同辈的朋友,连她在内总共也只有两个人没缠足。而我母亲本来裹小脚,后来也把脚放

---

① 台南厅的保甲规约中规定,除了跖趾弯曲无法恢复者外,未满二十岁的缠足者均须解缠,对女儿绝不可缠足,违约者将受保甲处分之制裁,亦即是由保长、甲长审查其行为轻重,科以100日元以下的罚金。详见吴文星:《日据时期台湾的社会领导阶层》,台北:五南图书出版股份有限公司,2008年,第233页。
② 游鉴明访问,吴美慧记录:《林蔡素女女士访问纪录》,《走过两个时代的台湾职业妇女访问纪录》,第122页。
③ 游鉴明访问,黄铭明记录:《陈石满女士访问纪录》,《走过两个时代的台湾职业妇女访问纪录》,第220页。

了，所以她可以穿普通的鞋，只是鞋子比较小一点。①

关于父亲为何这么注重放足，陈爱珠给了很经典的答案："这也可能是日本人倡导放足，我父亲担任区长，必须以身作则所致。"②而这也正是台湾缠足风气能在20世纪20年代以前就消除的原因。

由此可见，因为受社会风俗影响，在华人的世界里，缠足没有阶层、区域的区隔，至于放足也是一样，而有意思的是，要求女童放足的多为父亲，这些都成为女性受访人生命中的重要印记。

三、她们的教育

近年来，学者发现明清时代出现不少才女，推翻传统女性没有受过教育的刻板印象。③但不可否认的是，才女只是少数人，绝大多数的女性是不曾读过书或不被鼓励念书。前述的林兰珠坦白地说：

我不识字，只会写自己的名字。我年轻的时候帮人带货，村里的人说一定要学会写自己的名字，这样才不会被东家骗了工钱，就让村里识字的人教会我写这三个字，还教我一定要告诉人家是兰花的兰，珠海的珠。④

---

① 游鉴明访问，黄铭明记录：《陈爱珠女士访问纪录》，《走过两个时代的台湾职业妇女访问纪录》，第257页。
② 游鉴明访问，黄铭明记录：《陈爱珠女士访问纪录》，第257页。
③ 关于这方面研究，可参见Dorothy Ko, *Teacher of Inner Chambers*: *Women and Culture in Seventeenth—Century China*, Stanford: Stanford University Press, 1994; Susan Mann, *Precious Records*: *Women in China's Long Eighteenth Century*, Stanford: Stanford University Press, 1997; Susan Mann, *The Talented Women of the Zhang Family*, Berkeley: University of California Press, 2007.
④ 何丽苑、陈晨访问：《生活的苦难与希望——林兰珠女士访问记录》，《用自己的脚丈量历史——潮汕地区女性口述访谈记录》，第164页。

"女性"这个标志,让许多父母没有考虑过她们的教育问题,不少女性虽然后来有机会上学,却是超龄学生,北京的裴王志宏(1928年生)是其中之一:

> 原本母亲不让我念书,但因东北大学的大学生免费教附近民众读书,每天下午两个小时,又离家很近,母亲才让我去读。……正好弟弟六岁要上一年级,于是我俩一道上学,我可说是陪弟弟念书,而这时我已经8岁了。①

前述尹喜妹的父母也因为她是女孩,没有考虑到她的教育问题,而是在小学教书的大哥提醒她的母亲,尹喜妹才上了学,但入学时已经10岁。②

即使读书不是女孩的专利,有的女孩还是通过各种方式进到学校。杨秀英去糖果厂工作前,曾受过教育,她之所以能去读书是因为有人鼓吹女童上学,就同放足运动一样,清末民初的知识分子不只提倡女孩不要绑脚,也鼓励她们读书,据杨秀英陈述:

> 我们都想读书,可是家里太穷,一般女孩子不能读书,每天就在弄堂里跳绳、跳房子。大概9岁的一天,我和小伙伴正在弄堂里玩,有人走进来对我们说:"小姑娘,你们快去读书呀!"他说晚上7点以后可以到对面的华龙路小学去读书,还不收学费呢。当天,我们几个女孩就一起去上学了,一开始人比较少,后来人越来越多,一个教室坐

---

① 游鉴明访问,朱怡婷记录:《裴王志宏女士访问纪录》,《烽火岁月下的中国妇女访问纪录》,第190页。
② 游鉴明访问,黄铭明记录:《尹喜妹女士访问纪录》,《走过两个时代的台湾职业妇女访问纪录》,第13页。

得满满的。①

广东揭西的黄馥蕙（1909年生）则是在教会鼓吹下去读书：

我们的那个时代，可不是轻易有书读的。世俗人家都是送男孩子去读书，女孩子一般都是躲在家里，绣花或者织作，也就做些家庭手工罢了，只有信主的人家才送女儿去读书，我们家是信主的。②

对住在偏远地区的女孩来说，上学是相当辛苦的事，因为多数学校不在居家附近，黄馥蕙回忆那段求学不易的时光：

那时候路程跋涉，要走路、坐车和坐船。我到淑德读书后，一些亲戚、临近乡的女孩子陆陆续续也跟着我出来读书。因为交通不方便，她们有时得在棉湖过夜，后来我们就可以几个人同行了。③

台湾宜兰的廖清香（1935年生）也同样在交通欠便的情况下去上学：

顺安国校离我家非常远，需要步行两个小时才能到校。如果晴天我就当是在散步，倒也还可以，但是天气不好，甚或寒冬日短，天都还没亮，黑漆漆的我就得要出发了，并没有人跟我一道走，我是独自一人都没有随行的同伴，所以常常是一路哭着去上学。所幸回程放学时就会有伴了，是一位隔壁村庄，家住柯林的同学，我们同路可以一起走。……放学回程一样，天也都已经黑了。我在读二年级的时候学

---

① 程郁、王立访问：《家和生计缘为勤——原糖厂同工杨秀英女士口述史》，《上海职业妇女口述史：1949年以前就业的群体》，第244页。
② 杜式敏访问：《黄馥蕙女士访谈纪录》，《用自己的脚丈量历史——潮汕地区女性口述访谈记录》，第10页。
③ 杜式敏访问：《黄馥蕙女士访谈纪录》，第10页。

会了唱儿歌《桃太郎》，因为桃太郎会打鬼，之后我就一路唱着来壮胆。①

女童能否读书端视家长是否有开明思想，江苏江阴的向顷（1918年生），是在父亲的督促下读书，她父亲甚至把读书当成日后女儿的嫁妆：

身为教师，父亲自然很重视我们的教育，我们小时候没有上幼儿园，从小在家要练大字，而且很早就去读书了。那时大家聚在一起写作业，偶尔也会笑闹起来，这时只要父亲在门上轻叩几下，我们就会安静下来继续学习。在这样的家庭氛围下，我们兄弟姐妹都养成良好的学习习惯。家里只有两个男孩，其他两个都是女孩，父亲皆一视同仁，竭力供我们读书，对女孩子也没什么特别的规矩。他曾对我们几个女孩说："让你们好好读书，就算是给你们的陪嫁啦。"②

台湾嘉义的林庄季春（1920年生，药剂师）的父亲也很重视家中小孩的教育，虽然是在日本殖民时期，他给的启蒙教育是汉学，林庄季春回想：

尽管父母亲很忙碌，但他们很重视我们的教育，尤其父亲并不以我们是女孩而有偏见，每天早上都要拨空教我们背经书。他常在黑板上写仁、义、礼、智、信等字，而且要我们站着朗读。在他的严格管

---

① 林怡靓访问：《廖清香女士访谈纪录》，《宜兰文献》第102期，2015年6月，第117—118页。
② 程郁、王雪访问：《一片丹心贯九霄——原公立小学教师向顷女士口述史》，《上海职业妇女口述史：1949年以前就业的群体》，第7页。

教下，我们家姊妹及堂兄都能继续深造读书。①

早期接受新式思想的以男性居多，因此，鼓励女儿读书的多半是父亲，但还是有母亲要求女儿读书识字。陈石满的父亲过世后，她母亲"受到分产不公的刺激，对子女的教育态度有很大的转变，下决心要让我们读书识字"②。

据河南漯河刘桂枝（1926年生）回忆，漯河城里头上学的女孩还不少，而她也不是穷人家的孩子，偏偏她的大哥不肯让她读书，最后是她母亲要她到清真寺里读书：

可是我娘想着一家人都没学过知识，这么一个老妮儿，得让学点儿文化，就这样我还是去上学了。先是在女寺里学习，我们一个班二十多个学生呢，都是小姑娘。……就这样在家里后院女寺里学了两年经，到了十四岁，就开始上男寺去学了，就是白阿訇办的学校。学的有文化课，也有经书，学文化，也学信仰。③

但因为她超龄读书，觉得和班上同学有距离："我上一年级的时候，人家都上三年级、四年级了。这么高的个子了，我想着上也没意思，看着人家也觉得自己这么大了，挺自卑的，好像跟人家不是一个层次的"，再加上，她大哥还是不准她读书，她干脆不念了。④

读完初等教育后，有的女性继续深造，她们大多有家人当后盾，

---

① 游鉴明访问，张茂霖记录：《林庄季春女士访问纪录》，《走过两个时代的台湾职业妇女访问纪录》，第103页。
② 游鉴明访问，黄铭明记录：《陈石满女士访问纪录》，《走过两个时代的台湾职业妇女访问纪录》，第220页。
③ 刘亚娟访问：《相思风雨中——刘桂枝访谈录》，张李玺主编：《妇女口述历史丛书（3）女行政干部和女工人卷》，北京：中国妇女出版社，2015年，第127页。
④ 刘亚娟访问：《相思风雨中——刘桂枝访谈录》，第127页。

并且有良好的经济能力。前面提到尹喜妹在大哥向家人的游说下才读了小学、农业科，尽管家事繁忙，她想继续念书、追求上进的念头却一直都没有断过，有一天，她读到南丁格尔的事迹，深受感动，也想成为一名战地护士，经过考虑，决定找二叔帮忙，她的二叔果真拉了她一把，让她圆梦：

当时我不敢直接对他说，而是写了一封信，表示想念红十字会办的护士学校，请二叔帮忙留意，如果知道什么时候招考，便请代我报名。有一天，我在秧地里帮忙，听到祖母大声叫："喜妹呀！你二叔叫你去红十字会考试哦！"原来二叔在报纸上看到红十字会招生的消息，就替我报名，还要祖母亲自来找我。那时杨梅地区还不曾有人报考红十字会护士学校，我们对各种情况都不清楚，更不知道该校是免费训练，父亲没有表示反对，因为他心里明白，我已放弃投考新竹高女，如果再不让我考护士学校，我会非常难过。

结果尹喜妹的父亲勉为其难地答应，而且出乎意料的，亲自带她北上考试。①

还有女性则自己积极争取教育机会，她们大都是已经成年的女性。为了争取在日本留学的机会，林庄季春回忆道：

转学到广岛市立高等女学校并不是很容易，学校规定必须先通过他们的考试。记得考试那一天，第一项就是考我一个小时的"饮食礼仪"，他们准备了饭以及汤等类的食物，要我当场用餐。由于在日本人的心中，始终将台湾人看成"生番"（山地同胞），认为台湾是个没有受教化的地区，而且对台湾的教育充满怀疑，当时在众目睽睽之

---

① 游鉴明访问，黄铭明记录：《陈石满女士访问纪录》，《走过两个时代的台湾职业妇女访问纪录》，第17页。

下,我很镇定地按照在台南二高女学到的规矩,按部就班地接受测验。我先端坐好,再中规中矩地拿起筷子,并捧起碗扒两下,然后喝一口汤。我这一板一眼的动作,使在座的老师莫不惊讶,他们方才知道台湾的教育是如此严格,而且完全按照礼仪教导。①

女性争取教育权的情形直到现在都还存在,前文提到,曾任台北荣民总医院的医师刘秀枝(1947年生)进入荣总之后,为了争取出国深造的机会,她不惜力争,最后,刘秀枝终于取得赴美深造的机会。

女性有幸读书,那她们在学校受到什么样的教育?传统女性教育要求女性遵守女德,近代教育又是如何?曾当过老师、"民意代表"的台湾嘉义人邱鸳鸯(1903年生),当时她到台北念台湾第一所公立女学校——台北第三高等女学校时,是相当不容易的事,因为学校管理严格,让她难以忘怀,特别是住宿生活:

从南部只身北上读书之后,我住进学寮,学寮的设备还不错,完全由日籍老师管理。但学寮的管理非常严格,若需外出得在下午5点以前返回,逾时便遭罚站处分。用膳时,由学生轮流当值,到饭厅为大家准备碗、盘,再由用膳的人自行取饭、菜。日本舍监便坐在台上,全体学生必须先起立,并闭上眼睛,唱道:"感谢农夫、粒粒辛苦……"唱完后,才可以用餐。吃过饭,各人自由退下。②

护理教育更是严格,日本殖民时期虽没有提供正规的护理学校教育,但从曾在红十字医院接受护产养成训练的林月霞口中,知道她们接受的是军事化生活教育,林月霞曾描述护生挨骂的情形:

---

① 游鉴明访问,张茂霖记录:《林庄季春女士访问纪录》,《走过两个时代的台湾职业妇女访问纪录》,第107页。
② 游鉴明访问,张茂霖记录:《邱鸳鸯女士访问纪录》,《走过两个时代的台湾职业妇女访问纪录》,第76页。

按规定，护生不准在任何场所大声喧哗。但有一次，大伙竟忘情地在公共浴室内高声谈笑。在人声沸腾中，谁也不曾注意到看护妇长也进入浴室，准备沐浴，只听到有人高喊："みんなさん"（即诸位之意），这一喊，全场无不肃静，然后原地聆听教训。在动弹不得下，泡在水里的，热得全身冒汗；正在冲水的，冷得直发抖，而在更衣的，也不敢乱动，就这样足足训话一个小时。①

此外，近代女子教育安排的体育课程，是传统女子教育不曾有过的，当时女学生学习的项目有体操、舞蹈、田径赛，同时，还有与健身有关的社团活动。例如，有各种球类社团，以及远足、登山等户外运动。②其中，日本殖民时期台湾的强行远足是许多女学生的共同记忆，③登上玉山的经验更让林蔡婉难忘，因为那不是一般女学生可以做到的，而她却躬逢其盛，她对登山的经过有深刻记忆：

攀登玉山的活动并不是全校性的，也不是强迫参加，而是由同学

---

① 游鉴明：《日据时期台湾的职业妇女》，博士学位论文，台湾师范大学历史研究所，1995年，第170页。
② 详见游鉴明：《运动场内外：近代华东地区的女子体育（1895—1937）》，台北："中研院"近代史研究所，2009年；游鉴明：《日据时期台湾学校女子体育的发展》，《"中央研究院"近代史研究所集刊》，第33期，2000年6月，第1—75页。
③ 为锻炼学生吃苦耐劳的精神，1920年代末期，曾举办耐热强行远足，当时台北第三高等女学校最先试办，先后以淡水、基隆为目的地。1929年该校远足到新竹湖口，在534名学生中，有132名学生顺利抵达目的地。这群女学生从清晨4点由台北起程，下午5点半到达湖口，步行了约58.9公里，无论时间或步行里程都超乎预想。根据统计，步行35.3公里以上的人数最多，有180人，她们的行程是从台北至中坜；其次是23.5公里以上，计169人，她们的终点站则是桃园。1927年，台北第三高等女学校举办全校登大屯山的活动，创下台湾女性登大屯山的记录；当年，该校的14名学生和5位老师更完成攀登玉山的壮举。在现代人眼中，这是稀松无奇的事，但在女性才开始受到重视的年代，她们的表现则深受瞩目，成为媒体宠儿。游鉴明：《日据时期台湾学校女子体育的发展》，第30—32页。

志愿参加。最初有二十几个人登记参加,但经过体能测验,最后只剩下十二个学生合乎登玉山的条件,而我,便是其中的一位。体能测验就是走"三线路",由当时的北门走到南门、东门,绕着台北的城楼转,走了几里路后,再量脉搏、心跳,脚力欠佳或体力不足的同学就自动放弃了。我们这支登山队,除了学生之外,另有校长及三位老师同行,沿路上也请了十位山胞来帮忙背行李,另有三位警察护送。我们的登山创举是在民国十六年(1927年)的7月7日到7月11日。第一次登玉山觉得很新奇,加上走一走就停下来休息、照照相,也有人来拍电影,所以每个人都不是很辛苦,而且行李、背包都由山胞背,所以爬到山顶时并不觉得累,倒是日后再爬玉山,得要自己背东西时,反而辛苦。这次三高女登玉山的事,不仅报纸大为宣扬,也拍成电影,在今天万华龙山寺公开放映,引来大批人群围观,首开台湾女性登玉山的纪录。①

由上观之,从获得入学、课程安排到学校活动,各地的妇女虽然有着不同的历史记忆,但其中不乏相似的教育经验。

四、她们走入职场与婚姻

从事家务工作或劳动生产是许多女性生命中的一部分,就如前面所述,她们工作的地点是在家里或居家附近,称不上是正式工作。另有一群女性则是正式走入职场,杨秀英11岁开始去华记糖果厂工作,一直到15岁才离开,虽然她是以童工身份进入糖果厂,但工作性质和场所都是正规的。在政府没有制定相关规定之前,确实有不少女孩像杨秀英一样在少不更事的年龄走入职场,只是她们当的是不合法的童工。

---

① 游鉴明访问,蔡说丽记录:《林蔡娩女士访问纪录》,《走过两个时代的台湾职业妇女访问纪录》,第183—185页。

女性的工作有千百种，我无法一一去谈，只选择一些较特殊的例子。例如，新式产婆出现后，她们开始执业，但早期接生地点不在医院，而是产妇家里，因此，产婆需要到处奔走，相当辛苦。例如，台湾的产婆刘阿秀描述道：

有一回我到瑞芳接生，该地离我住处很远，我无法像往常一样骑脚踏车前往，对方便雇三轮车来载我。谁知走到半路，车子无法再往前走，因为接着是一段山路，我只好随来接我的人爬山，可是走了好长一段路，仍未到达目的地。我心里很纳闷，便问对方，对方直安慰我说："就快到了！"就这样，我不知走了多少路才到产妇家。①

曾在台湾嘉义蒜头公学校当老师的邱鸳鸯（1903年生），为了去蒜头公学校教书，更是辛苦：

从家里到学校路程遥远，我必须走八里路，或者花八角钱请三轮车载我到溪边，再搭排筏过溪，然后再步行两里路，方才到达学校，上学、放学都很不方便。那段时期经常下雨，校园环境不好，设备又简陋；每一下雨，校内便到处积水，我从办公室到教室上课常要涉水，一双袜子从早上湿到下午，不自觉地便得了香港脚。这毛病拖延了卅几年。②

早期女性的职业多半是教师或护产之类，尽可能与同性工作，即使是在工厂的女工，也不和男工混杂。不过，随着女性能选择的职业增多后，男女一起工作或竞争的机会日渐增加。有不少女性在工作上

---

① 游鉴明访问：《刘阿秀口述访问纪录》（1992年7月21日，未刊稿），收入游鉴明：《日据时期台湾的职业妇女》，第158页。
② 游鉴明访问，张茂霖记录：《邱鸳鸯女士访问纪录》，《走过两个时代的台湾职业妇女访问纪录》，第77—78页。

的表现不落男性之后，甚至超越男性。前章提到的林蔡素女，就是相当了不起的女性，从日本殖民时期到战后台湾，她始终是职场尖兵；林蔡素女甚至积极妇女工作，无论地方妇女会、省妇女会或妇联会，都有她的身影。而在众多的工作领域中，她之所以能和男性平起平坐，或是领导男性，全因为她抱持着："妇女出来做事不容易""妇女在以男性为主的场合中做事，更要注意自己的行为举止，才不会让人看轻"的自我期许。

还有一种职业，特别能看出女性的决心，那就是当兵。浙江慈溪的张颖非（1929年生），在升小学五年级时，新四军派人到学校招生，那时他们需要的是小学毕业生，但她渴望去当兵，为什么她要去呢？张颖非直白地说："寄人篱下辛苦，去当兵多好。"① 后来因班主任的帮忙，她终于进了新四军的"三五支队"，这期间吃尽苦头，她却甘之如饴：

参加新四军之后，我好高兴。那时候部队里没有干粮吃的，干粮就是地瓜。我们吃大米稀饭，没有青菜，就是炒黄豆。浙江的冬天，我们穿的草鞋，脚都冻红了。小姨看到说，你冷不冷，痛不痛啊。我说，不冷，不痛。有时晚上睡得好好的，我们必须马上起来穿衣服走。我们一路打瞌睡，到达营地的时候，背包一放下就倒地睡着了。吹哨了就要赶紧跑，不敢掉队，掉队被抓到就不行啊，被抓到就杀掉了。原来跟我一起参军的小学毕业生很多都回家了，我不回家，反倒很开心，可能觉得现在可以去抗战了。②

前章也提到，菲律宾华侨林作梅曾回忆，他们在抗日战争时期组

---

① 王欢访问：《我的半新旧年代——张颖非访谈录》，张李玺主编：《妇女口述历史丛书（4）女战士和女干部卷》，北京：中国妇女出版社，2016年，第85页。
② 王欢访问：《我的半新旧年代——张颖非访谈录》，第85页。

织"松花江中队",专门招收女青年,一位只有十几岁的女孩林淑慧,也去报名,虽然林作梅以年纪为由,劝林淑慧知难而退,但林淑慧的豪气感动了林作梅,终于有机会进入特工总队,从这段来自男性而非林淑慧本人的回忆,更具有意义,因为连男性都被小女孩的爱国心所折服。

结婚是不少成年女性必经的生命历程,她们甚至为了婚姻而放弃工作。走入婚姻之前,她们的感情世界如何?在指腹为婚、媒妁之言的年代,她们又怎么面对或因应婚姻。林兰珠的婚姻可以用"凄苦"二字形容,来自贫困家庭的她,婚姻只能任人摆布,她回想道:

> 阿姆给我在村里找了个媒人婆……媒人婆后来说,这户人家住在贵头村,是乡长,好歹都会有两碗饭给你吃的。我们听这样说,心想这样的人家为什么会娶我呢?但既然人家都愿意娶,我又还求什么呢,就答应嫁过去了。当时结婚没有什么仪式的,人过去就算完成了。我家都快没人了,又穷得一无所有,不要说嫁妆,也不要说新衣服,我连双鞋都没得穿。我的公公是乡长,家里有钱。我的丈夫当年已经23岁,可是很矮很矮,大概只到我的胸口的位置,肚子胀得很大很大,不知道是得了什么病。我也就明白了,他为什么会娶我这样穷的人家的女儿。①

原以为结婚后生活会改善,但林兰珠结婚时,夫家只送了一双用皮带缠出来的木屐,而且实际上是当他们家的"妹仔",她丈夫家里有7亩地,她每天要做的事情就是帮忙耕田,一大早起来,得做除草、采杞、砍柴这些事情,连她的阿姆也跟着做。林兰珠不曾和她丈夫圆房,嫁过去8个月后,她的丈夫就死了,因为没地方可去,又得想法子让自己活下来,她在这家待了差不多一年,她家老爷见她勤快能干,

---

① 何丽苑、陈晨:《生活的苦难与希望——林兰珠女士访问记录》,《用自己的脚丈量历史——潮汕地区女性口述访谈记录》,第167—168页。

也没有刁难她。但这户人家其实想把她嫁给别人,她心酸地说:"我一直都一个人睡在自己的房间里,可是有一天,一个男人走进来,他说是老爷让他过来和我睡的,老爷已经收了他做干儿子。"她不同意,老爷却又提出要她去坟地为她丈夫"行清",她坚持不肯去,最后离开了这户人家,然后再嫁他人。①

相对于贫困家庭的女性,富裕家庭的女性通常是与门当户对的人家联姻,对这样的婚姻,他们较能认同。例如,从小定亲的邵梦兰答:"我没什么感觉,也不会去反对,虽然受了新式教育,但是不知道什么婚姻自由。"②邵梦兰尚未成亲前,有不少爱慕者,为忠于未婚夫,她想出许多推托办法,其中一个是:

当时风气比较保守,班上男同学有人想和我做朋友,便请老师居间介绍,我告诉老师我已经订婚了,不能交男朋友。他们不相信,因为不曾见到男孩子写信给我,可见他们相当注意我的事,还到学校的邮务局去查,认定那是我的推托之词。我设法让我未婚夫写封信来给我,以资证明。可是我总不能主动写信给他,便寄了一本《新堤》过去,他一看便写了封信来。由于我说我的未婚夫在杭州念之江大学附设中学,可是他们还不相信,便联合了几个想追我的人,一起到杭州去,跑去验明正身,看看究竟有没有这回事。我未婚夫完全不知道怎么回事,看到一批从上海复旦实验中学来的人自称是我的同学,也只好招待他们一番。这些男同学回来之后,告诉大家真有这么一回事。从此就没有人再啰唆。③

对媒妁之言或指腹为婚的伴侣,当事的男女两方其实都相当好

---

① 何丽苑、陈晨:《生活的苦难与希望——林兰珠女士访问记录》,第168页。
② 游鉴明访问,黄铭明等记录:《春蚕到死丝方尽:邵梦兰女士访问纪录》,第91—92页。
③ 游鉴明访问,黄铭明等记录:《春蚕到死丝方尽:邵梦兰女士访问纪录》,第68—69页。

奇,男性特别敢去揭开另一半的面纱,而女性的反应又如何? 例如,本书不断提到邱鸳鸯婚前拒绝被男性(后来成为她的丈夫)偷窥的故事,这背后呈现了女性对感情的执着与自我保护,就如她坦率地说:"我并不是要出售的物品,当然不轻易让他看。"

同样的,林蔡素女也有被男性偷看的经验,当时她的父亲请托台湾文化协会的会员蔡培火为女儿做媒,蔡培火介绍了也是文协的会员林丽明,因此林丽明到林蔡素女服务的学校看她,林蔡素女的反应也相当有意思,她说:

> 有次,学校举行运动会,林丽明到学校来看我,我那时正忙着带学生参加比赛,不曾注意到这么一个人,反倒是杨笑老师告诉我,说是有个年轻男子一直往我们这边看,而那时,学校女老师只有我们两位,不是看她,就是看我,我回答她说:"管他怎么看,他看我们,我们也看他!"①

和许多女性不同的是,这两位台湾知识女性呈现了强烈的女性意识。

至于在婚姻仪式上,受台湾新文化运动的影响,林蔡素女表示:"订婚时,我们双方认为传统婚礼过于烦琐,应该改革,因此,女方没有收男方聘金,喜饼也只象征性地拿一点。"林蔡素女的父亲主张男女平等,②双方要相互照应,因此,结婚的迎娶过程相当烦琐:

> 我们的婚礼先是新式婚礼,当天我穿了一件专程在台北订制、由香港进口的洋式白纱礼服。不过婚礼是在我的老家北港举行,因此有些亲戚取笑我们究竟是嫁女儿,还是娶媳妇。其实是因我家在地方上

---

① 游鉴明访问,吴美惠记录:《林蔡素女女士访问纪录》,《走过两个时代的台湾职业妇女访问纪录》,第129—130页。
② 游鉴明访问,吴美惠记录:《林蔡素女女士访问纪录》,第130—131页。

较有名望,双方为了重视这场婚礼,便在北港行婚礼。结婚当天,先是林家派人来迎娶,接着举行结婚典礼、拍照;然后坐人力车到北港车站,再换小火车到嘉义车站;到了嘉义,先由人力车载到我父亲开设的木材行休息,最后再由嘉义坐火车到彰化。到了彰化,又换成旧式婚俗,由大鼓吹迎娶入新房。①

邱鸳鸯的结婚仪式则是新式中带着传统:

民国十五年12月,我们结婚。他雇了轿车来迎娶我,而且在车子前方插上了他的校旗,那时候乡下人根本没见过这种场面,还以为我们是迎神赛会呢!……我出嫁的时候,只有简单的家具作为嫁妆,另外陪嫁一位八岁的婢女。②

受自由恋爱和独身主义的影响,有的女性翻转过去的婚姻观念,例如勇于向异性表露感情的,通常是男性,但新女性在感情上的选择也不落男性之后。前面提到,罗友伦和妻子的相识,是在女方主动邀约下,展开戏剧性的恋情;曾任女警官与国大代表的陈湄泉,则坦承自己和丈夫相恋时,采用了"七擒七纵"的方法,掳获了丈夫的心。

前述因口述访问得来的各种婚姻形态,提供从事华人家庭婚姻史研究者多元的视角。

五、她们的烽火岁月

抗日战争爆发,中国人面临各种苦难,相关的记载呈现在许多历

---

① 游鉴明访问,吴美惠记录:《林蔡素女女士访问纪录》,第131页。
② 游鉴明访问,张茂霖等记录:《邱鸳鸯女士访问纪录》,《走过两个时代的台湾职业妇女访问纪录》,第81页。

史记忆的文本中,女性口述史料也有不少这类回忆,尽管其中有雷同之处,却道出女性在烽火岁月中是如何幸存的,每一则叙述都充满血泪与恐惧。

安徽的余文秀(1921年生,曾任小学教师、货物检查员)说出了当时日军进入家乡的惊险情形:

有一次,我们在逃难的那条路上,遇到一个部队,有骑马的,也有走路的步兵。当时没有人说是日本军队,大家都说是中央军队,我们这些小孩还爬到围墙上跟他们挥手、欢迎他们,大人则在牛车上休息。幸好没有人认出那是日本兵,因为如果有人说那是日本兵,一定会慌乱逃跑,这一来就会引起日本人注意,甚至会被扫射,还好我们没有什么动静,他们就这样过去了。我们到家时,有人告诉我们,日本军刚从我们走的那个方向过去。①

流亡的经验更是在许多女性生命中留下深刻记忆,向顷记得:

11月,听说日本军队将进攻无锡,逃难便开始了。我们分成两路,姐姐和一个妹妹跟着姨父逃到苏北,我们一路逃到无锡的乡下。那天家里人先走的,几个男教师拉着黄包车,上面装着各自的行李。我一个人随后到乡下去,大约走了一天才到达。我和家人总算没有风餐露宿,付点租金借住在农民家里。那幢房子还挺好的,周围是一片田野。随后日本飞机常来轰炸,那家人挖了地洞,听到飞机轰鸣声大家立刻躲进地洞,直至平静才敢出来,那段日子挺恐惧的。②

---

① 游鉴明访问,陈千惠等记录:《余文秀女士访问纪录》,《烽火岁月下的中国妇女访问纪录》,第125页。
② 程郁、王雪访问:《一片丹心贯九霄——原公立小学教师向顷女士口述史》,《上海职业妇女口述史:1949年以前就业的群体》,第11页。

最恐怖的莫过于空袭警报，很多人因此而神经衰弱。①但无论如何，他们必须设法应对，让日常生活尽量正常。例如，当时在衢州中学当校长的邵梦兰为了躲避日机空袭，他们上课的地点是在公园：

衢州中学本来在衢州府城，当时被日本鬼子炸毁了，因此迁到乡下去。学校分高中部及初中部两个地方疏散，临时借用祠堂、庙宇及民房上课，偶尔还是有敌机来袭，因此必须逃警报到公园去。公园中有大石块堆成的假山，像岩洞一样。敌机还没到时，我坐在假山上看书，听到紧急警报声，再进入岩洞中。如果是上课时间来警报，学生会一起进入学校中的掩体内。②

在严州中学当校长时，因为学校被炸毁，邵梦兰想尽办法，让学生能安心上课：

严州中学后来也因为战争而搬迁了，首先搬到我家，后来我家也被炸了，只好迁到乡下去，桌椅全部带去。这次搬迁是透过我接头的……迁校的方法是由我去找程村保长谈，并提到我父亲邵鸿烈的名字，他们都很帮忙，为我找到程村的吴氏祠堂，作为高中部上课的地方。我又找到程村一处全部住了邵姓人家的地方，把严中的附小搬到这里来。我一去邵家，辈分是姑奶奶，大家很招呼我，对我的要求都可以立刻办到。我要求附小要有操场，他们每家每户立刻摊丁做了一处操场。为了运严州中学的图书及仪器来，我通知程村保长，第二天要50名工人，把东西挑五里路远，他们也迅速照办。我向保长说："我们没地方升旗，把程村前池塘填起来，我们就有地方了。"他

---

① 张瑞德：《在轰炸的阴影下——抗战时期重庆民众对空袭的心理反应》，李国祁教授八秩寿庆论文集编辑小组编：《近代国家的应变与图新》，台北：唐山出版社，2006年，第261—278页。
② 游鉴明访问，黄铭明等记录：《春蚕到死丝方尽：邵梦兰女士访问纪录》，第117页。

说:"那很简单。"才几天的时间,就把池塘填起来了。这些都是免费的,他们对于学校搬来这里,都是求之不得。①

邵梦兰的这段口述不得不令人由衷佩服,她应对战争的机智与冷静,完全不输给男性。

抗日战争期间同样扰民的是盗匪,因为他们趁火打劫,让不少人深恶痛绝。前述的张王铭心提到衡阳遇劫的这件事,让她终生难忘,据她描述,腊月二十七日晚上,4个军人打扮的抢匪闯入衡阳的家,幸而她父亲善于应对,才让全家逃过一劫。张王铭心描述:

我爸爸招呼他们:"只要能拿,你们喜欢什么就尽量拿!"结果他们把所有的皮袍和棉袍都拿走,最后我只剩身上穿的一件夹袍。他们还拿枪指着正在写信的我,说:"把你先生交出来!"这个问题可把我给难住了,我不敢讲我还没结婚,只好说:"他出差了。"想不到其中一人上前拉住我的手,从我的腕关节往上一直捏到上手臂,然后换捏另一只手,捏完了,他说:"你也很穷喔!连镯子都没一只!"我说:"逃难啊!哪来的手镯?"他问:"你们逃什么难?""抗战啊!难道你没参加吗?"他只笑一笑,就不作声了。我们全家的厚袍子都被他拿走了,害我们大过年冷得要死,只得靠亲戚送衣服穿。这件事我永远忘不了,因为事情发生时快过年了,而且当时我正在写信要哥哥寄钱来,已经写了两页,其中一个军人把信一看,说:"哦!你还是个读书人哦!"我信中写的大意是:"父母和家里都好,就是连买菜钱都没有,快过年了,请你们带点钱回来,老小好用。"他看完后,默默地把信放在桌上,更可证明我们家里没钱。不知是否因为我是读书人,他们才对我客气。但我爸爸对他们更

---

① 游鉴明访问,黄铭明等记录:《春蚕到死丝方尽:邵梦兰女士访问纪录》,第126—127页。

客气,一直嚷着:"请坐!请坐!抽烟!抽烟!泡茶!泡茶!"还拿花生、瓜子、糖果招待他们。①

这段看来轻松的陈述,其实充满惊恐。

战争期间,有人接受临时军事训练,这是一般女性普遍没有的经历,余文秀把在大别山受训的情形娓娓道来:

我们的训练是军事训练。不管男女生都一样,但对女性而言,最大的困难是上厕所,特别是晚上。男生可以随便在哪儿就解决,我们女生就很不方便,因为厕所离宿舍很远,一方面怕遇到坏人,另一方面又害怕山里的野生动物,所以上级交代,如果晚上有女同学要上厕所,便由守卫陪我们去。我们不敢一个人去,都是两个人一道去,想要方便,就叫醒隔壁的同学。当时的厕所和家乡不同,有一个大坑洞,上面铺几块板,但没有门。夏天洗澡也是在外边。天冷时,大家就在女生宿舍里擦一擦身子,但夏天就不行,出操完后,就流一身汗;冬天则是好几天洗一次,厨房会不断地烧热水,有时也只能洗洗脸、洗洗脚。②

与空袭、流亡一样,在抗战期间,许多女性面临饥饿或者粮食不足的问题。北京的王志宏提到洋芋就害怕,因为:

在日本人的殖民统治下,物资受到各种管制,米跟高粱都给收走,每家每户按配给取粮,有时排队想买一小口袋的粮食,却很贵,几乎可以说买也买不到。多半配给是猪吃的大豆饼,另外配给最多的

---

① 游鉴明访问,陈千惠等记录:《余文秀女士访问纪录》,《烽火岁月下的中国妇女访问纪录》,第77—78页。
② 游鉴明访问,朱怡婷记录:《裴王志宏女士访问纪录》,《烽火岁月下的中国妇女访问纪录》,第129页。

是洋芋，一口袋、一口袋的送到我们家来，我母亲切一切、炒一炒给大家吃，或者蒸着吃，买糖沾，后来吃腻了，就不吃。到现在我不吃洋芋，就是那段时间吃怕了。

不过，王志宏的外婆家有种菜，舅舅家的人就常用车子将自己的菜园子里种的东西送来给她们。①这种仰赖农村接济生活的情形，似乎普遍可见，台湾的陈石满也提到：

太平洋战争爆发之初，我们还照常开业。虽然民生日趋困难，但我们经济本较宽裕，生活问题不大，而且因为我们常常不向病人收费，所以患者不时会送些鱼类、蔬菜和米。有一个患者家里以杀猪为业，就常把排骨之类的瘦肉送给我们。后来战况紧急，而且有的医生被征调去当军医，我们才疏散到乡下去，免费借用佃户的房子，为期大约一两年。那段日子，我们什么也没做，只是学学种菜，过普通的家居生活。②

陈石满之所以得到充分粮食，主要是她和她丈夫向来善待病人，病人在他们有难时，很自然地回馈。

这种把自家粮食送给别人的情形，还包括上海南汇的倪凤仙（1922年生），他们家经常送米粮给人口众多的牧师：

日本人不在租界杀人，可管制大米的买卖，看见米袋之类会用刺刀戳破，食物成了大问题。当时只能买到"洋籼米"，不仅贵得要命，有时有钱也买不到，而肉就更少了，我们家给商人多一些钱，希望他们送

---

① 游鉴明访问，朱怡婷记录：《裴王志宏女士访问纪录》，第188—189页。
② 游鉴明访问，黄铭明记录：《陈石满女士访问纪录》，《走过两个时代的台湾职业妇女访问纪录》，第235页。

好一点的米来……当时教堂里的牧师也不富裕，一个住在淡水路的张牧师，家里孩子很多，生活拮据，我们就常送点吃的给他们。①

抗日战争带来的浩劫，让许多中国人因此骨肉分离、流离失所，在曾历经这场战争的人们的记忆中，往往不堪回首，特别是战争中的女性，被迫改变命运。

六、小　结

研究妇女史最大的问题是，史料复杂、多元，又琐细，从事妇女史研究不仅要"上穷碧落下黄泉，动手动脚找东西"，还要"排沙见金"，尽管这是一大挑战，却也是研究妇女史者必经的途径，因为唯有这样，才能从复杂中寻找出理路，并建构具历史意义的妇女历史。口述史料也呈现同样情形，特别是记忆故事在口述访谈的语境中是被建构与陈述；②另外，相对于男性的访谈，女性的陈述，往往被认为只是琐碎的日常生活，无法与大历史结合。然而，当多元、细琐的陈述化为系统性的女性历史时，女性的口述史料，对检证妇女历史或重建妇女历史，就有不可忽视的贡献。爬梳女性口述历史史料，如果只是选择一位女性的生命史，容易流于孤证，但如果是一群来自不同区域、阶级女性的口访资料，将让女性历史更加丰富而立体。

就如本文的研究，把不同区域和阶级女性的多种声音，汇归在同一议题和事件中分析，可提供女性史研究三个思考方向：首先，女性口述历史能与其他史料对话，例如，墓志铭、地方志书、文集或小说等史料曾描述传统女性的独立自主或权威性，女性的口访中验证了这

---

① 屠立晨、程郁访问：《桃李春风满天下：原教会小学教师倪凤仙女士口述史》，《上海职业妇女口述史：1949年以前就业的群体》，第62页。
② [英]Lynn Abrams：《兼为材料与研究主题的记忆：口述史的变迁》，汪正晟译，《口述历史》第14期，2016年10月，第330—333页。

些女性不是虚构的人物；其次，根据刻板的说法，男性被视为是束缚女性的主力，但通过女性的自述，发现在缠足、教育和婚姻这方面，男性有时不是阻力而是助力，他们既解放了女性的身体，又让女性拥有知识，甚至让她们不受传统婚俗的牵制；最后，口述史料让历史有新的视野，例如，许多农村女性投入生产劳动，除改变家庭经济外，对整体农业发展也有不小帮助，但过去的农业研究，很少加入女性的角色。

必须一提的是，本文的研究其实留有很大空间，可以继续填补，毕竟近年来女性的口述史材相当丰富，我只是抛砖引玉。但书写本文的最大目的是，口述史料作为研究主题时，不要忽视跨性别、区域、阶级、宗教的史料，如果能做到跨国的比较研究，女性史的研究将更具有意义。

征引书目

中文部分

专　书

[美]渥伦·法若（Warren Farre）：《男性解放》（*The Liberated Man*），郑至慧等译，台北：妇女新知出版社，1987年。

游鉴明：《日据时期的台湾女子教育》，台湾师范大学历史研究所专刊（20），台北：台湾师范大学历史研究所，1988年。

杨翠：《日据时期台湾妇女解放运动——以〈台湾民报〉为分析场域（1920—1932）》，台北：时报文化，1993年。

卓意雯：《清代台湾妇女的生活》，台北：自立晚报，1993年。

[美]唐诺·里齐（Donald A. Ritchie）：《大家来做口述历史》（*Doing Oral History*），王芝芝译，台北：远流出版社，1997年。

陈玉玲：《寻找历史中缺席的女人：女性自传的主体性研究》，嘉义：华南管理学院，1998年。

曾秋美：《台湾媳妇仔的生活世界》，台北：玉山社，1998年。

叶汉明编著：《主体的追寻——中国妇女史研究析论》，香港：香港教育图书公司，1999年。

张广智、陈新：《年鉴学派》，台北：扬智文化，1999年。

［英］保罗·汤普逊（Paul Thompson）：《过去的声音》（*The Voice of the Past：Oral History*），贾方明等译，沈阳：辽宁教育出版社，2000年。

王晴佳、古伟瀛：《后现代与历史学：中西比较》，台北：巨流图书公司，2000年。

［美］娜塔莉·泽蒙·戴维斯（Natalie Zemon Davis）：《档案中的虚构》（*Fiction in the Archives*），杨逸鸿译，台北：麦田出版社，2001年。

胡晓真：《才女彻夜未眠：近代中国女性叙事文学的兴起》，台北：麦田出版社，2003年。

李小江主编：《让女人自己说话：亲历战争》，北京：生活·读书·新知三联书店，2003年。

吴文星：《日据时期台湾的社会领导阶层》，台北：五南图书出版股份有限公司，2008年。

游鉴明：《运动场内外：近代华东地区的女子体育（1895—1937）》，台北："中研院"近代史研究所，2009年。

期刊论文

张素碧：《日据时期台湾女子教育研究》，《云林工专学报》第4期，1985年5月，第429—519页。

李有成：《论自传（上）》，《当代》第55期，1990年11月，第20—29页。

卢蕙馨评Margercy Wolf: *A Thrice Told Tale：Feminism Post-*

modernism and Ethnographic Responsibility，《近代中国妇女史研究》第1期，1993年6月，第293—300页。

吕芳上：《另一种"伪组织"：抗战初期婚姻与家庭问题初探》，《近代中国妇女史研究》第3期，1995年8月，第97—121页。

王明珂：《谁的历史：自传、传记与口述历史的社会记忆本质》，《思与言》第34卷第3期，1996年9月，第147—183页。

游鉴明：《"中研院"近代史研究所的近代中国妇女史研究》，《近代中国妇女史研究》第4期，1996年8月，第297—319页。

游鉴明：《历史口述访问面面观》，《宜兰文献》第36期，1998年11月，第61—71页。

刘静贞：《书写与事实之间——〈五代史记〉中的女性像》，《中国史学》第12卷，2002年10月，第51—64页。

刘静贞：《欧阳修笔下的宋代女性——对象、文类与书写期待》，《台大历史学报》第32期，2003年12月，第57—76页。

傅大为：《谁会是谁的工具？口述史、女性主义与阿妈的故事》，《当代》第202期，2004年6月，第14—23页。

游鉴明：《请听我的声音——响应傅大为教授〈谁会是谁的工具？口述史、女性主义与阿妈的故事〉》，《当代》第205期，2004年9月，第140—143页。

游鉴明：《当外省人遇到台湾女性：战后台湾报刊中的女性论述（1945—1949）》，《"中研院"近代史研究所集刊》第47期，2005年3月，第165—224页。

[日]野村鲇子：《士大夫如何书写家中女性：试从性别观点研究古典文学》，涂翠花译，《当代》第214期，2005年6月，第70—87页。

柯惠铃：《轶事与叙事：左派妇女回忆录中的革命展演与生活流动（1920s—1950s）》，《近代中国妇女史研究》第15期，2007年12月，第141—162页。

游鉴明：《导言》，《近代中国妇女史研究》第15期，2007年12月，第Ⅰ—Ⅳ页。

罗久蓉：《近代中国女性自传书写中的爱情、婚姻与政治》，《近代中国妇女史研究》第15期，2007年12月，第77—140页。

［英］Lynn Abrams：《兼为材料与研究主题的记忆：口述史的变迁》，汪正晟译，《口述历史》第14期，2016年10月，第317—347页。

专书论文

张瑞德：《自传与历史——代序》，张玉法、张瑞德主编：《中国现代自传丛书》辑1，台北：龙文出版社，1989年。

张玉法：《新闻与口述历史》，"中研院"近代史研究所口述史组编：《口述历史进阶研习营学员手册》，台北："中研院"近代史研究所口述史组（内部资料），2000年，第139—146页。

游鉴明：《口述历史与台湾妇女史研究》，"两岸信息社会的史学与应用学术讨论会"筹备委员会编：《两岸信息社会的史学与应用学术讨论会论文集》，台北：铭传大学通识教育中心，2001年，第233—257页。

张玉法：《张序》，《倾听她们的声音：女性口述历史的方法与口述史料的运用》，台北：左岸文化事业有限公司，2002年，第4—8页。

张瑞德：《在轰炸的阴影下——抗战时期重庆民众对空袭的心理反应》，李国祁教授八秩寿庆论文集编辑小组编：《近代国家的应变与图新》，台北：唐山出版社，2006年，第261—278页。

梅嘉乐：《挑战/定义现代性：上海早期新闻媒体中的女性(1872—1915)》，孙丽莹译，游鉴明等编：《共和时代的中国妇女》，台北：左岸文化出版社，2007年，第255—310页。

沈怀玉:《口述历史在台湾的发展》,当代上海研究所编:《口述历史的理论与实务——来自海峡两岸的探讨》,上海:上海人民出版社,2007年,第92—111页。

游鉴明:《倾听她们的声音:从邵梦兰女士的访问纪录说起》,当代上海研究所编:《口述历史的理论与实务——来自海峡两岸的探讨》,上海:上海人民出版社,2007年,第171—176页。

张力:《军政人物的访谈经验》,当代上海研究所编:《口述历史的理论与实务——来自海峡两岸的探讨》,上海:上海人民出版社,2007年,第161—170页。

学位论文

杨雅慧:《战时体制下的台湾妇女(1937—1945)——日本殖民政府的教化与动员》,硕士学位论文,台湾清华大学历史研究所,1994年。

游鉴明:《日据时期台湾的职业妇女》,博士学位论文,台湾师范大学历史研究所,1995年。

许芳庭:《战后台湾妇女运动与女性论述之研究,1945—1972》,硕士学位论文,私立东海大学历史研究所,1997年。

游千慧:《1950年代台湾的"保护养女运动":养女、妇女工作与国家》,硕士学位论文,台湾清华大学历史研究所,2000年。

口述访问记录

(一)"中研院"近代史研究所口述历史丛书的访问记录

沈云龙访问,林能士、蓝旭男记录:《凌鸿勋先生访问纪录》,1982年。

张朋园、林泉访问,郭廷以校阅:《林继庸先生访问纪录》,

1983年。

陈存恭访问:《徐启明先生访问纪录》,1983年。

沈云龙访问,林泉记录:《王铁汉先生访问纪录》,1985年。

陈存恭访问:《石觉先生访问纪录》,1986年。

陈存恭访问,官曼莉记录:《张式纶先生访问纪录》,1986年。

沈云龙访问,林泉记录,郭廷以校阅:《于润生先生访问纪录》,1986年。

张玉法、沈松侨访问:《董文琦先生访问纪录》,1986年。

郭廷以、张朋园访问,马天纲、陈三井记录:《白瑜先生访问纪录》,1987年。

沈云龙访问,陈存恭记录:《刘景山先生访问纪录》,1987年。

张朋园等访问:《郭廷以先生访问纪录》,1987年。

黄嘉谟、陈存恭访问,陈存恭记录:《劳声寰先生访问纪录》,1988年。

张朋园、陈三井、马天纲访问,陈三井记录:《袁同畴先生访问纪录》,1988年。

张朋园、林泉、张俊宏访问:《于达先生访问纪录》,1989年。

张朋园、林泉、张俊宏访问:《盛文先生访问纪录》,1989年。

郭廷以、王聿均访问,谢文孙、刘凤翰记录:《邓家彦先生访问纪录》,1990年。

陆宝千访问,官曼莉记录:《郑天杰先生访问纪录》,1990年。

沈云龙、张朋园、刘凤翰访问,张朋园、刘凤翰记录:《刘航琛先生访问纪录》,1990年。

沈云龙、林泉访问,林忠胜记录:《齐世英先生访问纪录》,1990年。

王萍访问,官曼莉记录:《杭立武先生访问纪录》,1990年。

刘凤翰、张力访问:《丁治盘先生访问纪录》,1991年。

刘凤翰访问,刘海若记录:《丁廷楣先生访问纪录》,1991年。

陆宝千访问：《金开英先生访问纪录》，1991年。

熊秉真访问，郑丽榕记录：《杨文达先生访问纪录》，1991年。

张朋园访问，郑丽榕记录：《龙绳武先生访问纪录》，1991年。

张玉法、陈存恭访问，黄铭明记录：《刘安祺先生访问纪录》，1991年。

陈慈玉、莫寄屏访问，陈南之、蔡淑瑄、潘淑芬记录：《蒋硕杰先生访问纪录》，1992年。

黄嘉谟、朱浤源访问，郑丽榕、丁素湘记录：《潘宗武先生访问纪录》，1992年。

郭廷以、沈云龙访问，谢文孙、刘凤翰记录：《钟伯毅先生访问纪录》，1992年。

陆宝千访问，郑丽榕记录：《黄通先生访问纪录》，1992年。

王萍访问，洪慧丽、蔡说丽记录：《贾馥茗先生访问纪录》，1992年。

杨翠华访问，杨明哲、万丽鹃记录：《阮维周先生访问纪录》，1992年。

陈存恭访问，陈美惠记录：《赵正楷先生访问纪录》，1993年。

胡国台访问，郭玮玮记录：《刘真先生访问纪录》，1993年。

刘凤翰访问：《尹国祥先生访问纪录》，1993年。

沈云龙访问，谢文孙记录，郭廷以校阅：《傅秉常先生访问纪录》，1993年。

沈云龙访问，贾廷诗等记录，郭廷以校阅：《万耀煌先生访问纪录》，1993年。

张朋园、杨翠华、沈松侨访问，潘光哲记录：《任以都先生访问纪录》，1993年。

张朋园访问，罗久蓉记录：《周美玉先生访问纪录》，1993年。

游鉴明访问，吴美慧等记录：《走过两个时代的台湾职业妇女访问纪录》，1994年。

朱汜源、张瑞德访问，蔡说丽、潘光哲记录：《罗友伦先生访问纪录》，1994年。

沈云龙访问，谢文孙、胡耀记录：《张知本先生访问纪录》，1996年。

许雪姬、沈怀玉访问：《陈湄泉先生访问纪录》，1996年。

王聿均访问：《汪崇屏先生访问纪录》，1996年。

张存武等访问，林淑慧记录：《菲律宾华侨华人访问纪录》，1996年。

张朋园、林泉、张俊宏访问：《王微先生访问纪录》，1996年。

刘凤翰访问，李郁青记录：《温哈熊先生访问纪录》，1997年。

沈云龙访问，林泉记录：《刘承汉先生访问纪录》，1997年。

沈云龙、张朋园访问，林能士记录，沈云龙校阅：《关德懋先生访问纪录》，1997年。

王聿均访问：《莫纪彭先生访问纪录》，1997年。

陈存恭、潘光哲访问，潘光哲记录：《刘象山先生访问纪录》，1998年。

陈三井访问，李郁青记录：《熊丸先生访问纪录》，1998年。

张力、曾金兰访问记录：《池孟彬先生访问纪录》，1998年。

黎志刚访问纪录，陈绛校阅：《李承基先生访问纪录》，2000年。

刘素芬、庄树华访问，向明珠、陈怡如记录：《一个经济小兵的故事：顾应昌先生访问纪录》，2000年。

张存武访问，李郁青记录：《张希哲先生访问纪录》，2000年。

吕芳上、黄克武访问，王景玲记录：《历尽沧桑八十年：楚崧秋先生访问纪录》，2001年。

李毓树访问：《戢翼翘先生访问纪录》，2001年。

许雪姬访问：《日据时期在伪满洲的台湾人》，2002年。

许雪姬、丘慧君访问：《许丕樵先生访问纪录》，2003年。

陈仪深等访问，王景玲等记录：《郭廷以先生门生故旧忆往录》,2004年。

罗久蓉、游鉴明等访问,丘慧君等记录:《烽火岁月下的中国妇女访问纪录》,2004年。

张力等访问、记录:《"海军"人物访问纪录》第2辑,2004年。

黄克武访问,潘彦蓉记录:《李亦园先生访问纪录》,2005年。

罗久蓉访问,丘慧君记录:《姜允中女士访问纪录》,2005年。

游鉴明访问,黄铭明等记录:《春蚕到死丝方尽:邵梦兰女士访问纪录》,2005年。

张启雄、潘光哲访问,王景玲记录:《汤铭新先生访问纪录》,2005年。

游鉴明等访问,周维朋等记录:《台北荣民总医院半世纪——口述历史回顾》,2011年。

黄克虎访问,周维朋记录:《郝柏村先生访问纪录》,2012年。

黄自进访问,简佳慧记录:《汪希苓先生访问纪录》,2012年。

沈怀玉访问,周维朋记录:《楼文渊先生访问纪录》,2012年。

沈怀玉访问,李品宽记录:《蒋孝肃先生访问纪录》,2012年。

游鉴明访问,林杰民记录:《朱长泰先生访问纪录》,2012年。

游鉴明访问,林杰民记录:《钱义芳先生访问纪录》,2012年。

(二)其他访问记录

许雪姬访问,蔡说丽记录:《陈许碧梧女士访问纪录》,"中研院"近代史研究所编:《口述历史》第5期,台北:"中研院"近代史研究所,1994年6月,第247—266页。

许雪姬访问,蔡说丽记录:《黄洪琼音女士访问纪录》,"中研院"近代史研究所编:《口述历史》第5期,台北:"中研院"近代史研究所,1994年6月,第233—246页。

许雪姬访问,蔡说丽记录:《梁许春菊女士访问纪录》,"中研院"近代史研究所编:《口述历史》第5期,台北:"中研院"近代史研究所，1994年6月，第293—306页。

许雪姬访问，蔡说丽记录：《梁金兰、梁育明姐弟访问纪录》，"中研院"近代史研究所编：《口述历史》第5期，台北："中研院"近代史研究所，1994年6月，第307—319页。

游鉴明：《杰出校友张玉法院士专访：为有源头活水来——研究与教学历程》，《师大校友》第288期，1997年6月，第24—37页。

程郁、王雪访问：《一片丹心贯九霄——原公立小学教师向顷女士口述史》，程郁、朱易安著：《上海职业妇女口述史：1949年以前就业的群体》，桂林：广西师范大学出版社，2013年，第3—43页。

程郁、王立访问：《家和生计缘为勤——原糖厂同工杨秀英女士口述史》，程郁、朱易安著：《上海职业妇女口述史：1949年以前就业的群体》，桂林：广西师范大学出版社，2013年，第239—262页。

屠立晨、程郁访问：《桃李春风满天下——原教会小学教师倪凤仙女士口述史》，程郁、朱易安：《上海职业妇女口述史：1949年以前就业的群体》，桂林：广西师范大学出版社，2013年，第57—75页。

王立、程郁访问：《盐城飞来金凤凰——原国营纱厂养成工裔式娟女士口述史》，程郁、朱易安著：《上海职业妇女口述史：1949年以前就业的群体》，桂林：广西师范大学出版社，2013年，第110—124页。

杜式敏访问：《黄馥蕙女士访谈纪录》，汕头大学妇女研究中心主编：《用自己的脚丈量历史——潮汕地区女性口述访谈记录》，汕头：汕头大学出版社，2014年，第1—26页。

何丽苑、陈晨访问：《生活的苦难与希望——林兰珠女士访问纪录》，汕头大学妇女研究中心主编：《用自己的脚丈量历史——潮汕地区女性口述访谈记录》，汕头：汕头大学出版社，2014年，第162—175页。

林怡靓访问：《廖清香女士访谈纪录》，《宜兰文献》第102期，

2015年6月,第114—131页。

刘亚娟访问:《相思风雨中——刘桂枝访谈录》,张李玺主编:《妇女口述历史丛书·女行政干部和女工人卷》(3),北京:中国妇女出版社,2015年,第119—148页。

殷丽娜访问:《贤良母仪昭远近——刘玉平访谈录》,张李玺主编:《妇女口述历史丛书·农村妇女卷》(1),北京:中国妇女出版社,2015年,第247—268页。

张美凤、林雅芬等访谈整理:《林淑芬口述访问纪录》,李素月主编:《宜兰女声——阿妈的故事》(行业篇),宜兰:宜兰县史馆,2015年,第279—305页。

张美凤、林雅芬等访谈整理:《曾黄惠子女士访问纪录》,李素月主编:《宜兰女声——阿妈的故事》(行业篇),宜兰:宜兰县史馆,2015年,第347—368页。

王欢访问:《我的半新旧年代——张颖非访谈录》,张李玺主编:《妇女口述历史丛书·女战士和女干部卷》(4),北京:中国妇女出版社,2016年,第79—108页。

英文部分

Honig, Emily & Hershatter, Gail. *Personal Voices: Chinese Women in the 1980's*. Stanford: Stanford University Press, 1988.

Ko, Dorothy, *Teacher of Inner Chambers: Women and Culture in Seventeenth-Century China*. Stanford: Stanford University Press, 1994.

Yung, Judy, *Unbound Feed:A social History of Chinese Women in San Francisco*. California: University of California Press, 1995.

Mann, Susan, *Precious Records: Women in China's Long Eighteenth Century*. Stanford: Stanford University Press, 1997.

Ling, Huping, *Surviving on the Gold Mountain: A History of*

Chinese American Women and Their Lives. Albany: State University of New York Press, 1998.

Wang Zheng, *Women in the Chinese Enlightenment: Oral and Textual Histories*. Los Angeles: University of California Press, 1999.

Mann, Susan, *The Talented Women of the Zhang Family*. Berkeley: University of California Press, 2007.

Hershatter, Gail, *The Gender of Memory: Rural Women and China's Collective*. Berkeley: University of California Press, 2011.

Hu Ying and Judge, Joan ed., *Beyond Exemplar Tales: Women's Biography in Chinese History*. Berkeley: University of California Press, 2011.

图像来源

图1：《春蚕到死丝方尽：邵梦兰女士访问纪录》，第224页。

图2：《走过两个时代的台湾职业妇女访问纪录》，第233页。

图3：《春蚕到死丝方尽：邵梦兰女士访问纪录》，第6页。

图4：《朱立民先生访问纪录》，第8页。

图5：《走过两个时代的台湾职业妇女访问纪录》，第75页。

图6：《走过两个时代的台湾职业妇女访问纪录》，第87页。

图7：《走过两个时代的台湾职业妇女访问纪录》，第92页。

图8：《烽火岁月下的中国妇女访问纪录》，第67页。

图9：《春蚕到死丝方尽：邵梦兰女士访问纪录》，第88页。

图10：《走过两个时代的台湾职业妇女访问纪录》，第83页。

图11：《烽火岁月下的中国妇女访问纪录》，第199页。

图12：《走过两个时代的台湾职业妇女访问纪录》，第56页。

图13：《日据时期在"满州"的台湾人》，第81页。

图14：《日据时期台湾人赴大陆经验》，第238页。

图15：《烽火岁月下的中国妇女访问纪录》，第85页。

图16：《烽火岁月下的中国妇女访问纪录》，第147页。

图17：《池孟彬先生访问纪录》，第7页。

·图像来源·

图18：《楚崧秋先生访问纪录》，第9页。

图19：《李亦园先生访问纪录》，第3页。

图20：《陈湄泉先生访问纪录》，第41页。

图21：《姜允中女士访问纪录》，第103页。

图22：《温哈熊先生访问纪录》，第69页。

图23：《走过两个时代的台湾职业妇女访问纪录》，第116页。

图24：《杨文达先生访问纪录》，内页。

图25：《烽火岁月下的中国妇女访问纪录》，第200页。

图26：《烽火岁月下的中国妇女访问纪录》，第202页。

图27：《烽火岁月下的中国妇女访问纪录》，第218页。

图28：《烽火岁月下的中国妇女访问纪录》，第140页。

图29：《烽火岁月下的中国妇女访问纪录》，第149页。

图30：《走过两个时代的台湾职业妇女访问纪录》，第114页。

图31：《春蚕到死丝方尽：邵梦兰女士访问纪录》，第316页。

图32：《走过两个时代的台湾职业妇女访问纪录》，第183页。

图33：《走过两个时代的台湾职业妇女访问纪录》，第184页。

图34：《走过两个时代的台湾职业妇女访问纪录》，第201页。

图35：《走过两个时代的台湾职业妇女访问纪录》，第170页。

图36：《走过两个时代的台湾职业妇女访问纪录》，第166页。

图37：《走过两个时代的台湾职业妇女访问纪录》，第159页。

图38：《台北荣民总医院半世纪——口述历史回顾》(下篇)，第92页。

图39：《郭廷以先生门生故旧忆往录》，第131页。

图40：《陈湄泉先生访问纪录》，第25页。

图41：《烽火岁月下的中国妇女访问纪录》，第418页。

图42：《菲律宾华侨华人访问纪录》，第71页。

图43：《烽火岁月下的中国妇女访问纪录》，第91页。

【后　记】

繁体字的三种版本陆续出版后，我的个人演讲或当口述历史研习营讲师的活动，比以前倍增。我与大陆口述历史同好的因缘际会早在2006年，当年8月受当代上海研究所邀请，参加首届海峡两岸口述历史理论与实务研讨会，我与"中研院"近代史研究所同仁在会议中宣读论文，我们的论文收入了《口述历史的理论与实务——来自海峡两岸的探讨》专书中。2011年、2013年与2014年，先后应北京中华女子学院中国女性图书馆邀请，担任口述历史培训课程的讲师，一共培训近百名访谈员，他们来自十多座城市，二十多所机构与大学。之后，该图书馆把访谈员完成的访问记录，经过筛选，出版了17本访问记录。2011年，我同时受汕头大学文学院妇女研究中心邀请，为该研究中心举办的女性口述历史研究——性别、文化培训工作坊，进行女性口述历史人才的全程培训，并安排她们到台湾做更深层的口访知识学习与技巧训练，经过学员们对初稿的再度访问与修改，2014年8月学员们完成《用自己的脚丈量历史——潮汕地区女性口述访谈记录》专书。

在大陆培训口述人才的时期，有不少学员私下反应，希望读到我专书的简体字版。坦白说，近年来大陆出版了不少有关口述历史方法论或理论的书，但因尚未有针对性别的口述历史专书，也鲜有把口述史料运用到学术研究的专论，我的书才引起读者关注。2018年10月，

【后　记】

在冯筱才教授主办的"第二届地方文史高级研修班"的主题演讲中，我不经意提到出版简体字版的构想，当天历史系博士生孟浩先生，立刻为我和四川人民出版社编辑王莹穿针引线，经过多方努力，本书才有机会嘉惠更多读者。

《她们的声音——从近代中国女性的历史记忆谈起》简体字版的发行，必须特别感谢张玉法院士拨冗写序，为本书画龙点睛。而牵线搭桥的孟浩先生，还有四川人民出版社的编辑吴焕姣、王莹，我一并申致谢忱。对助理涂育诚的校对，我也深表谢意。